教育現場のケアと支援

場の力を活かした学校臨床

丸山広人
MARUYAMA, Hiroto

大月書店

教育現場のケアと支援　目次

序章　学校で作用している心理臨床の知

I　学校臨床における課題と本書の方法

第1章　学校での心理的援助の展開と課題

終章　学校臨床における生態学的アプローチ

凡例

一、本文中で言及または参照した文献は、（著者名 出版年）の形で表記する。訳書においては、（原著者名 原書の出版年＝訳書の出版年）とする。引用を含む場合などは、該当頁もあわせて示す。
一、本文中、太字の部分は筆者のフィールドノートからの引用である。
一、引用文中、〔 〕の部分は筆者による補足・注記を意味する。

教育現場のケアと支援

場の力を活かした学校臨床

序　章　学校で作用している心理臨床の知

1　教育実践と心理臨床

学校では、毎日のように教師たちが児童・生徒の抱える問題の解決に取り組んでいる。トラブルの調停、ルールの設定、トラブルに対する保護者への状況説明や経過報告、悩みがある子への助言やアドバイスなど、その対応はかなりの数にのぼる。そのプロセスをつぶさに観察していると、じつに心理学的に意味のある対応によって解決を図っている例も見られる。また、スクールカウンセラーとして学校で働いていると、学校での問題解決の仕方は治療室でのそれとは異なっていると感じることがあり、その差異を積極的に認め、活用できるものは活用しなければならないと思うこともある。しかし、心理援助の専門家には、普段から学校でなされているそのような援助に価値を見いだし、そこから学ぶという発想はこれまであまりなかった。

一般に、小学生（以下、児童）、中学生（以下、生徒）の不適応は「不登校」が代表的である。これは、子どもが登校していない状態を表す用語であり、その内実は、本人、家庭、学校の問題が複雑にからんでいることが多い。そしてそのケアは、臨床心理士などの専門家がクリニックなどでおこなっており、筆者もそのような立場で子どもたちのカウンセリングを担当してきた。

カウンセリングは、必ずしも大人が望むように展開するわけではない。停滞したり後退したり回り道をしたりして、ときに意味のわからない歩みが続くこともある。しかし、大人の目にはそのように見えていたことが、じつは本人の前進にとっては必要なものだったのだ、とのちの展開から思い知らされることも少なくない。そのため筆者は、登校できない子どもへのケアには、子どもと信頼関係をつくり、子どもの自己表現をていねいに受け取り言葉にして返しながら、ゆっくりと見守る支持的な構えが大切だと考えている。そして、多くのカウンセラーも同様のことを指摘している（村山・滝口編二〇〇八、村瀬・青木 二〇一四）。

このようなカウンセラーの方法は、一つのモデルとなって学校の中に導入されてきた。しかし筆者は、教師がカウンセラーのように思考し、カウンセラーのように対応することは難しいと考えている。カウンセリングの原理と教育の原理には、相容れない部分が多すぎると思うからである。しかし、カウンセリングの知識や技術あるいはセンスは、教室環境をデザインするとき、子どもとかかわっているまさにそのとき、みずからのかかわりを省察するとき、役立つとも思っている。実際、教師が学校で日常的におこなっている場の設定やかかわりの中には、心理臨床の知や技術が作用しているように見えることもある。そのような作用を見いだし活用することによって、学校で日常的に使える心理学、教師が自分のかかわりを省察するときの参考になりえる学校臨床心理学を探求する、というのが本書の目的である。

学校の外で開発された新しい対応モデルを学校に導入するという方向ではなく、学校の内側で現在おこなわれている教育活動の中に、治療的、成長促進的なかかわりを見いだし、膨らませていくといった方向の支援を探求していきたい。それは、学校という場の力を活かした学校臨床、毎日のように変化する状況を活かした支援となるだろう。そのような支援を探求するために、本書では、学校で起こっている出来事の中にみずから入り込み、その経過・結果をつぶさに観察しつつ体験したことの省察を通して、それら一連の出来事の中で作用する治療的な効果を、心理臨床の眼から意味づけようと思う。

まずは、学校での問題解決の意味づけの例を提示し、次に、本書の構成を示そう。

2 「キミ、親友いる？」

中学校のある日の休み時間、職員室で記録の整理をしていたときのこと。隣の席の美術教師のもとに、一人の男子生徒がやってきて何かを訴えはじめた。どうやら制作中の作品についての相談の様子。彫刻刀でつくった作品は、自分としてもなかなかのできばえと思っていたが、つい先ほどの美術の時間にちょっと力んで削りすぎ、せっかくの作品に傷をつけてしまったらしい。彼はどのように修繕すればよいのかを悲痛な様子で尋ねている。

美術教師は、「表面をやすりで削れば目立たなくなるよ」、「色を塗れば気にならなくなる」といった技術的なアドバイスをしているが、男子生徒は「それで完璧に元に戻るのか」、「ぼくは失敗する前の完璧な状態に戻したいのだ」としつこく尋ね、なかなか納得しない。美術教師は「あなたが一生懸命やっていたところを先生はずっと見てきたから、そのくらいの傷では評価はまったく変わらないよ」、「たいした傷でないから気にしないでもいいのではないか」と伝えるが、彼は納得しないばかりか、次第に要求をエスカレートしていった。「時間を戻したい、戻すためにはどうすればよいのか?」、「タイムマシンはできると思うか?」、「タイムマシンができたら、失敗する前に戻って自分の行動を厳しく止めるつもりだが、いつになったらタイムマシンはできるのだ?」といったことを尋ねて、答えてほしいと訴える。美術教師はあきれつつ答えに窮している。隣で聞いていたスクールカウンセラーの私は、「この先生はこのような場面でどう対応するのか」と興味津々で次の瞬間を待った。

するとと美術教師は「あ、そうだ」と何かがひらめいた様子。私も「え? なに?」と思った瞬間、美術教師はサッとこちらに顔を向けて、「ここにスクールカウンセラーの先生がいらっしゃるから、この先生に相談しなさい」。慌てた私は何か言わなければならないと思い、「そういうときって悔しいよね」、「時間を元に戻したいって気持ち、よくわかるよ」と言ってみたが彼は無反応。さらに何かを言わなければならないと思った私は、この子友だちいるのかな、友だちに話したら違うアドバイスがもらえるのではないかと考え、「キミって親友いる?」と尋ねてみた。彼は「いる」と言う。そこで私は「もしものことだけど、作品に傷をつけたのがキミではなくて、その仲の良い親友だったらどうする? いたずらではなくて、手伝ってくれていて、それで間違ってやってしまった場合とか」。すると彼は「そういう場合は、仕方がないと思う。誰だって間違えることはあるから」と言う。そこで私は、「キミは自分がミスった場合は許せないけど、親友がやった場合は許せるってこと？　そうか、キミは親友思いの人なんだね。それって自分には厳しくて、他人にはやさしいってことかな。キミってそういうタイプの人なの？」と尋ねると、彼は目をきょろきょろさせて「たしかにそういうところはあるかもしれない。だって親友っていうのはそういうもんでしょ」などと答える。隣の美術教師は「自分に厳しくて他人にやさしい人って、先生そういう人尊敬できるな。そういう人は好きだな」と加勢してくれる。そのとき、授業開始のチャイムが鳴った。「それじゃあ、チャイムが鳴ったから授業に行っておいで」と言うと彼はすっと教室に戻った。その後、彼は傷のことは何も言わず、作品を仕上げて無事に提出したという。しばらくは注意して彼の様子を観察していたが、それからもとくに変わったところはない。

このとき、私はブリーフセラピーや社会的構築主義といった言葉をまだ知らなかった。そのため、本当は相談予約を取りつけてきちんと話を聞かなければならなかったのではないかと反省した。彼の悩みをそらしてしまったような、言いくるめてしまったような後味の悪さを感じつつ、しかし、彼のイライラした不快な気分を解消したという意味ではこれもありなのかもしれないと考え、印象深い出来事だった。ここで起こったことが家族療法やブリーフセラピーでいうところのリフレーミングであったこと、そしてそれは一つの治療的コミュニケーションと位置づけられていることは、のちに知ったことであった。

リフレーミングとは、「ものの見方、意味づけの仕方を変えること」である（東 二〇一三、三頁）。現象・事象に対する見方や理解の仕方に関するクライアントの既存の枠組み（フレーム）に新たな意味を見いだし、その経験に新しい光を当てることによって既存の枠組みが変わり、感情や言動にも連鎖的に変化が生じることとなる（大熊 二〇一一、東 二〇一三）。「せっかくうまくいっていた作品を台無しにしてしまっただめな自分」から「自分に厳しく他人にやさしい自分」といったように、自分を見つめる枠組みがまったく変わることによって、先ほどまでの不快な気分が解消され、彼は何事もなく日常生活に戻っていけたと考えられる。それは、ここでのコミュニケーションがリフレーミングとして機能したからであり、新しいフレームに展開したという意味では、約一〇分で彼の抱えている問題が解消されたのである。その後、生徒指導上、進路上、何の問題もなく彼は卒業していったわけだから、これは学校での一つの解決の姿と考えてよいのではないか、そして、学校ではこのような出来事は頻繁に起きているのではないかと思いはじめた。そんなある日、次のような出来事が起こった。

3 「先輩恐怖症」を治した学級担任

五月の連休が終わったある日、中学一年の女子生徒・聡美（仮名）のことで学級担任（三〇代・女性。以下、担任）がカウンセリング・ルームにやってきた。担任によると、聡美はすべての先輩が怖くて、遠くに先輩の姿が見えるだけでも異常な恐怖を感じ、身体がふるえ顔は青ざめ、その場で泣き出してしまうという。登校して自分の教室に入ってしまえばそれなりに過ごせるが、朝の登校時間や放課後の帰宅時間には先輩の姿を見てしまうため、聡美は学校で生活できないと訴えている。そして実際に遅刻や欠席が目立ちはじめていた。家庭では、母親が無理やり学校に行かせていたが、最近では聡美からの抵抗が強くなっているとのことである。

聡美は吹奏楽部に入部し、自分の希望する楽器を担当できることになり、入学後の滑り出しは悪くなかった。しかし、四月の下旬、無断で部活動を休み（いわゆるずる休みだった様子）、それを先輩からとがめられたことがきっかけで先輩を怖がるようになった。そして、それはすぐに上級生全員に広がっていったということである。

担任としては、部活動の無断欠席は聡美が悪く、先輩が叱るのは当然なことと思っており、それは聡美が謝らなければならないと考えていた。しかし、聡美の強い不安状態を見ると、このまま強引に登校させることがはたしてよいことなのか迷いもあるという。これから勉強や部活動が本格化し、友人関係も築かれていくなかで、このまま欠席が続くと聡美の中学校生活は大きくつまずいてしまうのではないかという不安もある。母親は聡美に対して登校するように迫っており、今はそれによって嫌々ながら何とか登校を維持しているものの、このままではいつか登校できなくなるのではないかという心配があるということであった。

筆者は、たしかに部活動の無断欠席は聡美に非があると思うが、おそらく今の聡美は先輩に対する恐怖感が強く、自分を振り返る余裕がないと推測した。現在は、母親と担任に助けられて登校を維持している状態なので、聡美の立場を優先することで、学校の中での聡美の安心感を生み出すことが先決と判断しそれを伝えた。聡美の非をとがめれば、担任が先輩と同じ立場になってしまい、聡美は中学校で八方ふさがりの状態を強く経験することになりかねない。中学校に入学してきたばかりのことなので、できるだけ聡美に寄り添って対応することが望ましいと思われる。そのため、通常の登校時間を避けて登校できるのならそれを保障してあげたいと担任に伝えた。

それから一週間ほど経過したのち、聡美は担任とともにカウンセリング・ルームに来談した。うつむき加減でゆっくりと入室した聡美の顔は青ざめ、身体は小刻みにふるえて不安な様子が一目でわかった。聡美はすぐに先輩が怖いことについてボソボソと話をはじめた。先輩の話をするときには顔色が悪くなり、ときおり涙を浮かべるなど不安状態が高まった。話すのが怖いという聡美を勇気づけながら、四〇分ほど話をして感想を聞くと、「話をすると少しすっきりする」ということで、聡美は以後も面接を希望した。

一週間に一度のカウンセリングをすることになったが、事態は急速に展開していった。聡美は家の中にいても先輩の声が聞こえたと言いはじめ、登下校する先輩の様子を家の中から見るだけでも恐怖感が強まり、ふるえて泣き出してしまう状況になっていった。一人で部屋にいると、先輩から鋭くにらまれたときの光景が浮かんでしまい、やはり怖くて泣いてしまうと言い、家庭にまで恐怖が広がっているようであった。さらに、自分の友人の中で兄や姉のいる者を避けはじめていた。もし、兄や姉のいる同級生たちと自分の関係がうまくいかなくなったら、それを兄や姉に告げ口をされ、ふたたび先輩たちから攻撃されてしまうのではないかという不安のためである。このような状況になり、母親はどうしてよいのかわからず、「学校に行かないのならお母さんは家から出ていく」と聡美を脅し、実際に家出をしたことなども語られ、家族内の混乱も生じはじめていた。この間、筆者は、聡美の不安に耳を傾け、それは一時的に聡美の安心を生み出したものの、先輩恐怖症そのものが軽減されることはなかった。

担任は、当初から恐怖のもととなった先輩と聡美とが話し合い、聡美は自分の無断欠席を謝り、部活動に復帰するのかやめるのかをはっきりさせる必要があると考えていた。その手始めとして、具体的にどの先輩がどの程度怖いのかを明確にするための情報収集をしたいようであった。学級では仲良しグループが形成され、欠席しがちな聡美の所属するグループがなくなりつつあることを懸念してもいた。学習面でも、学期末試験が近づいていたので、何らかの動きをとりたいと考えていたようであった。

学校には在学する全生徒の顔写真が保管されている。それを用いて担任は、どの先輩がとくに怖いのか写真で確認するということを試みた。最初、聡美の恐怖と拒否感は強かったものの、「写真を見るだけならなんともない」、「誰が一番怖いのかをはっきりさせないと次の対応がとれない」、そして「先輩に少しずつ慣れていく必要がある」と励ましながら写真を見せていったらしい。聡美は不安げな表情でそれらを眺め、当の先輩の顔写真を見せたときにはふるえはじめていたというが、それを繰り返すうちに、徐々に怖い先輩ばかりでないという気持ちになっていったようである。以前、仲の良かった人やよく遊んだ人が先輩としていることも認識し、怖がらなくてもいい人や自分とは接点のない先輩も大勢いることがわかってきたようである。聡美を別室に呼んだ先輩の性格についても教師のほうから説明があり、悪気があって人をいじめるような人ではないこと、きちんと部活を運営したいと思っていること、中学校生活最後の大会に向けて真剣に取り組みたいだけであることなどを話して聞かせた。聡美の思いとは違い、先輩の中にはやさしい人も、楽しい人も、いじめ反対の人も、味方になってくれる人も大勢いるはず。学級には友だちがいるのに、このまま学校に行かないと友人関係も変わってきてしまう。さらに、部活動もやめるなら手続きをしなければならず、続けるならみんなに迷惑をかけないよう早く復帰する必要があるという指導もあった。

七月中旬に担任、部活動の担当教師、先輩、聡美で話し合いがもたれ、その場の聡美は強く抵抗を感じていたようであった。しかし、先輩のほうから先に「怖がらせるつもりはなかったんだよ。怖がらせてごめんね」との謝罪を受け、聡美も無断で欠席したことを謝ってその場は終了した。時間にして一〇分程度だったという。「先輩は意外と怖くなかった」、「声がやさしくてほっとした」というのが聡美の感想であった。聡美は部活動をやめる決心をし、先輩恐怖症は徐々に収まっていった。その後は心身の安定を取り戻して、夏休みが終わって二学期に入ってからは、ときどきの休みはあるものの一人で自転車通学が可能になった。

4　担任のおこなった対応の治療的意味

この事例を検討すると、担任のおこなった対応は恐怖症の治療として理にかなっている。聡美のような恐怖症に対しては、行動療法の有効性、とくに段階的現実エクスポージャー法の有効性が指摘されている（Dryden & Rentoul 1991, Kearney & Albano 2007）。恐怖反応を消去するためには、安全な環境のもとで、条件刺激（先輩の姿）のみを単独提示する手続きが必要になる。そして、条件刺激が条件反応（恐怖）を誘発しない、つまり恐怖は起きるが現実には何も起こらないという手続きを繰り返すことによって消去が生じる。恐怖対象にさらして、段階を追って徐々に慣れさせる、「習うより慣れろ」方式の治療法である。このようにしないと、恐怖から逃げることを繰り返し、結果的に、それがさらに恐怖をつのらせ二次恐怖を引き起こすことが知られている（Wolpe 1982）。聡美にとってそれは、兄や姉のいる同級生への恐怖、家の中から先輩を見るだけで恐怖するという状態だったと考えられる。

このような状態に対して担任がおこなった対応は、図らずも実質的に段階的なエクスポージャー（曝露）の治療手続きになっていた。担任がこの対応をおこなった場所は職員室内で、聡美の安全と安心は確保され、写真のみの単独提示がなされていた。写真は間接的な曝露であって、恐怖対象（先輩）に直接曝露するための前段階になっていたのである。この技法は症例ごとにさまざまな方法が工夫して用いられるが（山上 一九九七、一一五頁）、学校においてはこのような例として捉えることができるだろう。

学校で生起する生徒指導上の問題に対して、教師は熱心に取り組み、問題の解決を目指し工夫を凝らして対応している。そして、本事例のように解決に導いている例もまた少なくない。それには治療室で開発された技法が用いられていたり、治療室で生起することと同じような効果が発揮されていたりする場合もある。しかし、学校では、そのかかわりの意味や、なぜ治ったのかの仕組みを深く考察する余裕はほとんどなく、次々と生じる他の問題に対処せざるをえない忙しさである。本事例の担任は、なぜ治ったかについて「先輩に謝って、ストレスだった部活動をやめてすっきりしたからだろう」と話してくれたが、前述したように、心理臨床的にはそれ以上の意味があったと考えられる。本書では、このような教師のかかわりの意味だけではなく、そのような対応を生起させる学校という場の力にも目を向けていきたい。たとえば、これら一連の担任の対応には、学級の中で他の生徒たちとの人間関係が刻々とできつつあること、部活動の大会や定期試験が迫っていること、といった学校の流れの中で、何かをしなければ事態は悪化するという焦りのような力が一因として働いていたのも事実である。このような力は、児童・生徒と教師との関係性に影響を与えるものであるため、そのような力も考察の対象に含めていく。

以上、前者の事例は筆者が経験したもの、後者の事例はおもに教師が対応して解決したものとなる。本書では、このような教師や筆者の実践を学校という場の力をふまえながら検討し、そこに心理臨床的な意味を見いだしていく作業を、学校の内側からおこなっていこうと考えている。

5　各章の目的と方法

本書はⅢ部一〇章構成となっている。

第Ⅰ部は、まず、学校における生徒指導上の問題に対する心理的援助はどのようになされてきたのかを概観して本書の課題を抽出したうえで（第1章）、研究対象を明らかにし（第2章）、さらに理論的立場（第3章）、研究方法（第4章）について検討している。

第1章では、学校における心理的援助、つまり臨床心理学的知がどのようにして学校に導入されてきたのかを大正時代から現在まで大まかにたどりながら、現在の学校では、どのようにして子どもの問題に対応しようとしているのかについて論じた。その中で、臨床心理学的知を導入するにあたってはいくつかの課題があったことを抽出した。

第2章では、研究対象について検討した。まず学校での心理的援助には、大きく分けて三つのアプローチがあることを示し、それらのアプローチを予防的な観点から分類した。そのうえで、本書で対象とする児童・生徒とは、学校において不適応的な生活を送っている児童・生徒、つまり登校はするものの不適応を起こしている子どもたちであることを示した。

第3章では、本書の理論的枠組みとして、学校やその中で生活する人々の両方を捉えて研究する生態学的視座について検討した。

第4章では、学校の中で研究を進めていくにあたっての筆者の実践に対する構えとフィールドでの立ち位置、そしてどのような観察法を用いるのかを中心に、方法論の検討をおこなった。

第Ⅱ部は、教育問題としてクローズアップされている発達障害の子どもたちの小学校生活を対象としたフィールドワーク（第5章・第6章）と、小学校の特徴を活かした心理的援助（コンサルテーション）の事例研究（第7章）で構成されている。

第5章では、発達障害の疑いがあると診断されていた児童二人の入学に際して、学校でなされた受け入れ態勢づくりのプロセスを検討した。校長がおこなった関係諸機関への介入、保護者への介入、学校の組織づくりを取り上げ、支援的なコミュニティづくりがどのようになされたかを明らかにすることを目的とした。そのうえで、対象児童が入学してからどのように行動を落ち着かせていったのかについて、教師と児童の相互作用の面からそのプロセスを明らかにした。

第6章では、当時、高機能自閉症とＡＤＨＤ（注意欠如・多動性障害）の複合型の疑いと診断されていた児童の学級の中での変容を詳細に検討した。通常学級の中でどのような相互作用をしてどのような対人の場を形成するのかという視点から、一学期に繰り広げられた六つのエピソードを取り上げ、対象児童が経験していると思われる世界を推測しながら、その変容を明らかにすることを目的とした。

第7章では、小学校の特徴に適合し、小学校のニーズに即したコンサルテーションのモデルを提案することを目的とした。小学校の中で問題となっている児童に対して、その児童とのかかわりを通して、児童の問題の意味を心理臨床の視点から見立て、それを保護者面接で提供して確認や修正をほどこし、最後に教師とのコンサルテーションで吟味するという、多様なシステムにかかわりながら援助する方法を検討した。

第Ⅲ部では、舞台を中学校に移し、中学校における学校不適応的生徒の学校生活を対象にフィールドワークを実施した。ここでは、学校に不適応的な生徒と適応的な生徒の間にはどのような違いがあるのか（第8章）、そして、学校不適応的生徒に対するチーム援助（第9章）と、相談室が学校の中で果たす機能（第10章）について考察した。

第8章では、教師と生徒の相互作用に影響する「場の力」を明らかにしつつ、学校不適応的生徒とそうでない生徒の日常生活を、場の力との関係で明らかにすることを目的とした。人々の間で語られることの意味は、その時々の場の力によって支えられ影響されていると捉えて、学校不適応的な生徒、適応的な生徒、そして教師が、それぞれ何を語っているのかを分析することによって、場の力と人々の関係を明らかにした。

第9章では、第8章で明らかにした教師と生徒の相互作用に影響を与える場の力との関係から、チーム援助について検討した。環境に収まりの悪い子どもたちに対応する場合、援助の途中でチームが崩壊してしまうこともありえる。このことに関して、突発的に暴力をふるう男子生徒への対応プロセスに参与し、チーム援助が場の力によってどのように影響されるのか、そして、チームが崩壊することにはどのような意味があるのかについて考察した。

第10章では、中学校での心理的援助について、第8章、第9章で明らかにしてきた場の力との関係から、相談室が学校の中で果たす役割とは何かを明らかにすることを目的とした。ここでは、筆者のスクールカウンセラーあるいは心の教室相談員として実践してきた事例をもとに、場の力からの影響をあまり受けない一時避難所として相談室を位置づけることによって、そこに集う学校不適応的生徒の相互作用が新たに展開する様を検討した。

終章では、第5章〜第10章の結果をまとめ、第I部で取り上げた概念と得られた知見をふまえて、人と環境の相互作用を適合させる生態学的アプローチに関する総合的な考察をおこなった。以上が、本書の構成である。

Ⅰ　学校臨床における課題と本書の方法

第1章　学校での心理的援助の展開と課題

1　学校での心理臨床

一九九五年に開始された「スクールカウンセラー活用調査研究委託事業」(〜二〇〇〇年、現スクールカウンセラー等活用事業)は、心理臨床の専門家が公立学校に派遣されたという意味で、学校における心理的援助の大きな転換点となった。臨床心理士をはじめ、これまで心理業務にかかわってきた人々が学校教育という社会制度の中に組み込まれることにより、心理臨床業務がこれまで以上に社会的要請を受けておこなわれる実践と捉えられるようになっている(下山 二〇一〇)。このことは、これまでの心理臨床業務を新たな枠組みから捉えなおす必要を迫ったのみならず、学校においては、従来の教育相談や生徒指導など子どもの問題にかかわってきた領域にも変化を促すことになった。

心理臨床側の変化について近藤邦夫は、従来の心理臨床の基本的な枠組みであった、問題を個人内の異常(病理)と捉える、いわゆる病理モデルや疾病モデルだけでは学校での対応は難しいと指摘している。疾病モデルでは日常から離れた場（治療室）に限定して治療する方法を強く推し進め、そのとき専門家（治療者）は、みずからをあえて患者の属するシステムの外に位置づけることによって、その個人療法の純粋性を保とうとしてきた。しかしその一方で、患者を取り巻く外的現実にじかに接触し、観察する機会を失っていたとも言える。そのため、日本の心理臨床家は、教師が働いている独自の場の構造、教師の独自の役割、教師が直面している独自の問題に対して無関心であった。このような反省から、学校での心理臨床では、援助者みずからを学校システム内に位置づけ、そこで観察を加えながら問題を捉えることが求められる。そして、そこでは問題解決に資すると考えられる援助資源を探し広げ、予防的にかかわりながら、教師を支援するといった間接支援も重要な業務になる（以上、近藤 一九九四、二〇一〇）。従来型の個人療法と学校臨床との違いに関して鵜養美昭も、学校臨床心理業務には、医療場面の心理臨床とは異なる独自性が必要であると説き、学校教育場面における独自の心理査定、独自の面接法、独自の地域援助方法が模索されるべきとの見解を示している（鵜養 二〇〇四）。また、横湯園子も、教育臨床心理学においては、臨床心理学の方法論に即しつつも、別な方法論を求めなければならないとする（横湯 二〇〇二）。

これらの指摘に共通することは、従来の個人臨床を乗り越え、学校の中で働く原理・原則を理解したうえで、それに見合った学校独自の心理臨床を構築すべきということである。その努力はこれまでさまざまになされてきたと考えるが、本章では、まず生徒指導や教育相談といった学校における心理的援助と心理臨床の関係をさかのぼっていきたい。

2 臨床心理学的知の導入過程

一九五〇年代以前

日本における児童相談は、一九一五年（大正四年）に元良《もとら》勇次郎が会長を務めた「日本児童学会」を母体とする児童教養相談所の設置に端を発するとされ（大泉編 二〇〇九）、つづく一九一七年（大正六年）には、久保良英が東京に児童教養研究所を創設し相談活動がはじめられた（小林・藤原 二〇一四）。当時は、日露戦争（一九〇四〜一九〇五年）によって父親をなくした児童が急増し、母子家庭となった場合は生活難に陥ることが多く、それに伴う浮浪児や非行児が増加していた。非行児に対しては従来の懲罰主義ではなく、感化教育の必要性が唱えられていたという背景があり（吉田 二〇〇七）、さまざまな子どもを対象にして、とくに教育、教護、職業選択についての相談事業が進められていた（大泉編 二〇〇九）。公立の施設としては、一九一九年（大正八年）に大阪市立児童相談所が開設され、その翌年には隣接地に職業相談所も開設されている（大泉編 二〇〇九）。そこでは、非行児や異常児と呼ばれる子どもたちをどのように職に就かせるかという進路相談が事業の中核にあった。

進路相談では、子どもの性質や能力に適した職業に就かせることが目標となるため、すでに一九二五年（大正一四年）には、子どもの能力や性質をよく知る小学校との連携協力が求められていた（吉田 二〇〇七）。当時の進路相談では、科学的見地から適性を判断し指導することが目指されていたため、職業検査や知能検査などの最新の心理検査によって子どもたちを判定し、振り分けることがおこなわれていた。これらの活動は、学校外部の人々による学校外部での活動であった。

子どもたちへの相談事業は、ドイツやアメリカにおいて、子どもたちの非行化を医学的、心理学的な立場から処置し、その防止に努めるという社会的要請から生まれてきた背景があり（上武 一九五九）、また、一九〇〇年代前半には教育測定運動の高まりもあったため、客観的な測定が重視されるようになっていた。心理学はこれらの活動を担うものとして期待されたのだった。第二次世界大戦後はアメリカをモデルとした教育が進められ、そこでは生活（生徒）指導の理論が導入された。アメリカの学校教育活動において指導（guidance）は、教授（instruction）と並ぶ重要な教育機能と位置づけられ、その指導の中心的手法がカウンセリング（counseling）であったことから、生徒指導とカウンセリングは同じスタートラインから出発したと言える（以上、小林・藤原 二〇一四）。このようなアメリカのガイダンス運動に刺激を受けて、進路相談などのほかにも、学業や修学上の諸問題について指導や助言を与える必要性が認められるようになり、広く一般の学校でこれを計画的、組織的におこなおうとする気運が高まった（上武 一九五九）。保田直美は、この機運は二回の高まりを経て、現在のスクールカウンセリング制度につながっていることを指摘している（保田 二〇〇一）。以下、保田の論を軸に置きながら簡単にその概略を述べることとしよう。

一九五〇年代

一九五〇年代は、学校カウンセリング運動が次第に普及・発展して、高揚の気運を示すかに見えた時期であり（古屋 一九八七）、心理学的な知識をもとに進路相談や問題相談をおこなうことを意味するものとして、カウンセリングという言葉が教育界で多用されるようになった。このころのカウンセラーというのは、生徒指導を担当する教師がカウンセリングをおこなうという意味での「相談教師カウンセラー」（保田 二〇〇一、一四頁）であり、教師をカウンセラーとして養成しようという試みがなされていた。相談教師カウンセラーの養成というこの先駆的な試みは、たとえば一九五一年に神奈川県が試験的に専任カウンセラーを配置するなど、いくつかの地域で実施された（原野 一九八〇）。しかし、これらの活動を支援する体制は理論的にも技術的にもほとんどなかった。当時、臨床心理学に関するいくつかの研究会がつくられてはいたものの（村上 一九六八）、それはローカルな動きであったため、臨床心理学領域の全体を束ねるまでには至ってなかった（保田 二〇〇一）。相談教師カウンセラーの必要性は叫ばれたが、「技術が未熟であった」ことと「資格や養成機関に難点があった」こと、「従来の現場の教員定数に余裕が無かった」ことにより、この気運は弱まっていった（田中教育研究所 一九六四）。この時期、学校では子どもの個性を心理学的に理解しようとするガイダンス運動が下火になり、子どものものの見方や感じ方を生活綴方指導によって理解してゆこうという生活指導の動きが高まっていった（坂本 一九八〇）。

一九六〇～一九七〇年代

次に臨床心理学的知を導入しようとする気運が高まったのは、一九六〇年代半ばである。この時期に新たにカウンセリング的態度という用語も使われはじめた（近藤 一九九七）。当時はやはり青少年の非行が社会問題としてクローズアップされ、文部省（現・文部科学省）はかねてから要望の強かった生徒指導の専任教師を配置すべく、これまでの約三倍の予算を国会に要求し、生徒指導研究推進校を指定して、生徒指導担当者を制度化する試みを再度検討した。ここでの生徒指導専任教師とは、従来通り、非行をはじめとする子どもの問題行動に対応する相談教師カウンセラーと考えられていた。そのため、文部省主導のもと開かれていた講習会では、精神衛生や面接相談の理論と技術といった臨床心理学的科目が開講されていた。この一九六〇年代には、日本教育心理学会、日本心理学会、日本応用心理学会の三学会により「心理技術者認定案起草委員会」が設立され、心理技術者の資格化が進められはじめていた。心理技術者の養成が議論され、また資格化による地位の確立も検討されつつあったと言える（以上、保田 二〇〇一、一六―一七頁）。

この時期、学校では臨床心理やカウンセリングを導入する動きが強まり、それを養成する心理学関係の学会の準備も整いつつあった。一九六四年には、関西臨床心理学者協会が発展的に解消して日本臨床心理学会が発足し、当初から資格問題に熱心に取り組んでいた。ただし、ここでは「医師に準ずる、臨床心理士の国家資格認定制度」をつくることを重要課題としており、学校ではなく病院内における地位確立が念頭に置かれていた。しかし、「その資格は何のため誰のためのものか、患者にとってその資格や臨床実践・研究はどんな意味をもつのか」という問いが投げかけられ、学会は紛糾、日本臨床心理学会内での学会改革の動きが活発化し、資格化の動きは実質止まることとなった（以上、小沢 二〇〇〇）。

一方、学校では一九七五年に「学校教育法施行規則の一部を改正する省令」によって主任制度が導入され、その一環として生徒指導主事の設置が決まった（新井 二〇〇六）。しかし、それは大学や大学院での心理学的な養成カリキュラムを含まず(保田 二〇〇二)、その性格も、教職員間の連絡調整などのリーダー的機能が強調されるものであった(新井 二〇〇六)。これまでは、相談教師カウンセラーという位置づけで考えられていた生徒指導担当者であったが、これらを養成する場がなかったこともあり、次第にカウンセラーというよりは学校でのリーダー的機能が求められるようになった。そして、ここから学校と臨床心理学との関係が弱まっていくこととなる。

一九八〇〜一九九〇年代

日本臨床心理学会は解体状態にあったが、解散した理事会メンバーが中心となって、一九八二年に日本心理臨床学会が設立された。最初はこれまでの関心であった心理職の病院内での地位確立を追求していたが、あまりうまく進まなかったこともあり、次第に文部省への働きかけをはじめた(保田 二〇〇二)。学校での専門職カウンセラーの導入は、文部省においても長く検討されてきたことであり、その結果、専門職カウンセラーの資格認定機関について、一九八八年には日本臨床心理士資格認定協会が設立され、一九九〇年には文部省の財団法人として認可を受けることとなった。一九九三年には全国四七都道府県すべてに臨床心理士会が設立され、急速に臨床心理士の活動が広まっていった(日本臨床心理士資格認定協会編 二〇〇八)。そして一九九五年にはスクールカウンセラー活用調査研究委託事業が開始され、おもに臨床心理士が学校に派遣されることとなった。学校では、少子化の影響により、必要経費が減り余裕教室ができたため、予算の都合がつきやすかったという事情もある。

以上は、臨床心理学的知の学校への導入について四期に分けて振り返ったものである。一九九五年のスクールカウンセラー活用調査研究委託事業がはじまる以前から、臨床心理学的知を学校に導入しようという動きが継続しておこなわれてきたことが見てとれる。それでは、このような動きは学校側からはどのように見えたのであろうか。次に、学校における教育相談の変遷について見ていく。

3 学校教育相談の変遷

学校教育相談の課題——ミニ・クリニック論

先に述べたように、カウンセリングの考え方は第二次世界大戦後に導入されたが、それを養成する態勢は整わないまま教育界に広がっていった。学校教育相談を三〇年間おこなってきた大野精一によると、学校教育相談では子どもをめぐるさまざまな問題、たとえば、チック症状やバス酔いといったものが対象とされていた。そしてそれを見過ごせなかった教師たちのボランティア活動として自然発生的にはじまったものであったという。チックやバス酔いといった症状への対応は、一般にクリニックでおこなわれていたため、学校にもクリニックと似た機能をもつ場をつくろうとする動きになり、相談の場を学校の中に設けはじめた（ミニ・クリニック論）。しかし、そもそもボランティア的にはじまったため、担当者の職域は定まらず、また、学校教育相談にはそれを必要とする固有性を見いだせない状態になってしまった（以上、大野 一九九八）。従来、文部省による『生徒指導の手びき』（一九六五年）では、授業負担の少ない、あるいはまったく授業をしない専門職としての相談教師の職務を分化し、これを設置する必要性を説いていた。そして、その相談教師は、一般教師の生徒指導の水準を高める啓発活動を実施することも求められていたため、正しい訓練を受ける必要性が指摘されていた。しかし、先に述べたように、その訓練をどこで誰がおこなうのかといった具体的な方策は示されず、実践のための展望は見いだせないままになっていたという。そのため、学校教育相談にはさまざまな課題が生まれたが、大野はそれを次の三つに集約している。

一つ目は、学校教育相談が「人」に左右されることである。学校の中で教育相談が機能していても、その担当者が異動してしまうと、とたんに成り立たなくなるという課題である。二つ目は、校務分掌としての位置づけの問題である。校務分掌は、生徒指導や教務、進路など、教員であれば誰でも担当でき、かつ必要不可欠なものであるべきだが、学校教育相談は特別な訓練を必要とし、その個人の適性によって偏り、秘技的な雰囲気を感じさせるという。そうすると、校務のある部分を特定の個人に固定化してしまうという問題が出てくる。三つ目は、教育相談を特化して校務分掌に位置づける必要があるのかという点である。何らかの問題をもった生徒に対する援助は担任がおこなえばよく、それを包み込むものとしての学年会や生徒指導部、進路部、養護教諭の各分掌、あるいは校内研修が十分に機能すればよい。さらに必要であれば、外部の専門機関にお願いすればよいという考え方である。このようなことから大野は、文部省の学校教育相談観は、中核にカウンセリング論を置き、周辺的には「いつでも、どこでも、誰でも」できねばならないものとして結実したと指摘している（以上、大野一九九七）。この、いつでも、どこでも、誰でも必要なカウンセリング的構えを下支えする理論的支柱が、いわゆるカウンセリング・マインド論（後述）と考えられる。

生徒指導と教育相談の機能分化――「車の両輪」論

一九七〇年代、教師（生徒指導担当者）を相談教師カウンセラーとして養成する試みは次第に少なくなり、生徒指導担当者はむしろ最前線で問題に対応するリーダー的存在へと位置づけが変わっていった。しかし一方で、相談教師カウンセラーを養成する取り組みが継続されている地域もあった。東京都では、都知事の命により設置された青少年問題対策委員会の最終報告を受けて、一九八一年に「学校カウンセラーの養成」をはじめた。これは、現職の教師をカウンセラー（専門家）として養成しなおすという色彩が濃かったというが、実際にその運営にかかわっていた飽田《あくた》典子は、専門家の養成は長期にわたる自己啓発と訓練が必要であり、並大抵のことではなく困難であったと述べている。そしてこの養成についても、専門家としてのカウンセラー養成から教師の資質向上のための研修へと名目を変えざるをえなかったとしている（飽田 一九九二）。教師がカウンセリングをおこなうことは効率の面からも実践の面からも妥当と考えられてきたが、その困難さがあらためて浮き彫りになったということである。

このころから、生徒指導は秩序形成のために子どもを管理し、教育相談は子どもを内面から支援するという役割分担が生じることとなった。生徒指導の、管理的・集団的・訓育的指導と、教育相談の相談的・個別的・受容的指導が、「車の両輪」として機能することが求められるなど、その両方を駆使して生徒に対応する形ができた（小林編著 一九八四、大野 一九九七）。

教育には父性原理と母性原理の二つが働いていることはしばしば指摘されることであるが（河合 一

九九二)、車の両輪論に照らし考えてみると、学校での援助は「父性原理の生徒指導」と「母性原理の教育相談」とに分けられるだろう。國分康孝は、カウンセリングとは母性原理(やさしさ)と父性原理(きびしさ)を統合した人間関係の原理であると主張しているが(國分 一九八四)、これらの指摘をふまえるならば、カウンセリング・マインドの一方の面が生徒指導であり、もう一方の面が教育相談と捉えられるだろう。生徒指導と教育相談の両輪は、カウンセリング・マインドで結びついていると理念的には位置づけられる。

カウンセリング・マインド論

教師を臨床心理の専門家として養成する試みは何度かなされたが、結局は専門のカウンセラーではなく、カウンセラー的な資質の向上が目指されることとなった。この資質がカウンセリング・マインドという名で呼ばれることとなる。そこでカウンセリング・マインドを追求し続け、その著作も多数ある國分の論によって、カウンセリング・マインドが学校に導入された経緯を押さえておこう。

カウンセリング・マインドという言葉が和製英語であることはよく知られたことであるが(たとえば、國分 一九八七)、その出自は明らかではない。和井田節子は、日本学校教育相談学会初代会長であった小泉英二が、教員を対象にしたカウンセリング研修で、カウンセリング的な子どもの見方、接し方を講義していたとき、聴衆からの質問に答える形でこの言葉を使ったのではないかと指摘している(和井田 二〇一一)。また、氏原寛は、一九六五年ごろのカウンセリング・ブームのときに開かれていたカウンセリング・ワークショップの中で、カウンセラーとしてのありようを学習していた人々の中から、カウンセリング・マインドという言葉が生み出されたのではないかと、みずからの体験として指摘している（氏原 二〇一二）。一九八一年には國分が『カウンセリング・マインド』という著作を出版し、みずからがどのようにカウンセリング・マインドを日常生活の中で活かしているかについて詳述している（國分 一九八一）。いずれにしても、一九八〇年代には学校教育の中で使われていたことは間違いないようである。しかし、このカウンセリング・マインドの定義は曖昧であり、カウンセリング・マインドを用いた技術についても曖昧である。國分は、精神分析的なカウンセリング・マインドもあれば、ロジャーズ的なカウンセリング・マインドもあると述べ、その中身は人さまざまであるとしている（國分 一九八四）。それではなぜ学校に、カウンセリングの「技術」ではなく、「マインド」が導入されるようになったのだろうか。

國分は、それぞれの専門をもつ教師がカウンセリングを片手間で学ぶことは難しかったこと、学級の中に心理療法を必要とする生徒がそれほど多くはなかったこと、当時導入された理論が、受容的・許容的雰囲気をつくれば生徒は変容するというカール・ロジャーズの来談者中心療法であったため、能動的に生徒に働きかけ社会化を促進する教育者側からの抵抗が強かったことを理由として挙げている（國分 一九九七b）。このようなことから國分は、「なおすカウンセリング（therapeutic counseling）」から「育てるカウンセリング（developmental counseling）」に定義を拡大するよう提案している（國分 一九八四、一九九七a）。その提案の中では、カウンセリングの哲学にかなった態度・人柄があれば、技術の未熟は気にしないほうがよいと述べられており、技術以前の態度と人柄が重視されている。教師は、治療室で生み出された技法を病理の重たい人たちに実施するようなカウンセリングではなく、教師は教師としておこなうべき育てるカウンセリングがあるというのが國分の主張である。この育てるカウンセリングでは、グループづくりやグループでの活動を重視し、その中での教師と児童・生徒に求められる態度として、リレーション（関係性）を大切にすること、自己開示できるようになること、必要なことをしっかり自己主張できることを挙げている（以上、國分 一九九七a）。そして、その具体的教材として、授業で利用可能な心理教育のプログラムが開発され（國分監修 一九九六）、そこでは教師のアイデアが活かされるなど、学校に適用しやすい心理教育の開発と利用が進められはじめた。

以上のように、育てるカウンセリングは、カウンセリング場面のみならず、授業でも保護者対応でも使えるものであり、「いつでも、どこでも、誰でも」論にかなっていた。教師が子どもたちとの間に、あるいは学級の中に信頼関係（ラポール）を形成するために、必要な資質としてカウンセリング・マインドが求められ、教師はどうあればよいのかといった「あり方」論として、学校や教師の間に浸透した。また、相談室の中で個にアプローチするといった事後的な個別対応ではなく、教室の中でグループにアプローチする予防的対応という新たな文脈も形成されはじめていたと言えるだろう。

4　援助プログラムの導入

教師が使える心理教育プログラムの展開

心理の専門家が実施するカウンセリング研修について國分は、カウンセリングとサイコセラピーを識別せずに導入したため、混乱が生じたとしている（國分 一九九七b）。つまり、サイコセラピーは病理の重たいパーソナリティ（pathological personality）の変容を主たる目的としているため、個人内（intra-personal）の課題を治療室において、治療者との一対一の関係の中で治すものである。それに対してカウンセリングは、問題を抱えている普通の人々（normal people with problems）あるいは問題のない普通の人々（normal people with no problem）の援助を主たる目的とする。たとえば、両親が不仲のために気分が荒れたり落ち込んだりするといったことは正常なことであり、それは治療するよりも対人的（inter-personal）な関係の中でケアすべき課題だろう。人間関係をはぐくむエクササイズがいじめ予防のために学級でなされるのは、問題のない普通の人々を対象にした心理教育である。そして、これらの発想はカウンセリングでありサイコセラピーではない。

不登校といった問題が異常で個人内の課題と捉えられているならば、サイコセラピーの研修がおこなわれることにも一定の理解はできる。しかし、文部省は一九九二年に『学校不適応対策調査研究協力者会議報告』において、不登校は誰にでも起きうるものであるとの認識を示し、不登校の子どもの多くは異常ではないという位置づけで捉えられるようになった（文部省 一九九二）。それまでは不適応という病気を治療によって治すといった認識もあったが（ミニ・クリニック論）、この報告を境に、少なくとも学校における心理的援助に関しては、カウンセリングとサイコセラピーを識別する主張が増加していき、学校においてはカウンセリング、つまり教師は治療者としてではなくあくまで教師として、学級集団を対象とした予防的働きかけを目指す心理教育を実施する機会が多くなった。一九九〇年代の心理教育のプログラムとしては、構成的エンカウンターグループをはじめ、グループワーク・トレーニング（横浜市学校ＧＷＴ研究会 一九九四）やアサーション・トレーニング（園田ほか編著 二〇〇二）などが導入されはじめた。また、学校の中で教師が使える心理的援助の哲学や技術などについても積極的に解説がなされはじめた（諸富 一九九九a、一九九九b）。

学校心理学と学校教育相談の類似性の発見

学校の現状に即して心理的援助をおこなうという動きは、心理教育的援助サービスを中核とする学校心理学の導入によってさらに深まることとなる。松浦宏は、学校心理学が教育心理学会の中で検討されはじめたのは一九九一年からであると指摘しており（松浦 二〇〇二）、これは、学習面、発達面、人格面、社会面、進路面などの領域における心理的援助サービスを提供するものである。これまでのカウンセリングやサイコセラピーでは軽視されてきた、学習面や進路面をも対象としているところに特徴がある。

学校の外側にいる専門家が教師とともに学校の実情に即した心理学を開発・共有しようとする動きは、同時に、学校の内側にいる教師が、これまでおこなってきた教育相談を体系化し定義づけ活動を明確化する動きと呼応していた。大野精一は、学校教育相談の領域を明確にし定義づけていく中で、学校教育相談は学業援助、適応援助、進路援助をおこなうものであるとし、学校心理学の領域と一致することを見いだしている（大野 一九九七）。また、「学校教育相談は、児童生徒の現在の問題や今後の課題、話題に対して学校における生活面を土台にして児童生徒各自の学習面・進路面に焦点化された指導・援助が大切」にされるべきと指摘している（大野 一九九八、一五五頁）。従来の学校教育相談は、実践も研修も情緒的なサポートばかりを強調してきたが、生徒の中には情緒的サポートがうっとうしいと感じる者もおり、必要な情報だけを得てあとは失敗しても自分で挑戦したい者もいる。この場合は情報のみを与えるサポートが必要であろうし（情報的サポート）、だめなものはだめ、いいものはいいと評価することもサポートとなる（評価的サポート）。学習や進路決定、あるいは友人関係づくりがうまくいかない生徒に対しては、コーチのようにかかわり技術を教授するサポートもありえる（道具的サポート）。このようなサポートにも価値を置き、すべての子どもにかかわり、早急な対応が必要な一部の子どもと苦境をしのぎ、問題が顕在化している特定の子どもを学校内外の機関へとつなげ、すべての子どもがもっとたくましく成長・発達し、社会に向かって巣立っていけるように、学校という時空間をたがやすといった、チームによる実践的な指導・援助活動を、大野は学校教育相談と定義している（大野 一九九八）。これまで曖昧だった教育相談的かかわりが、学校心理学の導入によって明確になったと言える。

スクールカウンセリング活動の開始

このように、授業で使える心理教育の教材が開発されたり、学校教育相談の定義づけがなされたりしていたが、急増する不登校には歯止めはかからなかった。さらに、いじめ自殺が社会問題化する中で、文部省は一九九五年、「スクールカウンセラー活用調査研究委託事業」を開始することとなる。そこでは、校務分掌の中に心理援助職を位置づけることが試みられた。この事業に対して心理臨床側は、みずからを「異物」と捉えたり「黒船」と捉えたりしながら、学校での心理支援を慎重におこなってきた。とくに初期のスクールカウンセリング活動は、「カウンセラーが来てくれるだけでもありがたい」といった、心理の専門家に対する期待と、スクールカウンセラーとして学校におもむいた人たちが豊かな経験知をもつ実力者であった、ということに支えられて展開した（村山ほか 二〇一一）。

鵜養美昭は、学校で表出する問題が、二〇世紀の半ばには「授業中の私語」や「奇抜な服を着る」等であったのに対して、二〇世紀末には「薬物」「妊娠」「自殺」といったより破壊的で病理も深いものに変わっていることを指摘している。そして、そのような学校状況の中に参入する臨床心理士が要請されることを次の三つにまとめている。一つ目は、緊急の社会的要請に応える必要性、二つ目は、学校で不断に回答を求められる質問に対して説明義務を果たしていく方策を確立する必要性、そして三つ目は、急激に変化する現代社会のスピードに合わせて業務のあり方を実践的に変更する必要性である（鵜養 二〇〇四）。スクールカウンセラーは学校の内側で、問題が発生する場に立ち会い、なぜそのようになるのかという見立てを教師や保護者に説明する義務を果たし、その見立てにもとづいて、誰がどのように働きかけるかを差配する業務も求められる。それは、それぞれの地域のそれぞれの学校文化や家庭を背景として表出した個別具体的な問題を、教師や保護者との連携の中で解消する活動であり、個室での個人療法以外の活動も重視されはじめたということである。

5　協働スタイルの模索

コンサルテーションからチーム援助へ

従来、心理の専門家が学校におもむきそこで援助をおこなう活動はおもにコンサルテーションであった。コンサルテーションについて山本和郎は、コンサルタント、コンサルティ、クライアントという立場の違いを指摘している（山本 一九八六）。コンサルテーション関係において、心理の専門家であるコンサルタントは、教育の専門家である教師（コンサルティ）からの依頼を受けて、ケース（児童・生徒）理解を深め広げる作業を中心としておこなう。そして、その際、コンサルティの個人的問題には立ち入らない。また、クライアント（児童・生徒や保護者）に対する責任の所在はコンサルティにあるため、コンサルタントの意見や働きかけを受け入れるか否かの判断はコンサルティに権限がある。コンサルタントの意見が役に立たないものとコンサルティに判断されれば、その意見は活用されない。したがって、コンサルタントがクライアントと会うことはなく、クライアントに対しては間接的な援助になる。このようなコンサルテーションの場合、コンサルタントは外部の専門家であり、そのかかわりは一回から数回という限定的なものであり、コンサルティの専門性を尊重する関係になる。

教師の土俵に入っていき、教師の専門性を尊重しながら、あくまでも生徒理解を中心に対応し、教師自身の問題には触れないといったように、ビジネスライクに支援する。スクールカウンセラー制度がはじまる以前は、このような姿勢で児童・生徒や教師へのかかわりがなされてきた。あくまでもコンサルティはクライアントではなく教育の専門家であるため、その専門性を尊重しながら慎重にかかわり、影響を与えすぎる設定をあえて避けていた。

しかし、スクールカウンセラーが、学校内部で働きながらコンサルテーションを実践するようになると、自分が相談を受けている児童・生徒について、教師から相談を受けるという形がふえはじめた。そのため、カウンセラーはカウンセラーのもっている情報や専門性を、そして教師は教師がもっている情報や専門性を提供して、双方がお互いの専門性を活かしながら援助するといった相互コンサルテーションやチーム援助が求められるようになっていった（石隈 一九九九、家近・石隈 二〇〇三、栗原 二〇〇六）。チーム援助では保護者も重要なチームメンバーと捉えられ、これによって児童・生徒へのタイムリーで予防的な援助を幅広い生活環境の中で実施できるとされる。生活場面を志向したこのような取り組みは、問題への対応を事後的におこなうのではなく、タイムリーで予防的なものにしていく、より生活に密着した支援と言えるだろう。このような取り組みから、従来のコンサルテーションに対して、コンサルテーションの原則を超えて柔軟に対応する必要性が指摘されるようになる（野々村 二〇〇一）。これらの活動の背景には、それぞれの専門性を活かしながらクライアントを支援するというチーム援助やコラボレーションの考え方があり、現在、学校における心理的援助の重要なキーワードになっている。

アメリカ型チーム援助と日本型チーム機能

石隈利紀が導入したチーム援助の概念は、個々ばらばらにおこなっていた援助を明確にマッピングしたり、まだ手がつけられていない領域に目が向けられるようになったり、曖昧だった役割を明確にしたり、チームの中に保護者も位置づけたりするなど、画期的なものだった（石隈 一九九九）。また具体的なマニュアルも作成されており（たとえば、石隈・田村 二〇〇三）、広く学校に普及している。

しかし、アメリカの学校で主張され求められたものを日本に導入したという経緯があり、それ以前からあった日本的なチーム機能については必ずしも目が向けられてない。鵜養美昭は、チーム援助に関してアメリカの学校における細分化された役割分担と日本の校務分掌の考え方を比較し、その違いを指摘している。アメリカの場合、州にもよるが、教師だけではなく、進路相談員（guidance counselor）、学校心理学者（school psychologist）、社会福祉士（social worker）などが配置され、職種が細分化されている。その細分化された職種がばらばらに職務を遂行しているという反省のうえに、目標や介入計画を調整し、それぞれの職種が総体として円滑に機能できるようにするため、チームとして再統合することが求められるようになったという。一方、日本の場合、これらの役割を教師が「担任業務」としてすべて負っており、さらには部活動の指導なども業務として大きな比重を占めている。校長が校務をつかさどり、それを教師が分担して果たすという考えが日本の学校教育機能であり、したがって、全体状況を共有する教職員たちがお互いの穴を埋め合いながらシフトを融通無碍に転換しており、それで総体としてのチーム機能が果たされていると考えられる。こういったチーム機能はしかし、言語化されず以心伝心でおこなわれるため、スクールカウンセラーがそれを指摘してその意味を言語化することは、教師にとって自分たちのしていることを新たな視点から捉えることにつながり、援助的に機能するという（以上、鵜養 二〇〇二）。

現在では教師の同僚性が弱まり、問題も複雑化しているため、チーム援助とわざわざ銘打って支援しなければならない状況があるだろうが、単にチームを編成して事に当たればよいというのではないだろう。チームを編成することによって棲み分けが起こり、結果的に、融通無碍なシフトの転換が機能しなくなることにもなりかねない（中釜 二〇〇八）。そのため、チーム援助は、大きくアメリカ型と日本型の二種類に分けられ、その両方が機能していると考えたほうがよい。

求められる通常学級での支援

一九九〇年代の後半になると、担任の教職経験の長短にかかわらず、授業が成立しない「学級の荒れ」が注目されはじめた（松浦・中川 一九九八、藤原 一九九九）。秦政春は、小学生の荒れに関する縦断的調査をおこない、授業妨害の増加や規範意識の低下が見られる実態を明らかにし、さらに、子どものストレスが心身にわたって深刻な問題状況を生じさせていると指摘している（秦 二〇〇一）。

二〇〇三年、文部科学省が設置した「特別支援教育の在り方に関する調査研究協力会議」から『今後の特別支援教育の在り方について（最終報告）』が出され、その報告書には、「通常学級に在籍する特別な教育的支援を必要とする児童生徒に関する全国実態調査」の結果も付されていた。この調査では、ＬＤ（学習障害）、ＡＤＨＤ、高機能自閉症等、いわゆる発達障害と言われる児童・生徒が通常学級に六・三％在籍していることが示され、通常学級での特別支援教育の必要性が指摘された。これらの指摘を受けて、二〇〇七年には校務分掌に特別支援教育コーディネーターを位置づけることになり、現在ではほぼすべての公立の小学校、中学校、高等学校で指名されている（文部科学省 二〇一二）。

学級の荒れやそれに伴う保護者対応の増加などが要因となって、精神疾患を理由に休職する教員の数が急増することとなり、文部科学省は二〇一一年、「教職員のメンタルヘルス対策検討会議」を設置して対策に乗り出した。その最終報告では、教職員のメンタルヘルスの向上に、スクールカウンセラーの活用を提案している（文部科学省 二〇一三）。

以上のような学級の荒れや特別支援教育の広がり、教職員のメンタルヘルスの現状を受けて、学校

表1－1　学校での心理的援助の展開と課題の流れ

年代	相談事業	
日露戦争	日露戦争による母子家庭の増加，非行児の増加	
1915	日本教養相談所の設立　主として進路相談と健康相談	
1919	大阪市立児童相談所	教育測定運動の影響を受け，科学的知識にもとづく教育
1920	（隣接地に職業相談所）	

年代	臨床心理学領域	学校での心理学的援助の展開	
第二次世界大戦後		ガイダンス理論の導入 手法としてのカウンセリング	学業や修学上の諸問題への指導・助言
1950年代	学会体制の未整備	学校カウンセリング運動の高まり	相談教師カウンセラーへの期待 一部地域での養成の試み
	養成態勢の未整備により相談教師カウンセラー養成できず気運の低下		
1960年代	1964 日本臨床心理学会の発足 （学会が整備されはじめる） 1967 心理技術者資格認定委員会の発足		青少年非行の社会問題化 ふたたび相談教師カウンセラーへの期待
1970年代	1971 大学紛争や学会改革により挫折	「ミニ・クリニック論」対「いつでも，どこでも，誰でも論」 校内暴力の問題 1975 主任制度の導入 （生徒指導主事を校務分掌へ位置づけ）	生徒指導主事は相談教師カウンセラーではなく，教員間の連絡調整をおこなうリーダーとしての位置づけ
		車の両輪論 生徒指導と教育相談の機能分化	
	養成態勢の解体と主任制度の導入による臨床心理学と学校教育の関係の弱まり		
1980年代	日本臨床心理士資格認定協会の設立（文部省への働きかけ）	カウンセリング・マインド論 「育てるカウンセリング」と「なおすカウンセリング」の区別 学校では育てるカウンセリングを	
		いじめ，不登校の問題	グループ活動の重視 教師が学級で活用しやすい心理教育教材の開発 予防的対応の重視
1990年代	1990 日本臨床心理士資格認定協会が文部省の財団法人として認可される		
	1995 スクールカウンセラー活用調査研究委託事業の開始	学校心理学と学校教育相談の類似性（心理教育的援助サービス）の発見	チーム援助 保護者支援
	臨床心理学的知の導入による異職種間連携（コラボレーション）		
2000年代		学級の荒れの問題 発達障害の問題 2003 通常学級に在籍する特別な教育的支援を必要とする児童生徒に関する全国実態調査 2007 特別支援教育コーディネーターの校務分掌への位置づけ 2011 教職員のメンタルヘルスの課題	

での心理的援助は、これまで以上に通常学級での支援や生活の場での支援を求められるようになっている。

学校におけるフィールドワークの必要性

ここまで、学校における心理的援助の歴史について臨床心理と学校教育の双方から振りかえってきた（表1－1）。そして現在、学校における心理的援助は、チームとして機能しながら生活の場で援助することが求められていることを明らかにした。したがって本書では、学校とそこで生活する人々の相互作用に注目し、その展開をつぶさに観察することによって、児童・生徒の成長やつまずき、教師の働きかけなどを理解したいと思う。近藤邦夫が指摘していたように、学校臨床においては、まず日本の学校がどのような場であり、その中で教師はどのように児童・生徒を育てようとしているのか、どのような学校の力を用いてそれをおこなっているのか、児童・生徒はどのように成長するのかといった、学校の日常を知らなければならない（近藤 一九九四）。教育問題に対して河合隼雄も、「現象に自らかかわる」ことによってそこに「自分を入れこんで」考え、学問の境界を破って学際的な方法で、問題を考究する必要性を説いている。そしてそのうえで学校の日常に即した支援を構築する必要があるとしている（河合 一九九五、一一－一五頁）。したがって、まず学校での援助はどのようにおこなわれているのかを知るために、その援助がおこなわれている場におもむき、そこで起こっている日常的支援を対象とした研究、つまりフィールドワークが求められるだろう。

第2章　学校での支援における三つのアプローチ

1　文化適合的な支援の模索

学校での心理的援助については、従来から、地域や家庭、学校や学級を包括的にシステムとして捉え、それぞれの影響関係をも考慮した生態学的アプローチの必要性が指摘されてきた（近藤 一九九四、石隈 一九九九、Sheridan & Gutkin 2000, Gutkin 2009）。しかし、筆者が検討したかぎり、日本の学校を生態学的視座から具体的に検討し、そのうえでの心理的援助を考究している文献はほとんどない。むしろ昨今では、海外の特別支援教育や精神医学領域から発信される情報を導入するという動向が顕著のように感じる。それらをまずは実践してみて、日本の学校で利用できそうな支援方法が取捨選択されたり、日本の実情に合うように改変されたりしながら発展していくのだと思われる。

一方、日本の学校では、児童・生徒の心理的問題に対して、生徒指導や教育相談を通して対応してきた。これらの支援には、長い蓄積が反映されており、学級経営や特別活動、学校経営といった日本の教育システムとも密接に関係している。そのため、日本の学校で培われてきた文化適合的な支援方法の意義を新たに発見する道も必要となるだろう。

学校の外から発展してきた支援方法を導入するにしても、学校の中でなされてきた支援の意義を見いだすとしても、文化適合的な支援でないと結局は実践できないものとなってしまう。そこで本章では、学校という場の特徴を活かすための心理的援助のアプローチ法について検討したい。

2　相互作用を重視する意義

等結果性からの医学的アプローチ

非行や器物破損などの外在化型の問題を考えるにしても、対人拒否や引きこもりなどの内在化型の問題を考えるにしても、その捉え方には大きく分けて二つのアプローチ法がある。一つは等結果性（equifinality）からのアプローチ、もう一つは複数結果性（multifinality）からのアプローチである。まずは等結果性から考えてみよう。

たとえば、ＡＤＨＤの疑いのある子どもに対して、精神科医はこれまでその子がどのような環境で育ってきたかにかかわらず、まずはその子が表出している病理を探っていく。似たような症状をもつ子どもA、子どもB、子どもCがいる場合、その子どもが育ってきた環境よりも、みんなに共通する行動や症状（注意欠如や多動性、衝動性）に注目するであろう。個々人が環境との多様な相互作用をしているとしても、まずは注意欠如や多動という診断基準を満たしているかどうかを重視し、環境要因よ

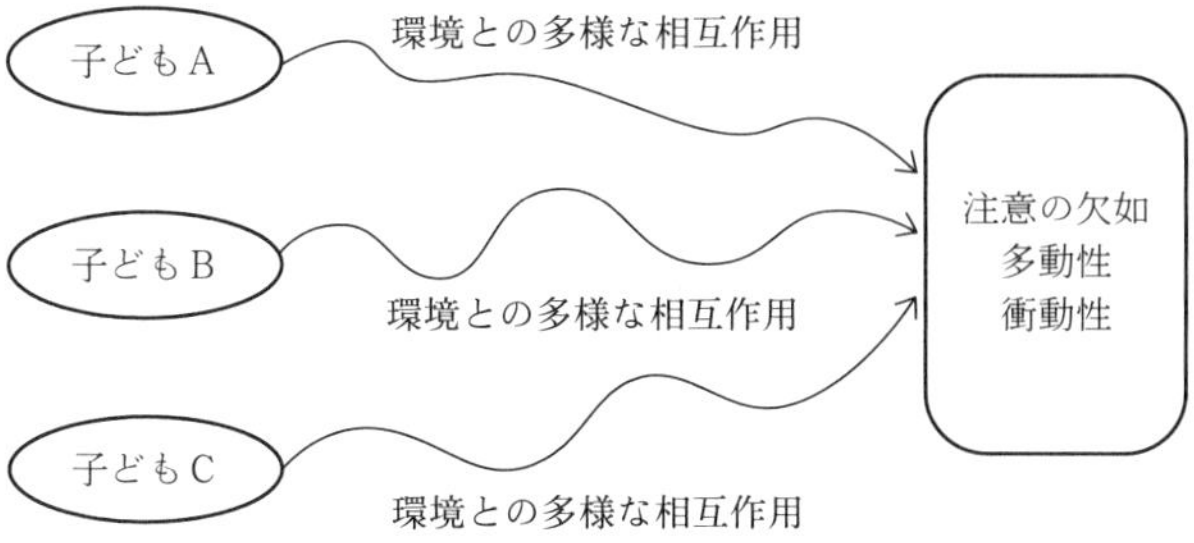

子どもA, B, Cは生まれも育ちも多様であり，それぞれが環境とのさまざまな相互作用をおこなってきたが（many），結局行き着いた先は同じADHD（one）である（many-to-one）。そのため，まずはone（病理）そのものをターゲットとし，その原因，その治療法を追究する。

図2－1　等結果性（equifinality）からの理解

りも病理や障害そのものを探る見方を優先させる。それぞれの子どもたちが多様な環境で育ってきて、原因となりえる複数の要因（many）をもっていても、最終的には同じ一つ（one）の結果（ADHD）に行き着いていることを重視し、その一つに至らしめた病理や障害を追究し、原因を特定し、治療をほどこすことになる。このような原因から結果に至る過程がmany-to-oneの見方（Commings et al. 2000）は、等結果性からのアプローチと呼ばれる（Orford 1992, 図2－1）。この等結果性を重視したものの見方は、病理の本質を探り、正確な治療戦略を追究する医学的なものと言える。病理・障害の本質やその対応といった貴重な情報を豊かに与えてくれるため、学校では等結果性にもとづく知見を積極的に取り入れていかなければならない。しかし、こういった知見は、必ずしも学校での対応を考慮して構築されているわけではないので、異なったものの見方を組み合わせなければならない。そのときにもう一つの方向性をもった複数結果性からのアプローチが有効となる。

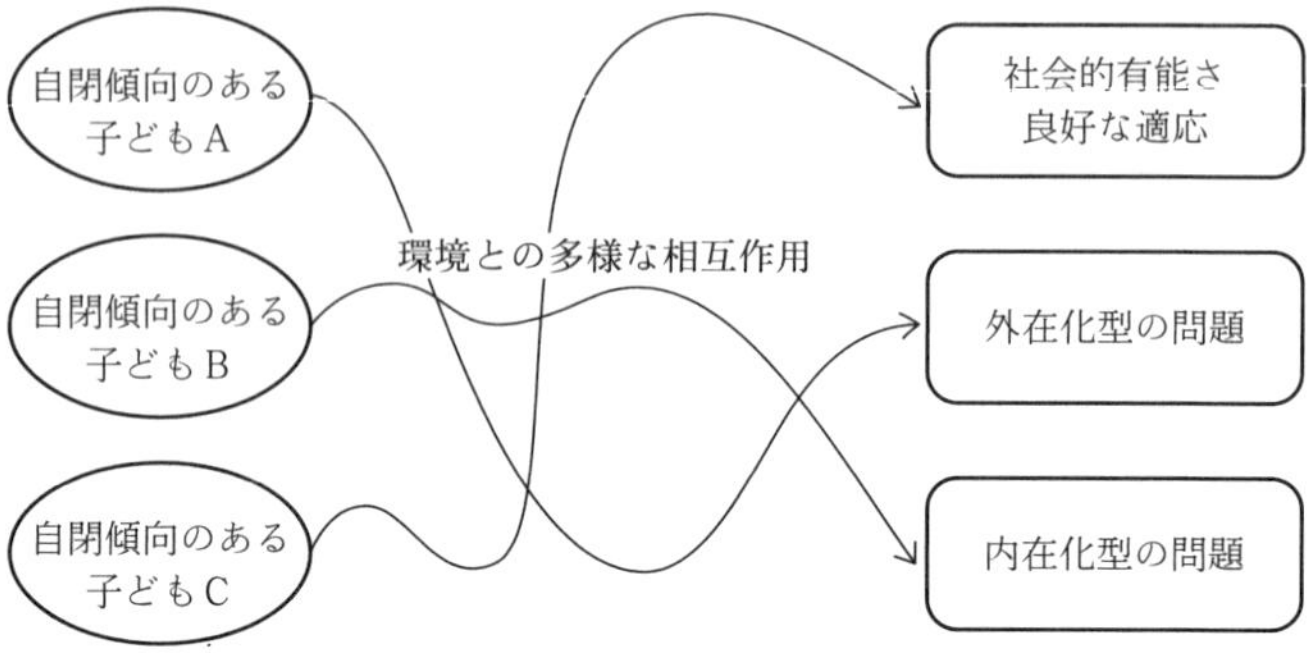

一つの同じ症状をもっていようとも（one），結果は多様である（many）。このmanyに至らしめるのは環境との相互作用が大きな要因であり，その相互作用をターゲットとする。

図2－2　複数結果性（multifinality）からの理解

複数結果性への注目

学校にはさまざまな子どもがおり、心理的援助を必要とする子どもも、その予備軍もいる。しかし、たとえ学校環境との間に不適合を起こしやすい子どもであっても、その発達の道筋は多様であり、結果も多様である。たとえば同程度の自閉症スペクトラム障害（ASD）という条件をもって生まれてきた子どもたちでも、その発達の道筋は異なり、その結果は多様なものとなる。豊かな友人関係を形成し、本人の特性にあった進路に到達する子どももいれば、そのようにうまくいかない子どももいる。このように同じ障害や精神病理（one）をもっている子どもであっても、発達の道筋は複雑で結果が多様（many）であるということは、結果に至るまでの環境との相互作用の要因が大きいと考えられる（図2－2）。ここに、人と環境の相互作用に注目する生態学的アプローチが、とくに学校臨床のアプローチ法として求められる理由がある（Burns 2011）。

学校臨床では、児童・生徒が障害や病理をもっていたとしても、環境との相互作用によってさまざまな結果につながると考える one-to-many の見方（Commings et al. 2000）、つまり複数結果性（multifinality）に注目する必要がある（Orford 1992, Holmbeck et al. 2003）。

生態学的アプローチは、人と環境の相互作用に注目し、その両者の適合（fitness）を高めようとするものであり（Apter 1982, 高畠 二〇一一）、個人を治療する医学モデルとは異なった接近法とされる。等結果性の観点から学びつつ、複数結果性を重視するのが生態学的アプローチと言える。

人と環境の連動性

学校にはさまざまな個性をもつ子どもが登校している以上、環境の果たす役割を考慮した心理的援助が求められる。ここでいう環境とは、物理的環境、社会的環境、人的環境を含む幅広い概念である。子どもや環境のもつ危険要因（risk factor）を特定して取り除き、同時に、子どもを保護している保護要因（protective factor）を特定し維持するという活動は、個と環境の両方を捉えることによってなされるだろう。

T・B・グッキンは、従来の学校心理学者が提供していたサービスはおもに診断サービスであったとする。診断サービスは、仮説や診断基準に従ってアセスメントを実施し、その基準を満たしてから治療に入るという手順を踏む。つまり、それが治療すべき問題であるかどうかをまず判定し、基準に合致するかどうかを判断することに力点が置かれる。その場合の欠点としてグッキンは、問題が起きないようあらかじめ措置を講ずるという予防的視点を失ってしまうことにあるとし、もし予防に重点を置かないならば、マンパワーが恒久的に不足すると指摘している。また、このように環境から切り離された個のアセスメント情報を収集し、それにもとづいて診断的に理解したとしても、その個が生活している環境や文脈にまで目を向けないならば、アセスメント情報と個への対応を結びつけることは難しく、それぞれが切断されてしまうとも指摘している（以上、Gutkin 2009）。これは、人と環境の連動性や文脈に注目しなければならないということだろう。

従来の心理療法が目指していたのは社会的拘束から自由になることであったが、昨今のように夫婦関係や家族関係、あるいは職場での人間関係が不安定になっている社会状況においては、環境の中で関係をうまくつくりだせるようになること、生活の場の中に自分を守り成長させてくれるような居場所（personal niche）をつくることが重要であるとの指摘もある（Willi 1999）。環境の束縛からの解放ではなく、環境の中に個人的な居場所をつくれるようにどう支援できるかに援助の視点がシフトしており、学校での援助として考えた場合、援助者も教師や生徒が生活する場の中に入っていくことによる「生きる場への援助」（沢崎ほか編著 二〇〇二）が求められる。

学校での心理的援助をおこなっていると、たとえば客観的に見れば「良い先生」のもとで「楽しそうな学級」が展開されているのに、ある子どもにとってはそれがなじみがたい人や場として思われ引きこもってしまったり、逆に「あまり評判の良くない先生」のもとで「活気のない学級」が展開しているのに、その中では居場所を見つけて登校を再開したりといったことが起きることもあり（近藤 一九九四）、学級や学校システムと個のマッチングを視野に入れた介入法を追求することも必要となる。

3　学校臨床における三つのアプローチ

臨床心理学的コミュニティ・アプローチとコミュニティ心理学的臨床実践

窪田由紀は、コミュニティでの心理臨床実践には二つの方向性があると指摘し、その一つを「臨床心理学的コミュニティ・アプローチ」、もう一つを「コミュニティ心理学的臨床実践」と分けている（窪田 二〇〇九）。この二つは、介入者の違いと介入方法の違いによって区別されている。前者は臨床心理学者がコミュニティやクライアントの生活場面にアプローチする方向性を有する。たとえば、当事者とそれを取り巻く関係者の間に臨床心理士が介在し、両者をつなぐことによって援助する「つなぎモデル」（下山 二〇〇二）、ネットワーキングによって多面的援助システムをつくり、それぞれの成長段階や病理にもとづく「つきあい方」を模索する「つきあい方モデル」（田嶌 一九九八a、一九九八b）、生活場面の中で立ち現れる問題に対して、身近な人々の関係をつなぎなおし、学習支援や自己統制力を獲得できるよう環境との関係をつくる「統合的心理療法」（村瀬 二〇〇三）などが挙げられている。

一方、後者は、コミュニティ心理学者が臨床実践をするものである。「いのちの電話」活動（末松 二〇〇一）や地域における子育て支援（三沢 二〇〇一）、高齢者の生活支援（多賀 二〇〇一）などであり、活動範囲は広く、また多岐にわたっている。窪田は指摘していないが、この支援にはほかにも、部外者である専門家がコンサルタントとして教師を支援する精神衛生的コンサルテーション（山本 一九八八六)、行動コンサルテーション(野口ほか 二〇一二)、小学校から中学校への生活の移行に伴う不安を軽減するための対応(小泉 一九九五、二〇〇二)といったものが挙げられるだろう。

この両者には共通点と相違点を見いだすことができる。まず共通点としては、問題を個人化せずに周囲の人との関係の中で捉え、生活場面にも働きかけること、相談室の中だけで特定の技法にこだわってカウンセリングをおこなうのではなく、多様な技法を柔軟に利用しながら、本人の問題解決力を重視することである。相違点としては、「臨床心理学的コミュニティ・アプローチ」が個の変容を目指すために、クライアント本人を援助しつつ、そのクライアントと直接かかわりのある人々とのネットワーキングまでをおこなうのに対して、「コミュニティ心理学的臨床実践」で目指されるのは人と環境の適合であり、必ずしも個の変容を重視しない。環境を変えることによって個と環境の適合が生み出されればそれでよしとする。そのため、個への直接介入ではなく、新たなシステムを導入するよう意思決定機関に具申する、これまでかかわりのなかった人たちの知恵を借りて協力態勢を新たにつくりだす、問題ない人たちも含めた対応プログラムを立案し実行するなど、間接的な援助も重視される。クライアントのみならず、場の構成員すべてを対象とし、その構成員たちの行動を予測したうえで環境を調整し、対策を講じていくといったように、予防を重視することも特徴として挙げることができる(以上、窪田 二〇〇九、二一頁)。

人と環境の適合を目指すアプローチでは、環境に働きかけることによって人を変容させる、あるいは、環境と人の両方に働きかけることによって適合を生み出すとされるが(植村 二〇〇八)、どちらかというと環境側を変えることによって個の適合を促進するというように、変わるのは環境側と捉えることが特徴である（Shafel & Fine 1997）。つまり、「コミュニティ心理学的臨床実践」は生態学的アプローチと重なる部分が大きい。以後、環境の変容を通して、個と環境の適合を図るアプローチを「生態学的アプローチ」として論じていく。

システムズ・アプローチ

基本的に「臨床心理学的コミュニティ・アプローチ」が個の変容を目指し、「生態学的アプローチ」が環境の変容を目指すのに対して、個（生徒）と環境（保護者や教師）の相互作用そのものの変容に重点を置く「システムズ・アプローチ」（遊佐 一九八四、吉川・東 二〇〇一）も学校での心理的援助では用いられている（楢林ほか 一九九四、吉川 一九九八、吉川編 一九九九）。このアプローチは、関係者が暗々裏に繰り広げている問題構成の枠組み（frame）を捉え、それらをコミュニケーションによって変えることで、状況に変化を起こすことを目標とする（吉川・東 二〇〇一）。必ずしも個の変容を目指すわけでも環境の変容を目指すわけでもないが、問題が構成されるありように介入する。個も環境もそれほど変わらないが、両者の関係やメンバーたちの問題構成の仕方、問題に対する枠組みや意味づけが変わることによって、問題が問題ではなくなる、あるいは問題の理解の仕方が変わるというアプローチである。たとえば、娘との関係がとても悪く、いつものののしり合ってしまうことに嫌気がさしている母親に対して、「それほどののしり合っているにもかかわらず関係が壊れないのはなぜか」と質問したり、「言いたいことを率直に言えている仲の良い関係」などと当事者とは異なる枠組みで現象を捉えることによって、相手の枠組みを変えていくようなかかわり方である。システム間の相互作用は問題を生成するが、同時に変化や解決の資源にもなることを認め（平木・野末 二〇〇〇）、そこを捉えて介入を検討するアプローチと言えるだろう。家族療法を起源とするこのアプローチも、学校臨床のアプローチとして有効に活用されている（吉川編 一九九九、亀口編 二〇〇一、吉田 二〇〇八、安達 二〇一二）。

学校臨床への三アプローチと予防概念の関係

以上の学校臨床における三つのアプローチには、それぞれ有効な適用範囲があると考えられ、それは予防概念と関連づけながら検討することによって明らかになると思われる。予防は第一次から第三次までの三つのレベルに分けられるが（Caplan 1964）、その各レベルと学校臨床の三つのアプローチは相互に対応している面が見受けられるからである。

公衆衛生学（Caplan 1964）やコミュニティ心理学（久田 二〇〇七）の分野では、予防的介入を一つの柱としてきた経緯があり、その予防のレベルを第一次予防から第三次予防までの三つに分類している。石隈利紀はこれらの予防概念を援用し、介入のレベルを第一次から第三次までの三段階に分けている（石隈 一九九九）。まず、第一次予防的介入の段階は、人々が精神疾患に罹ったり不適応を起こしたりすることを予防することであり、発生予防と言える。子どもが直面する課題を事前に予測して、その課題への準備や心構えを促進することや、対人スキルを育成する授業などが例として挙げられるだろう。第二次予防的介入は、精神障害や不適応を起こした人々が、それらを悪化させたり長引かせたりしないためにおこなわれる早期発見・早期治療を特徴とする援助である。弟妹の誕生や両親の離婚、祖父母の死去など家庭環境に変化がある子どもたち、転校生、「登校しぶり」や孤立が見られる子どもたちへの介入などが想定される。第三次予防的介入は、すでに精神障害や不適応のある人々が社会とのつながりを取り戻すための援助であり、治療や生活支援、リハビリテーションなどが含まれる。保健室や相談室、あるいは学校外の適応指導教室などでの援助と考えられる。ここでの介入は、個への治療的対応をおこないつつ社会復帰を目指すこととなる。それでは、この三段階は学校臨床への三つのアプローチとどのような関係にあるのだろうか。

「臨床心理学的コミュニティ・アプローチ」は、問題が生起し悪化して、不適応がはっきりと表に現れたときの対応が主になると考えられる。そのため、この援助は第三次予防的介入として捉えることができるだろう。子どもの生活環境までをも含めて援助の幅を広げ、治療から社会復帰まで（学校や学級への復帰）をおもな目的とするこの活動は、スクールカウンセラーなどの専門家を通してなされる支援とも言える。

「システムズ・アプローチ」は、家族療法を受ける人々との間で形成されてきたかかわり技法であるから、当然、第三次予防的介入としても利用可能である。しかし、コミュニケーションは日々の生活の中でなされるものである以上、その瞬間、瞬間のコミュニケーションに敏感であることに努め、問題構成のありように介入することによって広範に適用できると考えられる。

「生態学的アプローチ」は、個と環境の適合をおもに環境調整によって成し遂げていくことを目指すため、問題発生を予防する第一次予防から、不適応的な群の不適応をそれ以上悪化させないための第二次予防がおもな適用範囲となる。とくに学校において環境調整をするのは教師であるため、教師が継続的あるいは日常的におこなっている支援（指導）がこれに該当するだろう。

表2－1　学校臨床の3つのアプローチと予防概念

予防の種類	援助的アプローチ
一次的予防	全体に対する生態学的アプローチ，システムズ・アプローチ
二次的予防	個体群に対する生態学的アプローチ，システムズ・アプローチ
三次的予防	個に対する臨床心理学的コミュニティ・アプローチ，システムズ・アプローチ

学校臨床への三つのアプローチと予防概念との関係は表2－1のように示すことができる。第一次予防的介入、第二次予防的介入はおもに生態学的アプローチ、第三次予防的介入は臨床心理学的コミュニティ・アプローチ、どれにでも適用可能なものがシステムズ・アプローチとまとめられるだろう。

4　環境の変化と学校臨床

以上、臨床心理学的コミュニティ・アプローチ、生態学的アプローチ、システムズ・アプローチという三つのアプローチが、学校における心理的援助の方法として考えられる。どのアプローチも、その手段は異なっているものの、教師や保護者とのコラボレーションによって問題の解決を図ることを目標としている。本書はこの三つのアプローチの中でも、とくに学校臨床における生態学的アプローチの有効性を主張するものである。それは、学校臨床では次の三点が重要と考えるからである。

第二次予防的介入の重視

第三次予防の臨床心理学的コミュニティ・アプローチでは、保護者や教師がさまざまに援助してもうまくいかなかった、というところから専門家のかかかわりがはじまる。その場合、学級での支援から別室での個別対応へとシフトしていることが多い。学校臨床では、そうなる前段階から、問題が表出しやすそうな児童・生徒にかかわることができる。

また、その部分に関する援助要請も少なくない。学校不適応が前面に出てくる前の段階、つまり、学校不適応的な段階にいる第二次予防的介入の求められる子どもたちである。第一次予防のように、問題が発生する前の、問題がまだ見えていない段階ではなく、第三次予防のように学級対応が難しくなった段階でもないが、すでに不適合（unfit）が見え隠れしている子どもたちである。教室など生活場面での対応が中心となるこのような子どもたちには、相談室とは異なった原理・原則の中での対応になるため、相談室で開発されてきた技法がそのまま使えるわけではない。第二次予防の柱である早期発見・早期治療をおこなうためには、予防的で間接的なかかわりも重要にもなる。さらにこの段階への対応は、すべての教師に求められるため、教師とのコラボレーションを重視した場合、軽視できない。この段階の子どもたちへの対応は、心理臨床にとってはあまりなじみのない領域と考えられるので、まずは学校や学級における個と環境の適合がどのようなものなのかについて知る必要があるだろう。個と環境の相互作用を捉えるためには、第二次予防的介入の現場に接近する必要があり、それには学校不適応的児童・生徒の学校生活を対象にするのが適当と思われる。

環境の変化に乗じる支援

第二次予防の必要な学校不適応的児童・生徒の変容を促すためには、個にアプローチするよりも、まずは環境にアプローチしたほうが即効性のある対応となりうる。学校では、たとえば行事の展開に応じて、さまざまな対人関係の変化や役割の変化、地位の変化や期待値の変化などが生じる。学校行事への取り組みを通じて、これまでの学級内の構造が揺らぎ、学級集団が変容したり、個のアイデンティティに変容がもたらされたりするといったことは、多くの児童・生徒や教師が経験することである（蘭ほか 一九九八、蘭 一九九九、蘭・高橋 二〇〇三、二〇〇八）。しかも、そのような環境の展開は個の変容以上に早いこともある。つまり、学校では、個の変容以上に環境の展開のほうが早い場合が多く、またその展開を止めることもできない以上、まずはその動きに乗じつつ、環境を調整することによる個の適合を目指したほうができることも多いだろう。

この第二次予防のレベルでは、不適合状態から適合状態に回復を遂げる子どもたちも数多くいる。第三次予防的介入が必要なほどではないが不調を抱え、しかしそこから回復に向かう人たちである。このような場合、回復した理由はよくわからないけれど、回復したのだからそれでよいではないかといって、その理由を深く問うことなく過ぎてしまうことが学校では少なくない（たとえば本書序章で紹介した「先輩恐怖症」を治した学級担任の例）。学校環境との間で不適合を生じている子どもが問題を悪化させることなくその状態を切り抜けるプロセスを考究することによって、学校の実情に即した介入が可能になる。

出来事の多面性を観察できるポジション

学校では教師との連携は欠かせないが、その教師が学校環境の中でどのように子どもたちの成長を促進しようとしているのか、育てようとしているのかを知っておくことが学校臨床にとっては肝要である。教師は自分の好き勝手に子どもにかかわっているわけではなく、学校教育という歴史的、制度的枠組みの中でかかわっている。そのため、そのようなかかわりを生み出す学校という場を継続的に捉えたうえでのコラボレーションを目指さなければならない。学校環境がどのように教師や児童・生徒を動かすのか、そうであるがゆえにどのように問題が生起し、展開し、結果を生じるのか、学校がどのように教師と子どもの関係性をはぐくもうとしているか、といった学校を主体とした視点から教師や子どもの変容を捉える必要がある。そして、あるときは教師にとっての児童・生徒、またあるときには児童・生徒にとっての教師、さらには両者の相互作用の意味をメタなポジションから捉えたり、わからないから教えてほしいとワンダウン・ポジションをとったりというように、立ち位置を変えながら学校という場で生起する出来事の意味を見いだしたい。このように、第二次予防を必要とする問題群の中で、学校がはぐくむ教師－児童・生徒関係を多面的に捉えるポジションに移動しながら、環境の変化に乗じつつおこなう支援を追求しよう。

以上、学校臨床にとって第二次予防の必要とされる学校不適応的児童・生徒の学校生活に焦点を当て、そこにどうアプローチするかについて述べてきた。そこで次章では、生態学的視座から捉えると学校環境はどのように特徴づけられるのか、そしてそれらがどのような支援につながりうるのかについて考えていく。

第3章　学校への生態学的アプローチ

1　行動場面から捉える学校環境

セッティングとしての環境

学校という制度的な場は、時間と空間で区切られており、その中には目標や価値があり、それらを実現させるための圧力が働くという特徴をもつ。たとえば、授業中に教室を抜け出そうとすれば、それをさせまいとする教師の制止があるだろうし、その制止行動は授業中だからこそ誘発される。その場面においては、対象生徒が誰であっても、教師は同じ行動を誘発されるだろう。学校という環境（setting）は、休み時間や授業時間といった時間によって、またグラウンドや教室といった空間によって区切られ、活動プログラムが埋め込まれている。いつ、どこで、何をしているかといったことはあらかじめ決定されており、そのようなセッティングを維持するための力が働いている。

R・G・バーカーらは、行動（behavior）と環境（setting）を一つのユニットとして捉え、それを「行動場面（behavioral setting）」と概念化し（Barker & Wright 1955）、行動場面をとくに学校環境の中で検討している。この行動場面は、たとえば生徒が転校したり、教師が異動したりしても維持されているという意味では、他の人との交代が可能である（Barker & Gump 1964）。たとえ人が代わって他の人がその場所に置き換えられたとしても、その置き換えられた人の行動は同じ行動場面であればある程度予測がつくという。アラン・W・ウイッカーは、行動場面を「行動場面プログラムと呼ばれる序列化された一連の行動を実行するために協調的に相互作用する置き換え可能な人および人以外の構成部分からなり、境界のある、自己調節機能をもった階層システム」として定義し、行動は序列化されていることを指摘している（Wicker 1984=1994, p.17）。

行動場面は時間の経過によって変化するものであるから、その時々によって優先順位の高いプログラムから低いプログラムまで序列化されている。たとえば、休み時間には外で遊ぶという行動が優先順位のトップとなり、勉強の優先順位は低くなる。授業中に外に出ていくことは問題となっても、休み時間に外に出ることは問題ではなくむしろ推奨され、教室の中で勉強していると「外で遊びなさい」などと声をかけられるかもしれない。

行動場面では、場面内で生起する出来事を感知する「感知メカニズム」や、正常範囲から外れそうな行動を正常な状態に戻そうとする「維持メカニズム」が作動し、さらにその脅威が高まったときには行動を修正させたり変化させたりしようとする「対逸脱システム」が作動する（Wicker 1984=1994, pp.18–19）。このようにして行動場面はホメオスタシス（恒常性）を維持していると考えられている。学校環境は行動場面によって構成されており、その中にはホメオスタシスを維持する制御力が働くという基本的な構造が埋め込まれている。

行動場面の幅

行動場面はセッティングされたものであるため、そのセッティングを変えることは可能である。コミュニティ心理学者のスタンレー・マレルは、組織の中のあるポジションを誰がどのように割り当てられるかによってシステムの働きは変わると指摘し、それを「システム・アサインメント（system assignment）」と概念化している（Murrell 1973）。たとえば授業中の保健室では、誰が養護教諭として担当しても、来室者の手当てをするという部分では共通している。しかし、身体のみに対応するという養護教諭がいれば、身体にも心にも保護者にも対応するという養護教諭もおり、その機能には幅がある。したがって、その役割規定をどのようにするかによっても環境を変えることができる。

行動場面の限界

学校での多くの場面は行動場面として特定でき、人の行動を統制したり予測したりするためには必須の概念であろう。しかし、二つの点で限界がある。まず一つは、バーカーらの行動場面の概念は、他の行動場面との相互作用について触れていないことである。たとえば、母親が風邪をひいて寝込んだことによって家庭に混乱が生じた場合、それが、学校という行動場面にどう影響を与えるのか、養護教諭の異動に伴って保健室の機能に変化が生じることによって、それまで頻繁に保健室を利用していた学校不適応的児童・生徒の学校生活にどのような影響を与えるのか、そしてそれはその子の家庭での親子関係や夫婦関係にどのような影響を与えるのか、といった連動性を想定してない。

もう一つは、行動場面はホメオスタシスを維持していると考えられているので、つねに一定の範囲内に行動が収まっていることを前提する、ということである。その場合、学校や学級構造に揺らぎが生じ、新たな組織体として変わっていく様子を捉えることは難しいであろう。実際の学級や学校は、たしかにホメオスタシスを維持していると言えるが、一方では、同じ学級であっても年度初めの四月と年度末の三月とではまったく違った状態になっていることも少なくない。学校への生態学的アプローチにおいては、システム間のつながりと時間の流れに伴う変化は重要な観点である。そこで、次にこの二点について考察していこう。

2　行動場面を包括するシステムとその連結

ブロンフェンブレンナーの生態学的システム

行動場面の研究は、組織規模と人員配置の研究や環境心理学の分野に広がっている（Wicker 1984, Gifford 2002）。また、ユリー・ブロンフェンブレンナーのように行動場面間の相互関係から子どもの発達を捉えようとする研究の基礎にもなっている。

ブロンフェンブレンナーは、子どもの発達に影響を与えるシステムをマイクロ、メゾ、エクソ、マクロの四段階に区切り、それぞれのシステムが相互作用することによって生じる文脈の中で発達を捉えようとする（Bronfenbrenner 1979）。

ブロンフェンブレンナーによると、子どもの発達や成長は、移り変わる行動場面の特性との間の漸進的な相互調整によって達成されるという。そして、そのように「発達しつつある人（developing person）」を次のように捉える。つまり、発達しつつある人は、まったくの白紙状態の上に環境から影響を及ぼされるだけではなく、生活環境の中に漸進的に入り込み、その生活環境の再構成を図るダイナミックな存在である。

学校生活は小学校から中学校へと移行するが、これは子どもの生息地が変わるということであり、そこでは生態学的移行が生じていると言える。小学校への入学は、上級生たちに歓迎されつつ迎え入れられることであるとともに、自分を新参者として捉え、幼稚園・保育園時代とは違い「小学生のおにいちゃん、おねえちゃん」として親への依存をこれまで以上に断つことになる。そして、学校からの要請（授業中には席を立たない、トイレに行かないなど）に応じ、生活環境を構成し続ける。中学校の場合などは、上級生の兄（姉）がいたとしても、家庭でするのと同じようなかかわりを学校でするとは限らない。家庭では「お兄（姉）ちゃん」と呼んでいても学校では「先輩」と呼ぶかもしれず、そのときには先輩－後輩関係の中に入り込み、その行動場面で求められる役割に応じて行動も変えるだろう。このような変化の中にあって行動場面で要求されることの再構成をおこない、環境についてより拡張した、分化した、そして妥当な考えを獲得していく過程を、ブロンフェンブレンナーは発達と捉えている。

新しい行動場面に遭遇し、その場面から要請される行動をおこない、また行動場面に働きかけながら、みずからの立ち居振る舞いを変えることによって、子どもはさまざまな行動場面に適合的な役割や行動を身につけていく。そして、たとえば学校と家庭といった行動場面の間で生じる役割要求が両立し、行動場面間での目標が一致し、さらに行動場面内の圧力がそれを後押しするならば、発達は促進される（Bronfenbrenner 1979=1996, p.226）。ブロンフェンブレンナーは、変化しつつある人と変化しつつあるシステムとの相互作用を強調し、そのとき、人がじかに接しているシステムに加えて、間接的に影響を与えているシステムも考慮している。では、発達しつつある人に直接的、間接的に影響するシステムとはどのようなものであろうか。

マイクロシステム

マイクロシステムは、「特有の物理的、実質的特徴をもっている具体的な行動場面において、発達しつつある人が経験する活動、役割、対人関係のパターンである」とされている（Bronfenbrenner 1979=1996, p.23）。そこでは与えられた対面的なセッティングの中で（in a giving face-to-face setting）、じかに経験される活動や役割や対人関係に焦点が当てられている。バーカーらは行動場面の特徴を明らかにするために、個は置き換え可能と考え、個の経験については触れていないが、ブロンフェンブレンナーは、個の経験、個が環境をどのように知覚するかを重要視している（Bronfenbrenner 1979=1996, p.24）。ブロンフェンブレンナーが取り上げているクルト・レヴィンの「戦争風景」という論文の視点は、生態学的なアプローチを扱ううえで重要であるため、いささか長くなるが引用しよう。

最初は農家や野原や森林地帯の愛すべき牧歌的風景として見えていたのが次第に変化していく。

木の繁る丘の上は監視所になり、隠された部分は銃の配置場所となる。隠れた窪みは大隊の救護所になりそうに見える。以前は楽しみの場所であったわずか数キロ後方のさまざまな自然の風景は、不吉な前兆として認知されるようになる。恐ろしい隘路、木々のカムフラージュ、見えざる敵を隠した丘、頭で考えられるけれど見えない目標、乱闘の後の安全な場所と時間－人を恐れさせ、手招きし、ある地域を横切る道筋を指示する環境の特徴は、前線よりわずかに後方の風景とは客観的には区別がつかないのである。

（Bronfenbrenner 1979=1996, p.26）

ここでは、普段は牧歌的風景として見えていた農家や野原あるいは周囲の地理的状況が、戦闘状態になるとまったく変わってしまうことが表現されている。このように、マイクロシステムレベルでは、個が環境をどのように認知し、意味づけて予測するかという個の経験が重要となる。

なお、ブロンフェンブレンナーは、このマイクロシステムの定義には、他者の視点が弱かったとして、のちに、気質やパーソナリティ、そして信念体系をもった者としての他者、「発達を刺激する（developmentally-instigative）他者」を強調し、より対人関係的な側面を重視している（Bronfenbrenner 1989）。環境を変えることによって個との間に適合を形成するという場合、個によって知覚された環境、つまり主観的環境を問題にする必要があるだろう。

メゾシステム

メゾシステムは「発達しつつある人が積極的に参加している二つ以上の行動場面間の相互関係から

なる」とされており（Bronfenbrenner 1979=1996, p.27）、子どもが毎日のようにかかわる二つ以上のシステム（家庭、学校、塾など）との関係に焦点を当てる。

ブロンフェンブレンナーはメゾシステムを二つの側面から捉えようとしていると理解できる。一つ目は、子どもがじかにかかわるそれぞれのシステム間の価値観や要求の重なりぐあいに焦点を当てる側面である。子どもが適応できているときは、それぞれの価値観が重なりバランスがとれたものとなっていると理解し、不適応が生じているときには、バランスが崩れていると理解する。二つ目は、子どもの生態学的移行に伴って生じる役割や場面の変化を強調するが、その変化を他のシステムを含み込んで理解する側面である。たとえば、学校での勉強が難しくなり、家庭でイライラする場面がふえた子どものことを考えてみよう。その子のイライラの原因は勉強が理解できないために生じていることがわかり、勉強を重視する家庭が子どもを塾に通わせはじめたとする。この生態学的移行に伴って、子どもは勉強の理解が進み行動に落ち着きを取り戻すだけでなく、それが自信となってその子どもの学校での地位や役割や場面へのかかわり方にも変化を生じさせるかもしれない。

このように、子どもがかかわるどのシステムも、他のシステムとの関係を含み込んだものとして理解できる。これがメゾシステムレベルである。

エクソシステム

エクソシステムは、「発達しつつある人を積極的な参加者として含めていないが、発達しつつある人を含む行動場面で生起する事に影響を及ぼしたり、あるいは影響されたりするような事柄が生ずるような一つまたはそれ以上の行動場面」から成り立っている(Bronfenbrenner 1979=1996, p.27)。これは発達しつつある人を含まない場であるから、親の職場や親の社会的ネットワーク、あるいは教育委員会での決定や地方議会の政策などが想定されている。両親が親としての機能を発揮するためには、職場や源家族(両親の生まれ育った家庭)からの支援、職場の近さ、保育園の充実や地域の安全性などが間接的に影響を与える。これがエクソシステムの領域である。

筆者は、このエクソシステムにおいては、ブロンフェンブレンナーのいう教育委員会や地方議会よりも下位のシステム、たとえば職員会議での決定、教師同士の連携や同僚性といったレベル、校長と教育委員会の関係、教育委員会の学校への態度などが重要と考えている。そこで生じたことが生徒を含む行動場面の出来事に影響を及ぼすと考えるならば、そして、学校への生態学的アプローチを考えるならば、校長の方針や職員会議での決定、教師同士の連携といったところもエクソシステムとして捉えることが必要となるだろう。子どもに対応する場合、マイクロシステムやメゾシステムのレベルでの働きかけに焦点が向けられがちだが、その支援が継続しておこなわれ、それが広がっていくためには、エクソシステムの変容が求められる(Anderson 1983, Fine 1985)。

マクロシステム

最後に、マクロシステムは、より下位のシステム(マイクロ、メゾ、エクソ)の形態や内容の背景にある文化全体のレベルで存在している信念体系(belief system)やイデオロギーに対応する(Bronfenbrenner 1979=1996, p.28)。これは、それぞれの学校がもつ学校文化や、それぞれの地域がもつ価値観などである。たとえば次世代をどう育成するかを考えるとき、何を目標とするか、また、何をリスクと考えるかといった教育委員会や地方議会レベルの判断、家庭や学校レベルの判断、そして保護者や教師レベルの行動選択の背景となる信念体系と言える。この信念体系が、発達の機会を創造したり制限したりするその選択肢の種類を決めるとしている（Bronfenbrenner 1989）。授業中に席に座っていられないADHDの子どもをそのまま席に座るように強く求めるか、廊下や他の教室で一時休んでいることを認めるか、といったように、指導にはいくつかの選択肢があるだろう。その場合、教師と保護者で対応を検討し判断が下されるであろうが、そのような判断や行動の正当性は、マクロレベルの信念体系によって担保されている。たとえば、「不登校は病気ではない」、「学級には特別なニーズをもつ子どもが少なくない」というマクロレベルでの言説は、議会や学校での対応のあり方に影響を与え、相談室を充実させ、特別支援学級をつくる動きを加速させ、あるいは教師や保護者の子どもへの対応を変えていくことになるだろう。このレベルを変えることは容易ではないが、このレベルの変化に敏感であることは、学校での援助の方向性を定めるにあたって必要となる。

環境と個人の相互作用を考慮してアプローチするということは、基本的にはマイクロシステムの変容を通してなされるが、その変容を効果的に円滑に促すためには、メゾシステムの関係、エクソシステムからの支援、マクロシステムの信念体系が考慮されなければならない。一人の子どもや一つの学級は、このように上位システムとの関係からも考察しうる。図3－1と図3－2は、前記の四つのシステムを参考にして、学校で生活している子どもとそれぞれのシステムの影響を図示したものである。図3－1は適応的な子どもの場合であり、図3－2は不適応的な子どもの場合である。すべての適

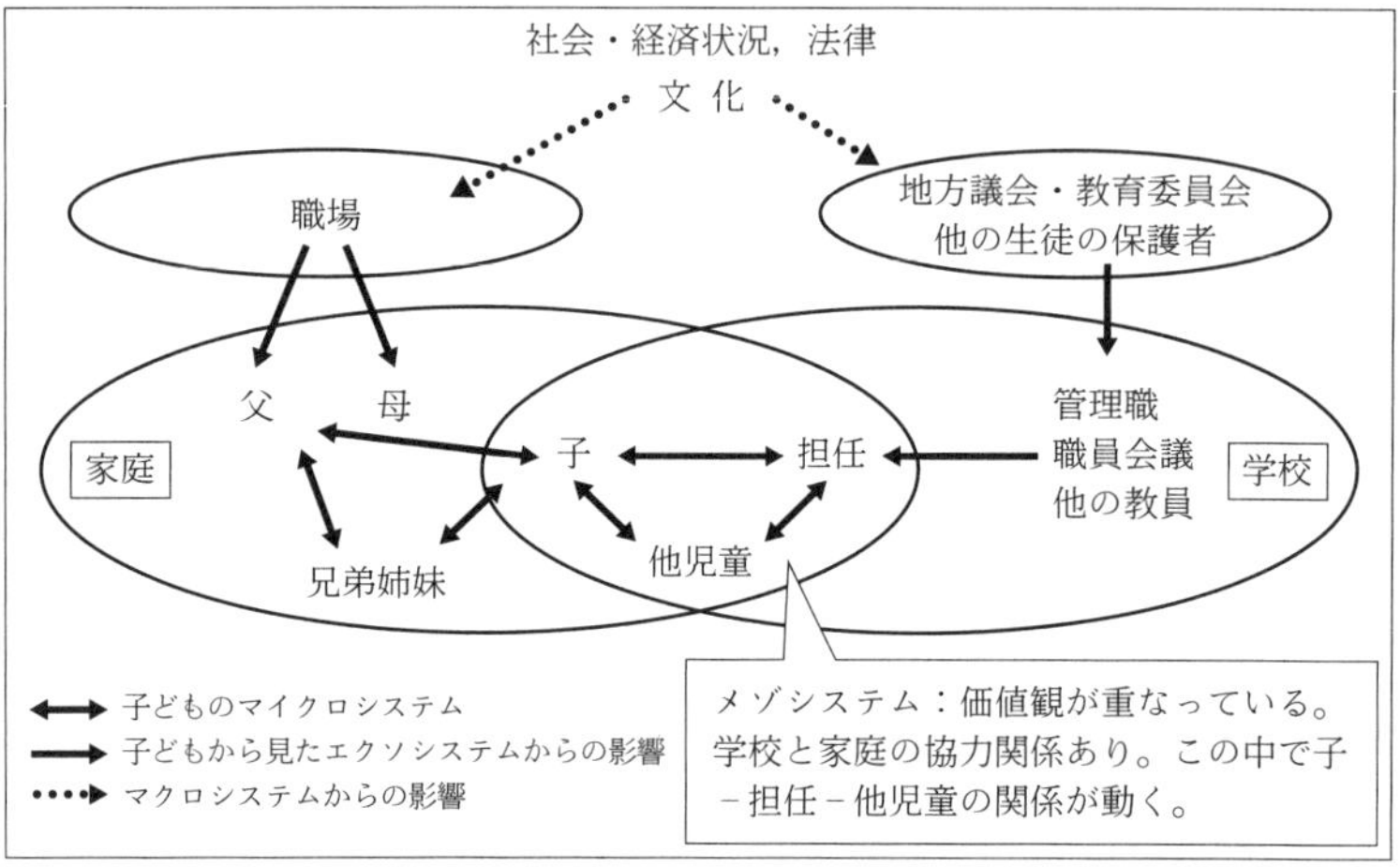

図3－1　適応的な子どものマイクロ・メゾ・エクソ・マクロシステム

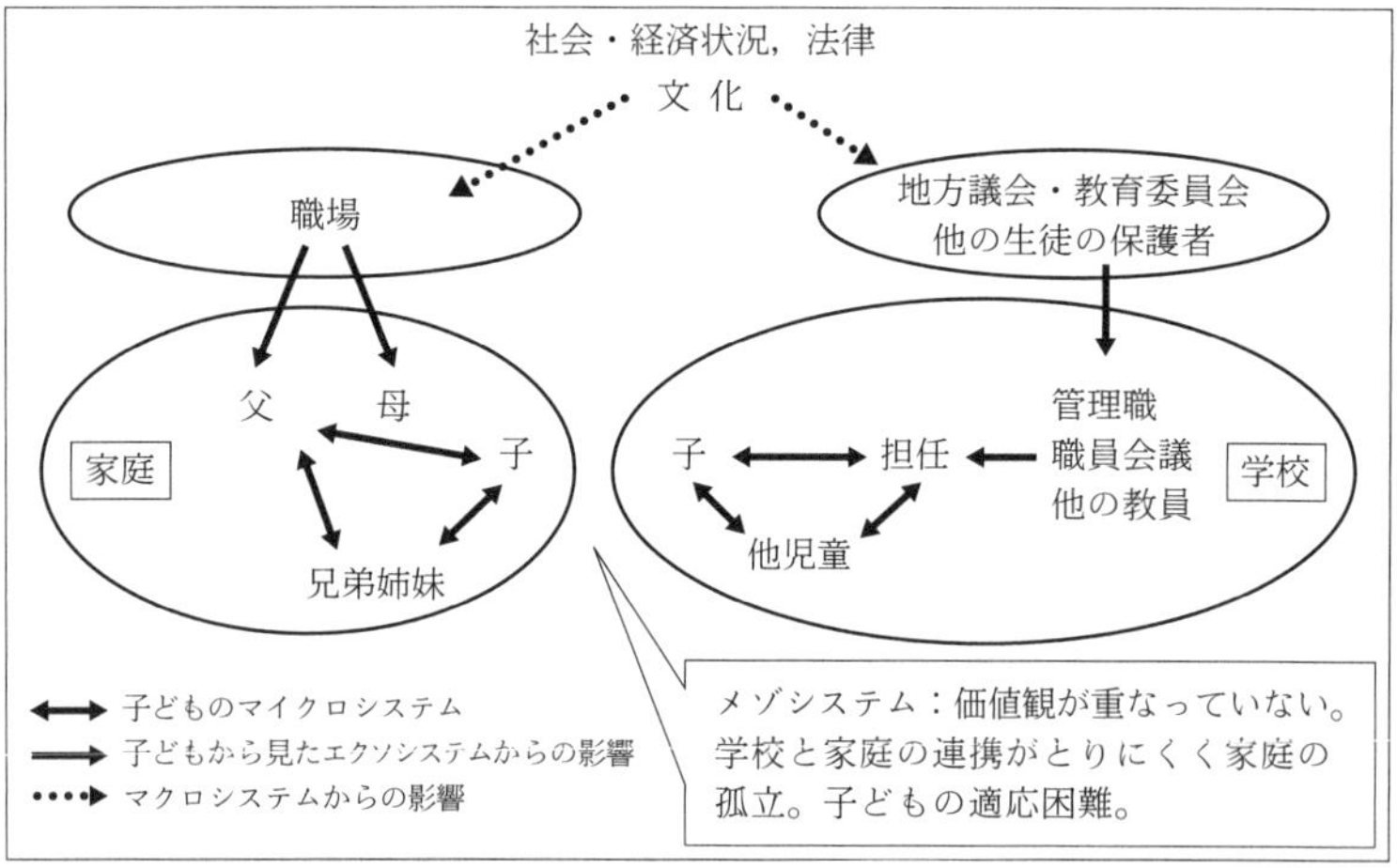

図3－2　不適応的な子どものマイクロ・メゾ・エクソ・マクロシステム

応・不適応がこの図で説明できるわけではないが、子どもの置かれている環境とその関係をマッピングすることができるだろう。

クロノシステムモデルへの展開

その後、ブロンフェンブレンナーは、ある特徴（男か女か、低体重で生まれたかそうでないか、障害があるかないか）をもつ子どもが、ある社会的文脈の中で生きることによって、どのように発達を遂げていくかを考えなければならないとして、「過程－人－文脈モデル（Process-Person-Context model）」を提出している。さらに、より時間的な変化を把握するために、短期間で生起する生活の移行（life transition）や長期的なライフコース（life course）といった時間を含んだシステムを考察する必要を述べ、それを「クロノシステムモデル（Chronosystem model）」として概念化している（Bronfenbrenner 1989, pp.197–202）。これらのモデルは、ある社会的文脈にある人の中・長期的なライフイベントを想定し、それにもとづく発達のありようを見るものであり、包括的に子どもの発達を捉え予防的に対応していく理論的な枠組みとなるだろう。

ブロンフェンブレンナーによる二つの時間概念

クロノシステムモデルは、たとえば小学校から中学校への進学といった生活の移行を想定し、さらに入試、一人暮らし、就職、結婚、出産、子育てといったより長期的な時間軸の中で生じるシステムの変化を捉えようとしている。個体のライフコースの中に組み込まれた生活の移行との関係から発達を捉えることは、中・長期的展望を含んだ支援をおこなうためには欠かすことはできない。一方、ブロンフェンブレンナーは、前記の四システムの影響関係から人の発達を捉えようともしており、明確な生活の移行を伴わずとも、多様なシステムとの相互作用の中で、システムはつねに変動し人も変化しているという理解も示している。ブロンフェンブレンナーは、中・長期的に見通しを立てながら子どもを理解し支援するための時間と、システムが変動し人々も日々変化していくという短期的時間の二つの時間概念を想定していると考えられる。

学校で日々生起する問題に生態学的視座からアプローチするためには、とくに後者の時間概念、つまり偶然を含みこんで生起する日々の変化を敏感に察知しながら、システム間の影響関係も視野に入れつつ支援することが求められるだろう。この偶然を含みこんで変化する環境を生態学的視座からより綿密に捉えているのは、J・G・ケリーである。ケリーは行動生態学を援用しながら、次に紹介する四つの原理を抽出している（Kelly 2006）。

3　変化するシステムの中の行動場面

相互依存

ケリーは環境を生態系（ecosystem）と捉え、その第一の原理として「相互依存（interdependence）」を挙げている。人と人のつながり方（誰と誰がつながり、誰と誰がつながっていないのか）や人と場所のつながり方、あるいは、新しい要因や出来事が生じ文脈を変化させることによって、新しい適応の仕方を要請されるのは誰か、その状況の中で新しい適応基準がどのように見つけられるかといった、相互のつながりを見ていく視点である。

相互依存はさまざまな場所や人の変化が他の人や場所に与える変化を動的に捉え続けていこうとするものである。たとえば、行動が荒れていて学習面でも集中できない二人の仲の良い生徒がいたとする。その一方の子どもの適合を目指して環境（setting）を変えたところ、その子どもの問題行動は徐々に収まってきた。しかし、もう一方の子どもとの関係に変化が生じはじめ、次第にその子が疎外感を訴え、さらに粗暴行動が強まるということも起きうる。逆に、一方の粗暴行動が収まることによってもう一方の行動も落ち着くということも起きうる。このように相互につながりが形成されていることへの目配りが必要になるだろう。

資源の循環

相互依存の中では「資源が循環している（cycling of resources）」と考えるのが第二の原理である。ケリーのいう資源は新たに投入されたりつくられたりするものでなく、ある人や場面では不必要になっているものが他の人や場面にとっては必要とされるものになるなど、文脈を変えることによって生じる互恵的関係に注意を促す概念である。たとえば、少子化によって使っていない多数の空き教室が、空きスペースを求めている地域の老人会の活動の場になり、そこに地域住民が集うことによって学校が活性化するといったことを例示できるだろう。大学の座学に不満と不安があり実践から学びたいという教育学部の学生は、発達障害の子どもの学習支援を求めている学校にとっては資源になる、といったこともその一つである。一つの不要や不満を他の文脈の中で資源として活かす、活かされると考える。文脈を変える、あるいは文脈が変わることによって、これまでになかったつながりができ、これまで資源とは見なされなかった人、物、ことの潜在的資源が開発され資源化されることを見逃さない介入ということになるだろう。学校の中で起こることを例に挙げると、次のようなことが考えられる。

学級でどのグループにも入れず、長く孤独を訴えていた男子生徒の話。中学三年生になり、高校受験をしたが失敗してしまった。しかし、彼はとても顔色が良く元気である。その理由を尋ねてみると、受験に失敗して二次募集を受験する数人の同級生たちとの仲間意識が強く、彼はその中で大切な一員として受け入れられ、みんなで励まし合って勉強しているからであるという。彼は「こんなに充実した学校生活を送っているのは生まれて初めてのような気がする」と述べていた。この生徒にとってこれまではまったく資源となっていなかった生徒たち（潜在的資源）が、受験の失敗という文脈に置かれることによって重要な仲間となり（資源化）、新たな関係が生まれたのである。無事、高校に入学したこの生徒は、数カ月後、高校の友だちを連れて相談室を訪れた。中学校時代の最後の最後で友だちができたので自信がつき、高校でも友だちをつくろうと積極的になれたという。このように、環境の変化に伴う資源の出現に目配りし、その資源を支援に組み込むことは、学校での支援の一部分を形成するであろう。

順応

第三の原理は「順応（adaptation）」である。これは個体が環境に合わせてなじむことである。耐性のある個体のほうが多様な環境に順応できるし、多様な条件を満たした環境のほうが多種多様な個体の順応を可能にする。ケリーは、後者の環境の多様性に注目し、「生息地（habitat）」と「ニッチ（niche）」の概念で説明している（Kelly 2006, p.30）。たとえば、ある大木に棲む鳥や昆虫を考えるとわかりやすいだろう。そこにはさまざまな種類の鳥が棲み、動物が棲み、昆虫が棲んでいるが、それぞれが生活のために利用する環境は異なっている。動物がその生活のために利用する環境をニッチと呼ぶ（三嶋二〇〇〇）。「例えば、ノスリ（鷹の一種）と蝶の幼虫が同じ木に生息していても、ノスリにとって孵化するために木の葉を傷つける小さい蝶の幼虫は生息環境には含まれない。蝶の幼虫はノスリのまわりにはいるが、ノスリのニッチの中には含まれていない。しかし、ノスリと同じ木に生息しているアオガラスにとっては蝶の幼虫は食物であり、アオガラスのニッチの中にある食物ということになる」（Willi 1999=2006, p.33）。このように物理的に近いところに生息しているノスリと蝶の幼虫はほとんど関係をもたないのだが、これは、その生活のために利用する環境、すなわちニッチがそれぞれに異なっているからである。葉っぱを食べないノスリにとっては木の葉はニッチに含まれないが、木の葉は蝶の幼虫にとっては重要な食物でありニッチ内にある。ノスリのニッチ内にいない蝶の幼虫であっても、アオガラスにとっては大切な食物であり、蝶の幼虫はニッチ内にいると考える。つまり、同じ環境に生息していても、お互いがまったく影響関係なく生活していることもあり、その場合、それぞれは別々のニッチで生活している。同じ生息地でもそこでの資源はそれぞれ異なっており、棲み分けが起き、資源の競合を起こすことなく、同じ環境に順応している。そして、順応することによって環境に親しみ、人の成長が促進される。

たとえば、休み時間の教室では、担任（資源）に話を聞いてもらおうと担任の机の周りに集まっている子どもがいるかと思えば、その中には入らず、黒板を掃除することによって担任にほめられようとする子どももいる。担任の机の下に潜り込んでじっとしているだけで気が済む子どももいれば、虫かごの周りに集まって昆虫の話をしている子どもたちもいる。そこでは、資源の奪い合いによる競合関係や譲り合いによる共生関係が形成されるかもしれない。他とは異なった戦略で資源に接近し一定のニーズを満たす個体や、まったく異なる資源を利用する個体群を見いだすこともできるだろう。

このような考え方からすると、同じ学級、同じ学校で生活している子どもたちであっても、それぞれが相互依存していると単純に考えないほうがよいことになる。むしろ、学校という生息地の中でどのようなものを資源として順応しているかはそれぞれ異なっており、場合によってはまったく異なったニッチの中で生活していることもある。その場合は、ノスリと蝶の幼虫のように、同じ学級にいても影響関係はほとんどないかもしれない。

子どもたちはそれぞれのニッチをもち、それが広い子どももいれば狭い子どももいるはずである。たとえば学校の階段下の空間は、ある子どもにとってはごみごみしたほこりっぽい場所として避ける空間になっているかもしれないが、ある子どもにとっては誰も来ない静かな隠れ家になっていることもある。学級内でうまくいかず興奮してしまった場合など、その子どもが階段下に行き、そこで気持ちを落ち着かせる行動が生まれたならば、階段下はその子どもにとって大切な資源であり、その空間は彼のニッチである。場面の急激な変化におびえを感じる自閉傾向の子どもが、いつもロッカーの上に乗りたがる場合、その子にとってロッカーの上は大切なニッチと言える。いくら場面が変わろうとも、ロッカーの上の環境が変わることはほとんどなく、彼にとって安心していられるのである。一つの生息地であっても多次元のニッチが備わっているということがケリーの主張する順応の原理である。

このように、それぞれの生息地（学校や学級）は多数のニッチをもっている。そして、その多次元性を認めることは、個体のさまざまな順応の仕方を認めることとなり、その生息地の中でさまざまな個体を生存させることにつながる。動物の場合は、生息地とニッチはかなり固定的に決定されていると考えられるが、人の場合はずっと柔軟性がある。そして、その柔軟性の中でニッチは変わる可能性を秘め、その時々で相互依存関係や新たな資源の発見などがおこなわれていると言えるだろう。

遷　移

相互依存関係の変化や資源の発見、ニッチの変化などは、「遷移（succession）」の原理によって形成され続ける。遷移の原理は、時間の経過によって徐々に、しかしつねに変化があるということを前提にしており、それに応じて動物や植物が他の種に取って代わられることを表現するための概念である。ある種が他の種に取って代わられることに伴って種の構造が変わったり、エネルギー配分が変わったり、単純なコミュニティが次第に複雑なコミュニティに変わったりといったように、移り変わりを前提とする原理である。自然環境は次から次へと大きな修正を加えられるため、遷移過程も変わり、コミュニティの構成や機能をも変えてしまう（Kelly 2006, pp.30–31）。

学校や学級はつねに一定ということはなく、必ず変動しており、一学期から二学期へ、二学期から三学期へと、そこでの成長促進戦略は異なっている。たとえば淵上克義は、学級集団が一年をかけてどのように変化するのかについて、次のようにまとめている。一学期は教師も子どもも手探りの状態であり、学級のルールや規範も明確なものはない。この場合、子ども同士、子どもと教師の人間関係づくりが重視されるだろう。挨拶や挙手の仕方、ノートの使用法や教室内の整理の仕方など、学級づくりはまず教師主導で導入される。二学期になると行事がふえ、また三つの学期の真ん中ということもあり、これまでのルールを見直したり仲間関係のネットワークの再構築を試みたりする。学級活動については、これまでの教師主導から子ども主体に変わり、教師は子どものサポート役として後ろに控えるといったことにもなる。三学期になると一年間の活動を総括することが求められ、振り返り活動が展開することにより、集団として、個人としてやり遂げたことや、やり遂げられなかったことを評価する（以上、淵上 二〇〇五、八三 - 八六頁）。このように学校や学級活動は遷移している。

ブロンフェンブレンナーの生態システム論において時間軸を導入したモデルが検討されていたように、ケリーも時間の変化に伴う生態系の変化を重視する。しかし、ブロンフェンブレンナーは、生活の移行やライフコースなどのある程度予測可能な時間軸、そして長期的展望に立った時間軸を想定しているが、ケリーの場合は、より短い時間軸を考え、またそれは偶然を含んだものと考えられる。学校を生態系と捉えるならば、この遷移がすでに埋め込まれ、活発となる種が取って代わり、相互依存関係も資源も変化する中で、人々は新しい順応の仕方を求められているということになるだろう。

4　生態学的アプローチの有効性

ここまで述べてきたことを振り返ってみよう。

生態学的視座、つまり人と環境の相互作用の適合という点から学校にアプローチするとき、環境をenvironment というよりもむしろ setting と捉えることで研究が進められてきた。セッティングは、人為的につくられた制度的な環境であるため、優先順位の変更や場面の組み替えなど、ある一定の範囲内であれば、変更を加えることが可能である。ただし、その環境の中では人の行動はある程度決定されていることを想定しており、行動場面として捉えることが求められる。行動場面はホメオスタシスの性質をもつため、人々の行動をある一定範囲内に留めおくような圧力をかけ続けていると考えてよいだろう。この圧力が秩序を形成する一方、強すぎると、関係が硬直して柔軟な対応ができなくなるという負の側面もある。学校ではこれまでの経験と予測にもとづいてあらかじめセッティングを組み替え、不適応になりそうな児童・生徒の環境を調整することによって行動を変え、予防につなげる対応をしている。

行動場面では上位システムからの影響を見逃せない。ブロンフェンブレンナーは、上位レベルの影響を考慮して個体に介入すること、あるいは上位レベルからの介入が必要であることを示唆している。子どもと教師のマイクロシステムは、保護者の協力、学年会の協力、さらに他学年や管理職の協力によって影響を受けるであろうし、その取り組みを後押しする教育委員会からの理解や支援も間接的介入として重要となる。それらの上位レベルのシステム介入が、子どもと教師の関係を生み出す行動場面の柔軟性に影響することとなるだろう。

一方、ケリーの場合、環境を生態系と捉え、それぞれの種に応じた生息地、そこでの資源とニッチ、そしてそれは遷移することを前提した環境である。環境（setting）の中にはそれぞれの個が生息する場所があり、そこではそれぞれの個体が資源を共有したり競合したり、あるいはまったく異なった資源を用いて順応している。ただし、生息地やニッチあるいは資源は固定的ではなく、つねに変動が組み込まれている。ケリーは相互依存を重視するが、同じニッチ内にいる個体同士のつながりがもっとも強く、ニッチが異なれば影響は薄くなるだろう。遷移によってニッチや資源に変化が生じ、依存関係にも変化が加わる。介入には、時間軸の中で生じる生態系の多様な変動を考慮することが求められるだろう。

以上のことから生態学的アプローチとは、「現在の個とセッティングの適合ぐあいを単にマイクロレベルでのみ捉えるのではなく、そのマイクロレベルをそれとして形づくっているより上位システムをも取り込んで理解しつつ、そのつどの生態系の中で変化するニッチや資源を考慮しながらアプローチすること」とまとめられる。これを図化したのが図3－3である。

何らかの問題行動は、対象児と教師、他児、物との不適合なかかわりがあるが（図の左）、学校環境は遷移しており、また個々人もいつまでも同じかかわり方をしているわけではない。担任は保護者と連携することで、問題の背景を知り、学校と家庭でのかかわり方を検討できるだろう。校内では問題をより上位のレベルで共有するかもしれず、そうすることで行動場面の圧力が減じ、柔軟に対応しやすくなるかもしれない。対象児も自分なりに適合的な場を見つける可能性は十分ある（図の中央）。さらに、場は遷移し続け、保健室や部活動の中で、これまでにない人との適合的なかかわりが生み出されるかもしれない（図の右）。

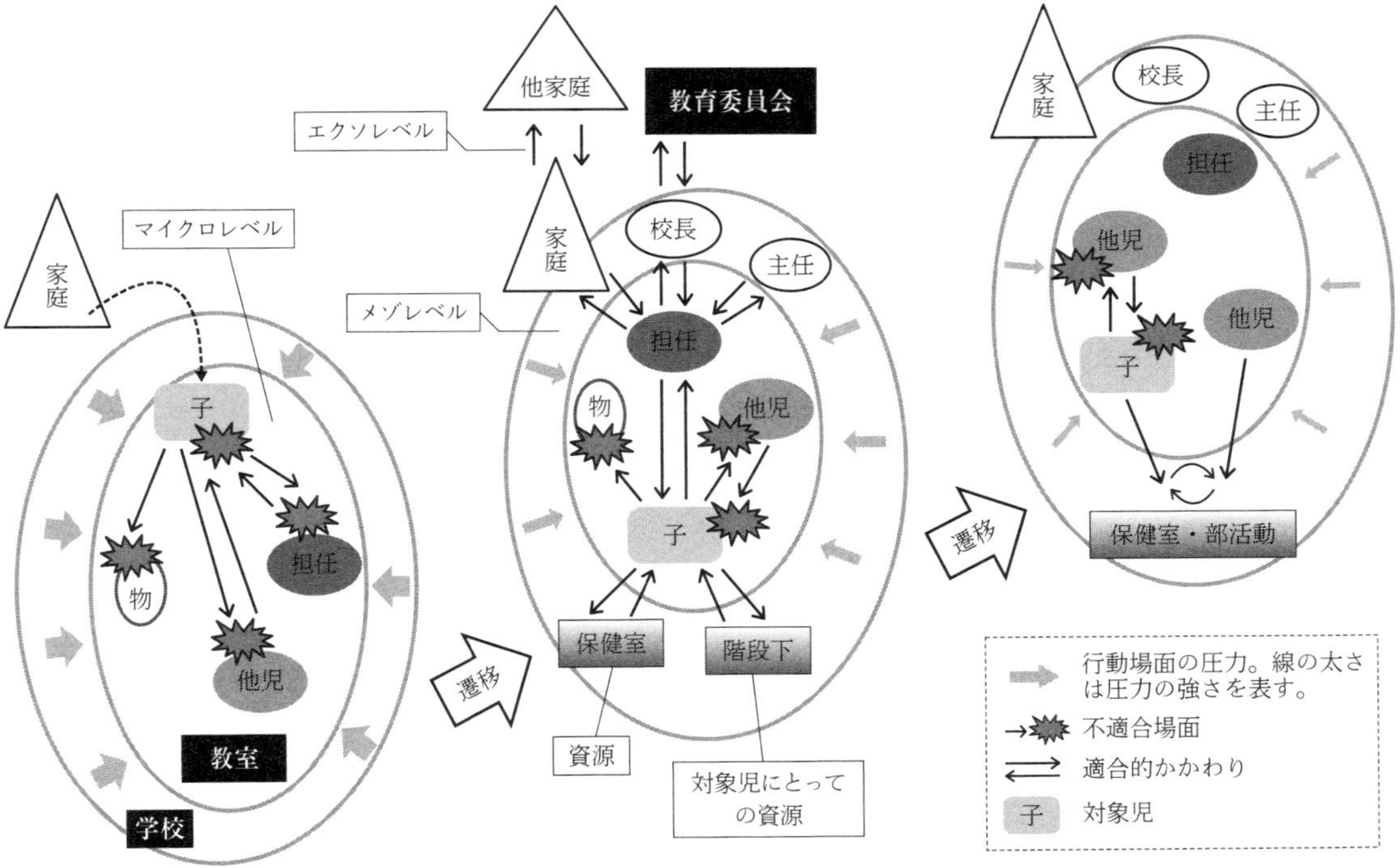

図3－3　生態学的視座からの学校へのアプローチのモデル

このように、つねに変化している環境として学校にアプローチし、その中でおこなわれている支援について検討していくこととしたい。

第4章　学校不適応的児童・生徒への接近方法

1　マイクロ・エスノグラフィという方法

生態学的アプローチは、人と環境の両方に働きかけるため、援助の範囲が児童・生徒、教師や保護者、学校システムをも含めたものとなる。この生態学的視座から学校での支援を追求するためには、直接学校におもむき、教育活動を参与観察することが必要である。参与観察やフィールドワークは、人類学や社会学の領域で積極的に用いられている方法論であり、学校を対象としたフィールドワークでもすでに教育学や心理学の分野で数多くの研究が蓄積されている。

フィールドワークは、人類学者が異文化社会に住み込んで、そこの社会制度を解き明かし文化を記述する方法として展開してきた。しかし、心理学や教育学の分野では、教室での教師の行動や保育園児の相互作用のような、マイクロレベルで展開する人間の諸活動を読み解くことに関心のある場合が多い（箕浦編著 一九九九）。このような事情から箕浦康子は、研究方法としてのフィールドワークについて、ヤーン・ヴァルシナーの「マイクロジェネティック（microgenetic）」の考えを援用し、「マイクロ・エスノグラフィ」を提唱している。マイクロジェネティックとは、子どもの行為がつねに変動する文脈に拘束され、道具や他者に媒介され短時間のうちに変化する性質を指した概念であり（箕浦編著 一九九九）、子どもの中に生起しつつある小さな変化の連続を詳細に捉えようとするものである（藤村 二〇〇七）。そして、このようなマイクロジェネティックなデータを取るフィールドワークとそれにもとづくレポートが、マイクロ・エスノグラフィである（箕浦編著 一九九九）。

マイクロ・エスノグラフィは、人々の生活世界を文化的意味に満たされたものと見なし、そこで生活する人の意味世界を読み解き、制度が人々の行動や意識をどのように縛っているのかを理解する方法とされている。「マイクロな次元で展開する諸事象がどのようなマクロな諸力によって枠づけられているのかにも注意を払う」マイクロ－マクロ連携モデルを重視する（箕浦編著 一九九九、一三頁）。本書では、マクロレベルまでを含めて理解するには至らないが、マイクロシステムに参加しつつ、上位システム（メゾ、エクソレベル）からの影響も考察対象とするため、この方法は参考になる。したがって、本章ではマイクロ・エスノグラフィの考え方を基礎に置いて、臨床心理学的なフィールドワークについて考えていきたい。

2 フィールドでの立場と役割

研究の型と実践の位置づけ

一般に学校でのフィールドワークでは、純粋に観察が認められるというよりも、ボランティアや日本語教師など、観察者以外の別の役割を担ってデータを収集する場合が少なくない（箕浦 二〇〇九）。したがって、自分がどのような立場でフィールドワークをするのか、観察対象者に対してどのようにかかわるのかといった「研究者の位置取り（positioning）」（箕浦編著 二〇〇九、八頁）や、フィールドでの居方については厳しく問われる。そこで、本書における学校での位置取りや居方についてまずは検討しておきたい。

本書では、一貫して学校不適応的児童・生徒、つまり、心理的援助が必要な児童・生徒を対象にして、学校臨床心理学を専攻する者として、あるいは臨床心理士として学校の中にエントリーしている。当然そこでは、援助的かかわりや専門的な見立て、あるいは教師や保護者へのコンサルテーションを期待されていた。心の教室相談員やスクールカウンセラーの役割を担っていた場合は、カウンセリングをおこない、その不適応が解消されるようにかかわってきたため、フィールドへの関与の度合いは強かった。しかし、そのような場合でも、本書では生態学的視座を中核に据えているため、一人の児童・生徒の内的世界の理解にはあまり踏み込まず、相談室という場が学校で果たす役割、あるいは相談室内での児童・生徒同士の相互作用を考察の対象としている。一方、スクールカウンセラーなどの役割を担わないでフィールドワークが認められていた場合もあり、このときには不適応がどのように発生し、経過し、結果となるのかといったことを教室の中で観察でき、この場合、相対的に関与の度合いは弱かった。

秋田喜代美と市川伸一は、教育実践にかかわる研究のあり方を表4－1のようにまとめている。こ

表4－1　教育実践にかかわる研究のあり方

型・名称	研究者と実践者との関連	実践の位置づけ
観察研究	一時的ストレンジャー 透明人間	実践についての研究
参与観察 5章，6章，8章，9章	継続的ストレンジャー 異文化者	実践についての研究
アクションリサーチ （コンサルテーション） 7章	実践づくりの間接的支援者 コンサルタント	実践を通しての研究 例）ケースカンファレンス 巡回指導，発達相談など
アクションリサーチ （カウンセリング，介入訓練） 10章	特定の問題場面での実践者 カウンセラー 訓練指導者	実践を通しての研究 例）認知カウンセリング 養育指導
アクションリサーチ （実践者による研究）	日常的・継続的な全面的実践者	実践を通しての研究 例）教師や親自身による実践と研究

秋田・市川（2001）の表をもとに本書の各章を対応させたもの

の表で示されているように、教育実践にかかわる研究のあり方は、「実践についての研究」と「実践を通しての研究」の二種類に分けられ、それらはさらに、フィールドへのかかわりぐあいによって研究の型が分類されている（秋田・市川 二〇〇一、一六二―一六三頁）。

本書では、筆者が臨床心理士ということもあり、また、さまざまな立場で生態学的アプローチを志向してきたので、表4－1の参与観察、アクションリサーチ（コンサルテーション）、アクションリサーチ（カウンセリング、介入訓練）の三つの型で研究を進めた。そのため、フィールド内での立ち位置はそれぞれ異なったものとなっていた。

志水宏吉は、表4－2で示したように、学校臨床心理学的研究における研究者の役割を五つのタイプに分類している（志水 二〇〇二）。何度もフィールドへ足を運ぶと、人間関係が豊かになり、その中でさまざまなことを質問されるようになるな

表4－2　フィールドでの役割

役割のタイプ	内　容
セラピスト型	心理臨床を専門とする者が，スクールカウンセラーの役割を担いつつ，学校をフィールドとして調査するもの。
コンサルタント型	専門知識をもっている者がフィールドで起きている問題に対して，コンサルテーションしながら調査するもの。
コラボレイター型	実践者と対等な立場で実践にたずさわり，その協働関係の中から新しい知を立ち上げていこうとするもの。
インフォーマント型	本来，フィールドの中の実践に詳しい人が情報提供者として調査者に情報を提供するが，それとは逆に，調査者が実践者にとっての良き情報提供者，あるいは相談相手となるもの。
ボランティア型	「勉強させてもらう」「お手伝いをさせてもらう」という役割で学校活動に参与し，フィールド調査をおこなうもの。

志水（2002）の記述をもとに筆者作成

ど、自分の立ち位置がわからなくなることがある。そのため、このような分類を参照枠として理解しておくと、その時々でおこなっている活動の意味を捉えやすい。本書では表4－2で示したすべての役割を負ってフィールドワークをおこなった。

セラピスト型とコンサルタント型は、みずからを心理臨床の専門家として位置づけ、その役割の中で問題にかかわりながら、フィールドで生起する事象を研究するものである。このとき、問題をマイクロレベルではなく、家族や学級といった他のシステムとの関係の中で捉えようとする。コラボレイター型は、フィールドワーカーと実践者とが対等に問題に向き合い、問題を共有しながら対応していく。これは、双方に新しい視点が与えられ、またみずからの専門性の向上が認められるものと考えられている。チーム援助をしながらフィールドで生起する事象を研究する場合、コラボレイター型のフィールドワークとなるだろう。つづいてインフォーマント型は、通常のフィールドワークでいうところのインフォーマント（情報提供者）とは逆の立場が想定されている。一般にインフォーマントとは、フィールド内で生活しており、そのフィールドについての情報をフィールドワーカーに提供してくれる代表的な人物を指す。しかし、ここでは、フィールドの中で生起している事象を、学問の視点から研究者として情報提供することによって、「スティミュレイター（刺激者）」（宮崎 一九九八、八一頁）の役割を担うという意味である。最後のボランティア型は、フィールドでボランティアをしながら調査を実施するものである。フィールドの中の一員として活動しながら調査もおこなうという構えになる（以上、志水 二〇〇二）。この五つの役割は明確に分けられるというよりも、その時々のフィールドとの関係によって決められる。本書では、基本的にセラピスト、コンサルタント、ボランティアとしてフィールドに参入した。しかし、セラピストとして参入しているときには、スティミュレイターの役割を担うこともあり、これは重層的に捉えたほうがよいだろう。

以上のように、フィールド内での研究は、「実践についての研究」であるか「実践を通しての研究」であるかによって異なり、そのときの研究者の立ち位置には五つの型があると考えられている。研究のあり方とそこでの立ち位置に応じて、取り扱うデータも質的に異なるであろう。たとえば、「実践を通しての研究」である場合、フィールド内での立ち位置は明確で責任も伴っており、得られたデータにもとづいて介入もおこなうため、臨床心理学的なデータになる。それは「実践についての研究」のように、フィールド内で生起する出来事にできるかぎりかかわらないで得られるデータとはおのずと異なる。そこで次に、本書の「実践についての研究」で得られるデータと「実践を通しての研究」で得られるデータとの違いを検討したい。そしてとくに、臨床心理学的な「実践を通しての研究」で

表４－３　フィールドワーカーの役割タイプ

完全なる観察者	観察者としての参加者＝参与観察者	参加者としての観察者＝関与的観察者	完全なる参加者

佐藤（2006）に一部変更を加えてある

取り扱うデータの具体的な例について見ていくこととしよう。両者の差異を検討したうえで、本書の方法論について詳述していくこととする。

フィールドへの参加の度合い

フィールドにおける参加の度合いについては、佐藤郁哉が表４－３のように四段階に分けている（佐藤 二〇〇六）。表の右の立場（完全なる参加者）がフィールドへの関与が一番強く、左の立場（完全なる観察者）が一番弱い。

多くの場合、フィールドにおもむくのは、実践の場で生起する出来事の自然観察のためである。しかし、フィールドワークをすると観察者は子どもや教師とかかわりをもつことになり、すでに自然場面を観察していないことになってしまう。自然場面には観察者などいないからである。また、仮に完全にかかわりを閉ざして観察者として教室に入っても、すでにそのような観察者がいることによって、教師や子どもの行動に影響を与えると考えられるので、これも自然場面の観察にはならない。この場合、自然場面を壊さないような居方を目指すしかないだろう。これが表４－３でいう「観察者としての参加者（参与観察者）」の立場である。藤江康彦が指摘するように、できるだけ授業状況や活動に影響を与えず、また関係性に与える影響を最小にするよう気を配ることによって、自然場面を保ちそれを観察することになる（藤江 二〇〇七）。

本書において筆者は、「観察者としての参加者」よりもフィールドへの関与が強い、「参加者としての観察者（関与的観察者）」の位置で研究を進めることもあった。学校臨床におけるフィールドワークの場合、フィールドへのかかわりが強い参加者として研究を進めていくことは少なくない。この二つの観察法の違いについて石野秀明は、メルロ＝ポンティを引用しながら、川を下る小船を川岸から眺める場合と、それに実際に乗り合わせる場合を例に、次のように述べている。

まず、川岸から眺めれば、小船に乗る人々が、時間経過と共に川を下ってゆくのを確認できるし、予めいくつかの地点に注目しておけば、その進み具合を見定められるだろう。他方、実際に乗り合わせれば、小船に乗る人々が、その時々の個々具体の出来事に何とか対処しつつ川を下ろうとする過程に同行することになるし、場合によっては共に進むべく力を尽くすこともあるだろう。

（石野 二〇〇三、五一頁）

本書では、できるだけ場に影響を与えずに自然場面を観察しようとする、観察者としての参加者の居方（川岸から眺める場合）を「参与観察」と捉え、場の中に役割をもって参入し、場に関与しながら観察する者の居方（小船に乗る場合）を「関与的観察」と分けて捉えたい。参与観察のほうは「実践についての研究」を志向し、関与的観察のほうは「実践を通しての研究」を志向している。この両方の観察法を分けて考える理由について、もう少し詳しく検討していこう。

3　参与観察と関与的観察の区別

解釈的アプローチの重視

フィールドでのかかわりを最小にしながら場面を観察する場合（参与観察）も、フィールドに積極的に関与する場合（関与的観察）も、自分の見たい場面がすぐフィールドの中に立ち現れるわけではない。そもそもフィールドワークでは、漠然とした問題意識をフィールドで洗練していくといったプロセスをたどることもあるため、自分が何を見たいのか判然としないことがある。フィールドではさまざまなことが起きているので、何を記録すればよいかわからないとか、記録ばかりが膨大になるが何を知りたいのかわからないといった事態も起きうる。マイクロ・エスノグラフィは、実験のように変数を特定し、場をできるかぎり統制することによって研究を進めていく実証主義的アプローチとは異なり、人々が世界に対して付与している意味やそれによって構成している現実を、どのように観察者が解釈するかという解釈的アプローチを重視する（箕浦編著 一九九九）。そこで、本書において解釈的アプローチがどのようになされるかについて検討していこう。

実践の中の問題性

教室に入れない不適応的生徒を例にとろう。その原因は本人にあるのか、学級の人間関係にあるのか、教師や学校のかかわり方か、学級経営の仕方か、それとも家族的要因かといったように、対応する側は、問題の特定そのものを確定しにくい状況にかかわることになる。ドナルド・A・ショーンが指摘するように、問題にかかわる人々の間では、何が問題か、何が変わればよいのか、誰が何をするのかといった認識の違い（価値観の衝突）があったり、問題が複雑に入り組んでいたり（複雑性）、対応方針が再検討を余儀なくされることもある（不安定さ）。たとえ問題が解決されたとしても、そこで役に立った知識や技術が次の問題にそのまま利用できることはほとんどなく、それぞれのケースは独自性の高いものである（独自性）。フィールドの状況はつねに変化しているので、どの変化に注目して、どの変化にかかわっていけばよいのかわからないということも起きうる（Schön 1983）。

フィールド内の問題にフィールドの人々とともに取り組むにあたっては、それが臨床心理学的な課題である場合、臨床心理学的な専門性が活きるデータの取り方を検討しなければならない。そこに参与観察と関与的観察を区別する理由がある。それではフィールドワークをしながら臨床心理学的データを得られる実践とはどのようなものになるのだろうか。

専門家の問題解決プロセス

小児科医が子どもを診察するというショーンの事例で考えてみよう（Schön 1983）。小児科医は子どもの症状を聞き、身体を調べ、それがはしかであると判断したとする。そのとき、医学の知識・技術体系によって、小児科医はどのような処置をほどこせばよいか、予後はどのようになるのか、といった見立てをかなり明確に述べることができる。そしてその見立てはほぼ正確であろうし、小児科医であれば、どのような小児科医も似たような見立てを述べ、処方箋を与えることになるだろう。医者は、医学の知識と、その知識を目の前の子どもの問題に適応する技術の両方を身につけているため、同じ症例には同じ処置をほどこすだろう。専門家の実践は、科学の理論と技術を身につけ、それらを道具として使いこなしながら問題解決に向かうもので、これをショーンは「〈技術的合理性〉のモデル」と名づけている（Schön 1983=2007, p.21）。一般に、われわれが専門家にもつイメージはこのようなものであろう。

〈技術的合理性〉モデルにおいて医者は、はしかという病気があることをあらかじめ知識としてもっており、それを治療する技術もあらかじめもっている。医学の知識体系にある、はしかという既存の症状（問題の既存性）と、それに対する治療法という既存の技術（技術の既存性）を問題状況に適用することによって治療実践（問題解決）をおこなう。つまり、問題と対処法は、医学の知識体系の中にすでにあると言えるだろう。この場合、その知識体系に入らない問題は、医学的問題とはならない。〈技術的合理性〉モデルでは、このようにして問題解決が進められる。

しかし、前述したように、教育実践や心理臨床の実践では、誰にとって何が問題かといったことが、それぞれの立場によって異なっている場合が少なくない。そのため、何を問題とするかすらわからない曖昧な状況の中に投げ込まれ、そこでの解決が求められることになる。このような場合、問題解決以前に、何を問題とするかという問題の〈設定〉、つまり「注意を向ける事項に〈名前をつけ〉、注意を払おうとする状況に〈枠組み（フレーム）を与える〉相互作用的なプロセス」が求められる（Schön 1983=2007, pp.40–41）。はじめに問題状況を問題へと移し替える作業があり、場合によっては、「複雑で不確実な状況の枠組みそのものを転換」（Schön 1983=2007, p.18）することで専門性を発揮することもある。この場合、みなが問題にしていることとまったく別のことを問題として提起することもあるだろう。はしかの症状を発見・治療し、予後を見通すといった問題解決とは異なり、その前段階にある、問題を名づけ、状況に枠組みを与え、問題を発明（設定）することからはじめられる。そして次に実践があり、実践の中で生起する状況を反省的に捉えて省察し、これまでの枠組みを修正しながら問題の解決にあたる。このような取り組みをショーンは「実践の中の省察」と呼ぶ（Schön 1983=2007, p.62）。

省察の対象となるのは行為の結果だけでなく、行為それ自体、あるいは暗黙知も含まれる（Schön 1983=2007, pp.57–58）。実践しながら学ぶことは、行為しながら考え、さらには、行為しながらその中で問題を捉える枠組みをデザインすることを意味する（秋田 二〇〇一）。そしてショーンは、教師をはじめ、ソーシャルワーカーあるいは精神療法家を、この「実践の中の省察」をおこないながら問題解決を目指す職種と位置づけている。

本書では、フィールドワークの観察法として参与観察と関与的観察を区別し、みずからも実践者としてフィールドにいるときには、実践の中の省察を進めることとする。それでは、問題状況にかかわりその中で実施される関与的観察では、どのような実践の中の省察がおこなわれるのだろうか。次に、関与的観察について検討しよう。

関与的観察

関与的観察は、精神科医のH・S・サリヴァンによって提唱され、広く精神医学や心理療法で実施されている観察法である。アメリカの社会学者たち（とくにシカゴ学派の人々）と親交のあったサリヴァン（Perry 1982）は、社会学や人類学で用いられていた参与観察法（participant observation）をみずからの治療論に取り入れ展開しており（Cohen 1953, 白波瀬 二〇〇一）、心理的援助を視野に入れたフィールドワークの方法としても利用可能なものと考える。E・H・エリクソンは、アメリカのスー族やユーロク族といったネイティブ・アメリカンの幼児期を研究するにあたりフィールドワークをおこなっているが、そのとき、サリヴァンのいう参加者になることは避けられないし、また避けてはならないとしている（Erikson 1950）。言うまでもなくサリヴァンは、精神医学的な治療的面接法として関与的観察を論じているわけだが、エリクソンがおこなったように、その方法はフィールドワークにも援用できると思われる。

一般に科学的観察では、できるだけ観察者の主観を排して客観的にデータを収集する態度が求められる。そして、対象の変化を捉えたならば、その変化を引き起こした変数を特定しながら、さらに観察が進められていく。科学的観察では、変化を起こしたのは対象の内部で何かが起こったためか、あるいは対象外部の変数の影響によるものと考えられるが、この場合、少なくとも観察者のパーソナリティが影響を与えたとは考えられないだろう。しかし、関与的観察では、観察される者と観察する者の出会いの中で創造される場（situation）や、そこで進行するプロセスをデータとする。観察者と被観察者との間でどのような対人の場（interpersonal situation）が生み出されるかということを、観察者は自分を観察用具として用いながら観察する。それでは、自分を観察用具として用いるとはどのようなことなのだろうか。そのことを理解するには、サリヴァンのパーソナリティ論を知らなければならない。

サリヴァンは、パーソナリティを定義するにあたって、対人の場を中核に据えている。サリヴァンによると、パーソナリティは、「反復生起し、ある人の人生を特徴づける対人的な場の比較的恒常的なパターン」である（Sullivan 1940=1976, p.4, 傍点は原文）。一般的に言って、ある人物のパーソナリティは、その人の内部に想定される特性や大まかなタイプとして理解されることがある。しかし、サリヴァンは、人の内部に特性を想定することや、外部にある分類表を当てはめるような理解をとらず、その人のかかわる対人の場にこそパーソナリティが出現すると指摘している。サリヴァンによると、ある人物が日常生活を送っているとき、その人物と周りの人との関係の中には、その人物を特徴づける対人的な場が何度も生じる。たとえば、ある人物が野心家として理解されるのは、さまざまな場面で出会う多くの他者との間に競争関係をつくり、つねに競い合わなければならない対人的な場を生み出すパターンを繰り返すからである。観察者がその人物と何度か会っていくうちに、なにか競争的な気持ちにさせられることが多いならば、それは、その人物が繰り返し産出する対人の場の中に観察者が巻き込まれたからであり、その観察者の感覚は一つのデータとなる。

　先に述べたように、一般に科学的な観察法では、観察者の感覚は主観として排除されるべきものであろう。しかし、対人の場を観察対象とする関与的観察法では、対人の場に巻き込まれつつ感覚する観察者の主観も貴重なデータとなる。もちろん、この主観的感覚によって恣意的に対象を捉えることが許されるわけではない。エリクソンによると、その主観は訓練されている必要がある（Erikson 1964）。

訓練された主観

観察者がみずからを道具として用いながら観察するというのは、みずからもその状況の中に関与させながら相手を理解することをいう。そして、そのかかわりによって繰り返し産出される比較的恒常的なパターンがどのように変化するかというところに、関与的観察の観察ポイントがあると言えるだろう。みずからの感覚をデータとすることについてエリクソンは、「観察者としての彼の「反応式《イクエイション》」ともいうべき主観的解釈が実は彼の観察の道具そのもの」と述べ（Erikson 1950=1977, p.5）、その主観は「専門的に訓練された主観」であるとする（Erikson 1964=1971, p.39）。エリクソンはこれを「患者の行為や反応をとらえる自分の動きの中に、特別にとぎすまされた自己意識をもつこと」としている（Erikson 1964=1971, p.39, 傍点は原文）。エリクソン理論の研究者でもある西平直は、専門的に訓練された主観について、それはクライアントが転移関係の中で自分では対処できずに排除し臨床家に押しつけた感情を、臨床家がそれとして受け止め、しかしその感情をすぐに返すのではなく、みずからの中に留めおいて吟味することとしている（西平 二〇〇五）。専門的に訓練された主観とは、クライアントから押しつけられた感情を、保持せねばならないときには保持し、クライアントが受け入れやすくなったら相手に返すといったように、臨床家の中で生じた「自分の感情との距離の取り方」（西平 二〇〇五、一八一頁）が訓練されていることを意味する。このことについて具体的に考えよう。

たとえばカウンセリング場面では、初めて会ったクライアントから初回面接の時点で嫌悪されたり拒絶されたりすることがある。このようなときカウンセラーは、単に落ち込んだりみずからの振る舞いを反省したりするだけにとどまらない。そこで生起している関係を転移関係と捉え、自身の感情と距離を取って吟味しようとする。そしてカウンセラーに感じられる理不尽な思いや怒りは、じつはクライアントの感情であるかもしれないと理解し、その感情はクライアントからカウンセラーに向かって投げ込まれたものとして受け取ることがある。このように自分の感情との距離の取り方を吟味し、そのようにしてクライアントの理不尽な思いや怒りを理解しようとする。

このようなことは学校の中でも起こっている。たとえば、中年の男性教師が女子中学生から激しく嫌悪される場合を考えてみよう。その男性教師に嫌われる要素がそれほど見当たらないにもかかわらずそうなる場合、あるいは、その女子生徒のみが嫌っていて他の女子生徒はそれほどでもないといった場合、彼女は、本来自分の父親に向けるべき感情をその男性教師に投げ込んでいる可能性がある。女子生徒のかかわる場の中に巻き込まれたその男性教師は、なぜ自分はあの女子生徒から嫌われるのだろうか、自分の何がいけなかったのかと、その原因をみずからに求め追及するだけでは女子生徒を理解できなくなるかもしれない。そこで感じるみずからの感情、たとえばとまどいや理解しがたさ、近づきたいけど近づけないもどかしさというのは、じつは彼女が父親に向けている感情であるかもしれない。それを父親に向けることができず、あるいは父親に向けるだけでは収まらず、男性教師にも投げ込んでいるのかもしれない。これはあくまでも推測であるが、相手を観察するだけなく、対人の場で観察者みずからの中にわき起こっている感情に目を向け、それを理解することが相手を理解することにつながっていく一つの方法となる。西平はエリクソンのいう訓練された主観をそのように捉えており、これは援助のための観察にとって重要な着眼点となるだろう。

本書では、学校不適応的児童・生徒の学校生活を観察するため、学校で生起する状況から一歩外に出て、実践についての観察をする立場をとりつつも（参与観察）、その状況の中で観察者にわき起こる感情を敏感に察知し、丁寧に現象と照らし合わせ考察を加えるという実践を通しての観察（関与的観察）によってもデータを収集していく。とくに関与的観察については、他のフィールドワークとは異なった、学校臨床独特の観察法となるため、さらに関与的観察の実施について、筆者の事例を用いて具体的に検討していこう。

4　関与的観察の事例

事例1――保健室登校の女子生徒

中学二年生の優舞（仮名）は、教室で陰口や嫌味を言われ、のけ者にされているといういじめ被害を訴えていた。そのため教室に入ることを拒否し保健室登校をしていた。学級担任や養護教諭、あるいは学年の教員たちによると、優舞は学業に問題はなく成績は良い。しかし、他人に対して厳しく冷たいところがあるため、同級生が離れていってしまうとのこと。周りの生徒にも悪いところはたしかにあると思うが、本人も他人から攻撃されてしまうようなことをしており、改めねばならない行動があるという。

優舞のかかわる対人の場

筆者は優舞と初めて出会ったときのことを思い出す。まだ不登校がはじまる前の話。日の長くなった初夏の放課後、四人の女子生徒が昇降口の前で雑談をしていた。相談員をしていた筆者は、初めて会った四人に近づき話しかけた。そのうちの三人は、筆者の問いかけにいろいろと答えてくれるが、一人の女子だけは険しい形相で筆者をにらみつけながら、筆者の声かけを無視し無言を貫いていた。筆者は冷や水を浴びせられたように緊張し、またその雰囲気が他の三人にも伝わったのか、彼女たちも急に黙り込んで下を向いてしまった。筆者は逃げ出すようにしてその場を離れた。このとき、にらみつけていたのが優舞であった。

次に優舞に会ったのは、全校集会に参加するため体育館に移動しているときであった。このとき優舞は、学級の中の人間関係が悪くなっており、日中のほとんどの時間を保健室で過ごしていた。筆者が保健室の前を通りかかったとき、筆者の少し前を歩いていた女子生徒が、保健室から顔を出していた優舞に向かって、「調子悪いの?」と何気なく尋ねた。その途端、優舞はむすっとふてくされた表情となり、斜めを向いて相手をにらんだ後に顔を赤くして下を向き、その言葉を無視した。声をかけた生徒は一瞬身体を緊張させ、表情をこわばらせながら足早に通り過ぎていってしまった。筆者もそれを見てひやっとして身体が緊張した。結局、優舞はその後しばらくしてから、フリースクール（適応指導教室）に通うことになった。そこからの報告によると、他者をにらんだり無視するということで、対人的ないざこざが多いということであった。

これらの観察から、相手が誰であろうとも、他者との間に緊迫した対人状況を繰り返し産出し、優舞にかかわる人は彼女から距離を取り、引き下がってしまうというパターンがうかがえる。優舞にも直すべきところがあると教師たちが言う理由は、このあたりにありそうである。

筆者の解釈とその後

筆者は優舞がつくりだす対人の場から、次のような見立てをおこなった。優舞は、初めて会う人と対面したり突然声をかけられると、緊張が高まり、それが驚いたように目を見開きにらみつけるような表情につながるようだ。そしてこの緊張を解放し、この場を早く解消したいという場への拒否感となってしまい、それが周りには、攻撃的で拒否的な態度として映ってしまうのではないだろうか。リラックスして友だちと話していたとき、いきなり初対面の筆者に声をかけられ、それにどう対処すればよいかわからず、緊張してにらみつけるような表情をつくってしまったのではないだろうか。筆者は、この対人緊張の場を中心にこのように仮説を立てた。

適応指導教室の先生たちは、優舞の行動を直そうと考えていた。そこで、筆者とのミーティングでは、優舞の対人緊張について取り上げ、筆者の仮説を検討してもらうことを提案した。この仮説を聞いた優舞は、自分が緊張して身体がこわばっていることは感じていたが、相手をにらみつけるつもりはないとのことであった。身体がこわばっているとき、自分の表情が相手をにらんでいるように見えることに気づいていなかったという。そのことに気づいた優舞は、表情を柔らかくするように気にかけ、次第に仲間関係も良くなっていった。

不適応的児童・生徒の学校生活を対象に関与的観察をおこなうときには、優舞の事例のように、対人の場が観察の焦点となり、その状況に巻き込まれる観察者の感覚がデータとなる。参与観察では、できるだけ自然場面を観察するため、状況から一歩離れて、人々の行動とその行動を生み出す背景要因を解釈し理解することが求められる。一方、関与的観察では、対人の場に巻き込まれて、その対人の場の変化を観察することとなる。この優舞の事例は、比較的長期にわたる観察による優舞の対人状況のパターンを示したものだが、学校の中で生徒を理解する場合、より瞬間的な対人の場にかかわることによって、その生徒を理解できることもある。次の事例で考えてみよう。

事例2――金銭トラブルの多い男子生徒

中学二年生の太郎（仮名）は学級内のトラブルメーカーで、人に嫌がらせをすることもあればされることもあり、担任らによると、とくに物の貸し借りで同級生ともめる男子生徒である。次郎（仮名）は学級内でいつもこづかれたりする生徒である。二人は同じ学級であるが、それほど親しいという間柄ではなく、ときどき話す程度の仲である。放課後、スクールカウンセラー（筆者）は次郎とともに、グラウンドでおこなわれている野球部の活動を部屋の中から見ながら雑談していた。そこへ、たまたま太郎がやってきて、不意に次のような発言をすることで、一つの場面を形成した。

太郎「おい、次郎、あのバッター、ヒット打つと思うか？　賭けようぜ。俺は打つほうに賭けるからな。お前は打たないほう、いいな？　一〇〇円賭けたぞ」
次郎「いやだよ、俺はやらねーよ」〔と言っているうちにバッターがヒットを打つ〕
太郎「よっしゃー。打った。一〇〇円だ。次郎一〇〇円出せよ。賭けていたんだからな」
次郎「ふざけるな、やらねーって言っただろう」
太郎「きたねーぞ。負けたからって卑怯だぞ！　いいな、一〇〇円ツケだからな」
次郎「ふざけるな、誰が払うか」

太郎「わかったな、一〇〇円明日もってこいよ」
筆者「学校で賭けなんかしないで。今のはまったく賭けは成立していない」

ここでは突然、太郎が中心人物になり、次郎と筆者は一瞬にしてこの場面に巻き込まれた。この場面では、太郎は次郎を卑怯者とののしり、次郎は不当な要求に反発し、筆者は太郎の要求を認めずにその場を解消しようとした。太郎の吸引力に巻き込まれるように、次郎と筆者はこの場面に巻き込まれ、太郎に反発する状況に強制配置されてしまったと言ってよい。次郎は太郎への反発心を喚起され、筆者も太郎の要求を通すことを禁止した。結果的に太郎は、次郎の攻撃欲動を刺激し、筆者の太郎を抑えこもうとする力を引き出すことによって対立的な場面を構成したのである。金銭的なトラブルが多いと担任から評価されている太郎は、金銭トラブルをこのようなプロセスで引き起こしつつ、この場面で示されているように、周囲の攻撃欲動をあちこちで刺激している可能性がある。

この場面が引き起こされて数カ月後、太郎は「みんなにいじめられる、攻撃される」という理由で一時不登校になってしまった。太郎は、周りの人の攻撃欲動を刺激してしまっているみずからの対人の場に気づいていないのだろう。太郎の言い分は、おそらく太郎にとっては何も間違いのないことである。周囲の人が太郎を攻撃したであろうことは、前記の事例からもうかがえる。このような場合、周囲の人に太郎を攻撃しないよう指導することは必要だが、それだけでは効果がないように思われる。そのような周囲の攻撃欲動をコントロールしているのは太郎自身であることに日常場面の中でどう気づかせていくか、ということもここでの重要なかかわり方になるだろう。

事例1も事例2も、観察対象となっている子どもの様子を担任から伝え聞いているという共通点がある。そしてみずからもその対人の場にかかわることによって、教師たちの感じていることをみずからの経験として確認できている。ある生徒が形成する対人の場には、当然教師らもかかわっている。つまり、関与的観察は、生徒の対人の場にかかわる人々と同じ情報源に接するため、介入を検討する際、情報や支援法を共有しやすく、その生徒への理解も進みやすい。もちろん、同じ情報源からデータを収集するからといって、みなが同じ理解に到達するとは限らない。同じ出来事に遭遇しても、そこでの意味づけは教師とカウンセラーでは異なることもあるだろう。この差異は、教師の実践をより深く理解する一助となりえるため、すぐに解消しようとせず、保持し、吟味すべきものとなる。

以下、第Ⅱ部では、小学校における学校不適応的児童のフィールドワークを、第Ⅲ部では中学校における学校不適応的生徒のフィールドワークを例に、学校での心理的援助の実際を見ていこう。

Ⅱ　小学校における学校不適応的児童の学校生活とその支援

第5章　教室の多動児に対する生態学的視座からの理解

1　日常場面における援助への注目

学校で特別な支援を必要とする子どもに対しては、さまざまな側面から支援がなされている。環境調整の視点から刺激の少ない学びやすい教室づくりを目指す取り組み（Pfiffner 1996）や、対人関係の構築・改善・維持を目指すソーシャルスキル訓練（五十嵐 二〇〇五）、知能検査を活用した支援計画づくり（海津・佐藤 二〇〇四）などである。

このような特別支援教育の動向が、これまでの特殊教育と異なる点として髙橋あつ子は、「担任の指導力とは関連なく「特別な支援の必要な子ども」がほとんどの教室に複数いるという前提、加えて教室の中で支援することが教員の役割」であるとし、個別支援といえども、その多くは集団の中でおこなうサポートにあると指摘している（髙橋編著 二〇〇四、四頁）。学級担任は、他の多くの子どもたちも視野に入れた学級経営を通じて、そのような子どもたちに対応していると言えるだろう。

植村勝彦は、今日のコミュニティ心理学の理念の一つとして、現在の状態をさらによい方向に「増進すること」を挙げている（植村 二〇〇八）。この「増進すること」においては、人に本来備わっている環境と効果的に相互作用する能力、つまりコンピテンス（competence）の向上を目指し、その実現のために発達の促進を重要視する。今日の特別支援教育の分野においても、社会的な相互作用に注目し（渡部・江口 二〇〇九）、その質の向上を目指す生態学的アプローチの必要性が指摘されている（三井・熊谷 二〇〇七）。つまり、個人の脆弱性を治療対象とする治療モデルでなく、集団や環境との相互作用の中で現状をよりよい方向に増進させる発達促進モデルが求められている。

通常学級では、子どもたちと学級担任、あるいは子ども同士の相互作用が日々繰り広げられている。しかし、特別な支援の必要な子どもたちは、その相互作用の機会が少なく（Attwood et al. 1988）、またその相互作用がスムーズに進まないために、未学習、不足学習、誤学習がつのり、環境との間に齟齬をきたすことが少なくない（井上 一九九九）。このような子どもたちの適応を支援するうえでは、周囲との相互作用が調和し、その質が高まるように働きかけることが要求されるであろう。したがって、特別なニーズをもつ子どもと環境との相互作用がどのように生み出され、その質がどのように変容していくかについて検討することが、通常学級における支援を考えていくうえでの課題となる。

この課題に対して本章では、新たな介入プログラムを考案し導入するのではなく、一つの学校コミュニティでなされた取り組みの中で、効果的と考えられる対応を抽出する。学校における日々の取り組みに焦点を当て、その実践の意味を考察することによって、日常場面での支援のあり方について検討するためである。

以下では、小学校に入学したばかりの多動傾向の強い子どもたちが、どのような受け入れ態勢のもと、どのような相互作用を通じて環境に適応していくのか、そのプロセスを見ていこう。

2　フィールドワークの実践方法

フィールドへの参入と学校の特徴

フィールドへの参入は、まず市の教育長に研究概要を示すことからはじめた。その内容は、行動上指導の困難な児童の学校生活を参与観察し、通常学級の教師たちと協働できる研究をしたいというものであった。この条件を受け入れてくれる学校を紹介してもらい、紹介のあったZ小学校にて、学校長や教頭、教務主任、学年主任、学級担任にあらためて研究概要を説明し、フィールドへの参入と観察を許可された。Z小学校は農村地帯に位置し、周りを山に囲まれた小高い一角にあり、広い校庭からは校舎と山以外のものは何も見えない静かな環境にある。学区が広範なため、徒歩での通学だけでなく、バス通学や自転車通学の子どもも少なくない。学校の規模は一年生から六年生まで各二学級、合計一二学級（児童数約三二〇名、教員数二〇名）である。

調査期間と対象学級

調査は二〇〇X年四月から翌年七月まで。参与観察は週に一～二回、午前中あるいは給食の時間を含めた午後まで実施した。本章ではその最初の年の四月から五月下旬までのエピソードを対象とした。

この二カ月の間に、対象となった児童の行動上の問題が激減したため、その時期に限定して検討をおこなった。

発達障害の疑いがあると診断された二人の児童、信也と拓（ともに仮名、Z小学校一年生）が所属する二学級を観察対象とした。彼らは通常学級（児童数は、両学級ともそれぞれ二三名）で学校生活を送っており、二人とも多動傾向が強かったが、信也は当時ADHDと高機能自閉症（現在の自閉症スペクトラム障害、以下同様）の疑い、拓はLDの疑いという診断を受けていた（表5－1にて詳述）。

信也の学級担任・智恵先生（仮名、五〇代・女性）は、特別支援教育の経験があるなど経験豊富なベテランの教諭である。拓の学級担任・英彦先生（仮名、三〇代前半・男性）は、昨年も一年生を担任し、二年連続して一年生を受けもっている。

データの収集法

対象児童の日常場面における相互作用を詳細に記録するため、二人を中心に、教師のかかわり方、他の子どもの振る舞い、学級の変化を対象とした参与観察法を採用した。担任に対しては、休み時間や放課後を使って、学級の中で起こった出来事やその背景、担任のかかわり方の意図を聞き取った。筆者が学校に出向くと、対象児童の様子のみならず、Z小学校の子どもや保護者の特徴、地域の特徴や子どもの変化など、さまざまなことを教務主任や校長が話して聞かせてくれたが、このような情報もデータとして記録した。信也と拓の幼稚園時代の担任には、当時の二人の様子および保護者への対応について、指導主事には市の特別支援教育の現状と対応について、約一時間の面接を各一回おこない、これらもデータとしている。

フィールドにおける筆者の立場

筆者は「ときどき教室を見にくる先生」として子どもたちに説明されていた。観察がはじまり一カ月もすると、筆者の存在に大きく反応する児童はいなくなっていた。筆者は、子どもたちの学校生活を比較的自由に観察できたが、基本的には教室の後ろで立って観察し、とくに信也と拓が形成する相互作用に焦点を当てて観察をおこなった。筆者に声をかける子どもは多かったが、そのときにはできるだけ手短に応答し、自然な形で観察することを心がけた。相互作用についてはできるだけその場でメモをとり、帰宅後そのメモと記憶を手がかりにして、相互作用が起こった場所と時間、相互作用の内容とそれが生起した文脈を中心にフィールドノートを作成した。とくに、以前と質の異なる相互作用に注意を払い、観察を実施した。ビデオ撮影などはおこなわなかった。

3　受け入れ組織づくりの展開

連携による受け入れ態勢づくり

まずは観察対象となった二人の児童に対して、どのような受け入れ態勢を整えていったのかについて検討しよう。

信也と拓の行動は、幼稚園のときから問題視されており、小学校への入学に際して、さまざまな連携による受け入れ態勢が整えられていた。表5－1（本書一二〇－一二二頁）は、入学の数カ月前から入学直後までの連携を時系列で示したものである。

幼稚園では、医学的見地から二人の問題行動を明らかにし、そのうえで対応を考えたいとして、何度もその旨を保護者に伝えていたが、保護者はこの働きかけに応じることはなかった。しかし、卒園・入学が迫った時期になり、幼稚園は、小学校において特別な配慮が必要かどうかを判断するために、メリットを強調しながら受診の必要性を説き、両家庭ともこの働きかけを受けて受診することとなった（表5－1の①、以下同様）。その結果、前述の診断となり（②）、家庭ではどのように子育てをすればよいのかわからない、との不安が高まった。

両家庭において養育不安が高まった時期に、幼小連絡協議会が実施され、幼稚園側からは、二人は特別支援の必要な子どもであること、二人の家庭が子育てに対する不安を高めていることが伝えられている（③）。これを受けて、小学校の校長らが幼稚園での状態を視察することが決められた。この視察による情報収集の結果、校長は特別な態勢づくりが必要と判断し（④）、学級担任の配置（⑤）、加配措置の検討（⑥）、対象児童の家庭との連携（⑦）、その他の家庭への説明と協力要請（⑧）を実施した。

学級担任については、対人関係上の問題が予測できる信也には、特別支援教育の経験豊富なベテラン教員を、多動が当面の課題になると考えられる拓には、若い男性教員を配置することとした。また、入学してすぐに教室で授業を受けることは難しいと考え、教育委員会に加配措置を依頼している。しかし、市の方針として、入学後の様子を見てから判断することになっているため、この間は、臨時措置として理科の加配教員であったのぞみ先生（仮名）を一年生の副担任に配置している。これは、信也と拓が授業に参加できない場合や、トラブルによって興奮が収まらない場合など、個別対応を必要とするときのためのものである。のぞみ先生は、常時一年生の二学級を行き来しながら、二人に対応することになっていた。

入学直前には、子どもの子育てや入学後の学校生活に不安を感じている両家庭に対して、連携を強める意味でも、校長、学級担任、保護者が事前に集まり、情報を共有し、対応の確認をおこなった。ここでは、母親が一人で抱え込まないためにも学校との連携が大切なこと、基本的にはほめて育てることを校長が助言している。このとき、他児童の家庭に対して信也と拓の事情を説明することが決められ、最初の保護者会にて協力要請をおこなうこととなった。両家庭の保護者たちは、学校側に話を聞いてもらい、④〜⑦のような準備が組まれていることによって安心したとのことである。その保護者会では、環境の変化に対応できない子どもたちも出てくるので、そのときは学校に相談してほしい旨を伝えながら、信也と拓の話も取り上げたところ、二人に対する苦情は「本来あるだろう数よりはずっと少ない」（智恵先生談）数に収まった。

これらの連携を主導した校長は、入学後しばらくの間は二人が教室に入って他の子どもたちと一緒に授業を受けることは難しいと考え、長期的な構えでの対応を検討していたという。智恵先生は、「〔幼稚園から小学校へと〕環境が変わるので、心配なのは信也や拓だけではない。小一プロブレムの子はいっぱいいるから」と述べ、教務主任は「小一プロブレムへの対応の失敗による学級崩壊」を心配していた。小一プロブレムとは、遊びや自主性を重んじる幼稚園教育と小学校との接続がうまくなされず、小学校に入学した児童が学校生活になじめない現象を指す。このことは、幼稚園の担任も「小学校に入って自分の席で勉強するようになると、信也と拓の行動が他の子にも波及するかもしれない。小一プロブレムになったら申し訳ない」と話し、単に信也と拓への個別支援ではなく、「小一プロブレム」という現代の教育問題にどう取り組むかといった仕方で問題が共有されているようであった。本来、信也と拓への対応は特別支援教育として検討されるべきものだろう。しかし、新入生を迎えるにあたって、信也と拓だけに焦点を絞った対応をするのではなく、どの子どもも問題を抱える可能性があるという認識のもと、新入生全員の学校適応を促すという文脈の中に二人の子どもが位置づけられているようであった。

以上のような受け入れ態勢があって、二人の小学校生活がはじまった。以下、二人の変容過程について、相互作用の質の変化に注目し記述する。

信也と拓における相互作用の特徴とその変容

二人の相互作用の変容プロセスを示すために、学校でのフィールドワークの分析（谷口 二〇〇四、菊池 二〇〇八）を参考にして、相互作用にタイトルをつけていった。このタイトル化は、事例中の相互作用に対して実施し、対象児童から教師・他児童への働きかけ、あるいは教師・他児童から対象児童への働きかけを一単位とした。以下、事例を通して、タイトル化の作業プロセスを示す。タイトルは〈 〉で表記した。

		教育委員会と話し合った結果，一時的な措置として，本来は理科の担当として加配されていたのぞみ先生（20代・女性）を一時的に1年生の副担任として配置することを決定。
対象児童の家庭との連携 情報の共有 方向性の確認 （⑦）	Z小から家庭 **援助要請志向の高まり（保護者）**	入学に向けて家庭が不安になっていること，学校は両家庭と連携を強めておきたいこと，子どもの様子を聞きたいことのために実施。 信也：信也は祖父母や母親，母親の弟（叔父）と一緒に暮らす一人っ子である。両親は信也が生まれてすぐに離婚し，それ以来父親と会うことはほとんどない。言葉の遅れなどは認められなかったが，信也が2歳になるころには落ち着きのなさは目立っていた。しかし，子どもはこんなものなのだろうというのが母親や叔父の理解であった。信也の家と隣の家との距離が離れていたため，普段は一人で外遊びをしていることが多く，そのために家庭の中で落ち着きのなさが大きく問題視されることはなかった。母親は，いろいろな本を読んでも書いてあることがバラバラのためどのように対応すればよいのかわからないとのこと。 （学校から家庭へ）アドバイスし，連携の確認。他の家庭への説明をするかしないかなどの打ち合わせ。説明は入学式直後におこなわれる保護者会で担任がおこなうことに。 拓：両親と弟の4人暮らし。小さいころから多動的・衝動的傾向が強く，両親は厳しくしつけていた。言葉の理解は遅く，親の言っていることを聞いていないかのようなときが多かった。受診した結果，親のしつけの問題ではないと知って楽になった。ただし，どのように対応していけばよいのかわからないのでアドバイスがほしい。 （学校から家庭へ）アドバイスし，連携の確認。他の家庭への説明をするかしないかなどの打ち合わせ。説明は入学式直後におこなわれる保護者会で保護者がおこなうことに。
他児童の家庭との連携 情報提供 協力要請 （⑧）	Z小から他児童の家庭 **協力の合意形成（他児童の保護者）**	（保護者会にて）信也と拓の説明。二人には障害として多動的なところがあること，悪意があってのことではないこと，気になったことがあれば学校に相談してもらいたいこと，相談されたことについては学校でも状況を確認するようにして伝えること，保護者も学校も全力で二人の教育にあたるので協力してもらいたいことなど。他の保護者からも自分の子どもについて理解してもらいたいことを説明する展開になり，これらの結果，「いろいろな子どもがいるけれど見守っていきましょう」という合意ができた。

太字は連携や受け入れ態勢づくりを促進したと考えられる要因

表5－1　学校システム内外の連携と受け入れ態勢づくり

受け入れ準備	システムレベル	具体的な内容
受診のすすめ (①)	幼稚園から家庭	小学校への入学を前にして，今後の指導方針を定めるためにも専門家への受診を勧める。
	メリットを強調した受診の勧め／生活移行期というタイミングでの受診の勧め（幼稚園）	
受診・診断 (②)	家庭から病院	信也：ADHDと高機能自閉症の複合型の疑い。 拓：ADHDというよりもLDの疑い。「くぎ」と「かぎ」,「かぎ」と「かげ」などの区別がつかない。
情報提供 (③)	幼稚園からZ小 **正確な情報伝達（幼稚園）**	信也：粗暴行為が激しく，毎日のようにトラブル続き。担任を叩く，火に興味をもっている，いたずらが絶えないなど目が離せなかった。数字を覚えることは得意で車のナンバーへの興味がとても強い。先生が何度注意しても信也は被害感ばかりがつのるので，できるだけ穏やかな口調で対応していたが，それでもあまり効果はなかった。 拓：一つのことに集中することができずいつも動き回り，給食は手づかみで食べ，以前笑われたことを急に思い出して暴力をふるうといったことがよくあった。静かな空間で先生がだっこしてあげると落ち着くことが多かったが，教室に行くとすぐにまた多動的になった。病院での診断を受けて，小学校への入学に向けて両家族とも不安が高くなっている状態。
視察・情報収集 (④)	Z小から幼稚園 **校長のリーダーシップ（事実確認）**	信也：「自分の前にいるすべての人を殴り倒して走り回っているような感じ」(校長評)。 拓：「登り棒を一番上まで軽々と登り，鉄棒では，ものすごい勢いで逆上がりのできる運動神経のすごい子」(校長評)。
学級担任の配置 (⑤)	Z小内 **校長のリーダーシップ（担任の配置）**	信也：注意すると被害感が強まるとのことから対人関係上の問題も含むと判断し，特別支援教育の経験があるベテランの智恵先生（50代・女性）を任命。 拓：身体的な動きが激しく，行動面での問題を含むと判断し，昨年度も1年生を担任していた英彦先生（30代前半・男性）を任命。
加配措置の検討 (⑥)	Z小から教育委員会 **加配措置（教育委員会）**	特別支援教育支援員の配属を教育委員会に要請。この配属は，入学後の子どもの様子をもとに決定されるので，入学直後に配属されることはなかった。しかし，信也と拓に対する指導が困難になることはあらかじめ予測ができたので,

【事例1】信也――物により媒介された攻撃（四月一六日）

入学直後の一時間目の授業中。授業がはじまって五分が経過したころ、信也は斜め後ろを向き、斜め後ろの子どもの筆箱を何度も開け閉めしはじめる。「やめろ」と言われた信也は「バカ、バカ」と斜め後ろの子どもを挑発する。言われたほうの子どももそれに反発し、二人は次第にエスカレートし、最後は信也が相手の頬を殴りつけ、殴られたほうが我慢してその場は終わる。

これは、信也がトラブルを発生させるときの典型的な相互作用である。信也は相手の持ち物に興味をひかれ、持ち主の許可を得ずに乱暴に扱うため、持ち主がそれを嫌がり信也を拒絶する。その拒絶にあった信也は相手を攻撃してしまう。相手側に立てば、信也が勝手に自分の物に触ったのだということになり、信也側に立てば、相手が先に嫌なことを言ってきたということになるだろう。このような攻撃行動は、物（相手の持ち物）が媒介していると考えられるので、これを〈物により媒介された攻撃〉とタイトル化した。

【事例2】拓――先生に対する甘えた口調での要求（四月一六日）

入学直後の二時間目の授業中、雨にもかかわらず拓がブランコで遊んでいる（他の児童は教室で授業を受けている）**。横には傘をさしたのぞみ先生が立っており、ときどき、拓のブランコに勢いをつけてやっている。ブランコの勢いが弱まってくると、拓は甘えた口調で「やってよお」と言って、勢いをつけるようのぞみ先生に訴える。のぞみ先生は「ハイハイ、それいくよ」と応じている。**

拓は授業中であっても教室を飛び出し、二時間程度遊具で遊んでいることがあった。このような場面では、無理に教室に戻すのではなくしばらくつきあう方針がとられ、その担当はあらかじめのぞみ先生とされていた。このような相互作用は、英彦先生や筆者との間でも観察され、拓は大人に依存でき、穏やかな時間を過ごせることがすぐにわかった。このような場面は、拓に合わせられる大人との間で観察されたため、これを〈先生に対する甘えた口調での要求〉とタイトル化した。

【事例3】拓――遊び化された身体的誘導（四月一六日）

四時間目の授業中、拓は教室で過ごしていた。英彦先生は拓を肩車しながら授業している。英彦先生は、拓が出歩いたり廊下に出ていったりしたときには、自分の席に連れて帰るために、「肩車がいい」と言われれば肩車で、「おんぶがいい」と言われればおんぶで対応している。英彦先生は遊びのように「よし、それじゃあ、教室に行くぞ」などと言って対応している。周りの子どもたちは、この様子に疑問を感じることなく授業を受けている。ある女の子は「まあ、しょうがないんじゃない」とのことであった。他の子どもたちもおおむねこのような反応だった。

授業中に校庭、ベランダ、廊下で遊んでいる拓を教室で過ごせるようにするためには、まず、拓の身体を教室の中に運ばなければならない。そのとき、英彦先生は肩車、おんぶ、だっこなど身体的な接触を通して教室に連れていき、授業をおこなっていた。このように身体を誘導して学校生活の軌道に乗せるということは、拓の相互作用の典型例であり、これは〈遊び化された身体的誘導〉とタイトル化した。

以上の手続きによって、四月中旬から五月下旬までの間に成立していた相互作用にタイトルをつけ、その特徴をまとめたものが表5－2（信也）、表5－3（拓）である。これらの表は、新たな相互作用が見られたときに新たなタイトルをつけ、その時期に観察された回数を表記するとともに、それらを時系列に並べることによって、相互作用の質の変化を示している。紙幅の都合上、比較的長期にわたって繰り返されたエピソードは省略されている。たとえば、表5－2の四月中旬の欄にある〈形式的な相互作用〉は四月下旬～五月上旬の欄にはないが、これはそのような相互作用がなくなったことを意味するものではない。

以下、表5－2を用いて入学直後から五月下旬までの信也の変容を、表5－3を用いて拓の変容を検討し、そのうえで両者の変容過程の相違点と共通点を明らかにしたい。その際には表中のタイトルとともに結果を示していくこととする。

信也の変容過程

信也は、入学当初から多動傾向よりも自閉傾向や衝動傾向が強かった。拓のように外に出て遊び回るということはなく、教室にいる時間が長いものの、たとえば隣の席の子どもが先生の発言に耳を傾けているその横から、その子の筆箱を取り上げ筆箱のふたを開け閉めして、その音に聞き入っているといったように、周囲にはまったく関心がないように振る舞っている時間が長かった。四月中旬ごろは、他者の持ち物を勝手に取り上げるため、それを嫌がった他児童との間にトラブルになるケースが多く（〈物に媒介された攻撃〉）、智恵先生や他児童から謝罪するように言われても、それを無視したり拒否したりすることが多かった（〈謝罪要求の無視・拒否〉）。このようなことから、智恵先生が対応を修正し、すぐに謝るのではなく「あとで謝ろう」と働きかけたり、信也だけが悪いのではなく「両方とも悪い」と言葉をかけたりすると、比較的聞き入れがよいようであった（〈担任の仲介・受容〉）。基本的に智恵先生の対応は、信也の引き起こした事態に信也をすぐに直面化させることを避けつつ、まずは攻撃された児童のケアをするというものであった。「いろいろ試してみるしかない」と言っていた智恵先生は、自閉傾向の強い信也との間にまずはコミュニケーションできる関係を築こうとして、みずからの働きかけを調整していた。しかし、四月下旬に起きた他児童を鉛筆で刺してしまうなどの危険な行為に対しては、別室で厳しく指導し、無理やりにでも注意を聞き入れさせるというメリハリのある対応がおこなわれていた（〈先生からの制限・受容〉）。

先生から厳しく指導を受けたり、他児童からいっせいに注意されたりすることによって、信也は次第に先生を頼るようになり、智恵先生に質問や報告をするなど、頻繁に智恵先生にかかわりはじめた。入学当初は校長先生に「おじさん」と呼びかけていた信也であったが（校長談）、五月の下旬ごろから、先生たちを「先生」と呼ぶように変わっていき、教師−児童関係の中にみずからを当てはめているようにうかがえた（信也の変容過程の詳細については、次の第6章において、より詳しい事例とその分析を通して明らかにすることとしたい）。

拓の変容過程

拓は入学当初から多動傾向が強く、教室の中に入るよりも外で遊んでいることのほうが多かった。

	逸脱に対する他児童からの注意（1）	行動場面からの逸脱に対してそれを正すように周りの児童からいっせいに声をかけられるが，それを無視すること。
	身体的誘導の受容（1）	どのように動けばいいのかを担任が誘導し，それに従うこと。
	教材を介した担任との相互作用（2）	相手の物に触れるのではなく，自分の教科書を使用し授業を受けようとするものの，授業に追いつけず担任に教えてもらうこと。
	教材使用の失敗による攻撃（2）	教材をうまく使えなかったり，授業についていけずそれを笑われることによって，相手を威嚇したり物にあたる行為。
このころの教室：子どもたちは時間と場所に応じた行動をとれるようになる。「手を挙げるときは，はいはいと言わない」，「トイレは休み時間に行くこと」など，これまで許してきた行動にルールや決まりを適用し，学校様式に改める働きかけがはじまる。		
5月中旬～下旬	賞賛の消極的受容（2）	他の児童から「すごい」などと賞賛されること。本人は喜びもしないが否定もしない。
	他児童からの働きかけの消極的受容（3）	他児童から働きかけられ，なされるままにすることによって消極的に受け入れること。結果的に受け入れること。
	他児童への直接攻撃（2）	物を介することなく直接的に攻撃すること（他者の発表の邪魔をする，背中を叩く）。
	担任からの制限・速やかな受容（3）	制限を速やかに受け入れて指示されたように行動修正すること。トラブルになった相手に謝るよう担任から言われて速やかに謝ること。
	担任への質問（3）	「今日は何ページをやるの？」など，担任に対して質問すること。
	担任への報告（2）	「先生，できました」「終わりました」などと，自分のおこなった課題を担任に報告しにいく行動。
	担任への依存（2）	担任のいるところ（職員室）に行き，担任の周りにいたがること，手伝いをしたがること。
	担任への確認（2）	「外に行ってもいいですか」など，自分のしたいことをまず担任に確認し，判断を仰いだ後に行動すること。
	賞賛を求めた呼びかけ（2）	「鉄棒がうまくできたから見て」など，賞賛を求めて担任への呼びかけをおこなうこと。
	他者の観察（1）	他者が行っている遊びを見て自分もその遊びを始めること。ただし一緒に遊ぶことはない。
このころの教室：休み時間など，智恵先生の周りに子どもたちが集まり談笑する光景がふえる。先生に認められたい気持ちが高いため，先生の意図を読んで行動する子どもがふえる。結果的に先生の指示が通りやすく学級に落ち着いた雰囲気が出てくる。		

（　）の数字は観察された回数，**太字**は信也と拓に共通するタイトル

表5－2　信也の相互作用の特徴とその質の変容

<table>
<tr><th>時期</th><th>観察された相互作用</th><th>相互作用の特徴</th></tr>
<tr><td rowspan="11">4月中旬</td><td>形式的な相互作用（3）</td><td>健康観察のような習慣的なやりとり，じゃんけんといった形式的なやりとり。</td></tr>
<tr><td>明確な指示の実施（2）</td><td>全体に対して○○をしましょう，○○と言いましょう，教科書の○ページを読みましょうといった明確な指示を受けての反応のこと。</td></tr>
<tr><td>明確な指示の無視（3）</td><td>全体に対して明確な指示が出されるもののその指示に従えず，筆記用具で遊んだり，指示と違う教科書を開けたりして先生の指示を聞かず，一人で遊んでいるような状態。</td></tr>
<tr><td>物に媒介された攻撃（5）</td><td>相手の物に触る→嫌がられ拒絶される→相手を攻撃するというやりとりを基本とする。</td></tr>
<tr><td>注意喚起（4）</td><td>「起立・礼・着席」のときに間に合わないため先生から声をかけられること，一人遊びに夢中になり先生から注意喚起されることなど。</td></tr>
<tr><td>明確な指示への遅延反応（2）</td><td>明確な指示が出されてしばらくしてから指示通りに行動すること。この時期は約9分後。</td></tr>
<tr><td>先生からの制止・無視（2）</td><td>行動場面から外れた逸脱行為の修正を求められ，暴力をやめるように言われるがそれを無視して逸脱行為を続けること。禁止ほど強くはないがやってはいけないと注意されること。</td></tr>
<tr><td>助言・制止の受容（2）</td><td>先生から1対1で助言を与えられたり行動を止められたりした際に，すぐにそれに従うこと。</td></tr>
<tr><td>他児童からの謝罪要求の無視・拒絶（3）</td><td>乱暴な行動に対して他児童から謝罪要求されるが，それを無視・拒絶すること。</td></tr>
<tr><td>担任からの謝罪要求の無視・拒否（1）</td><td>乱暴な行動に対して他児童が担任に訴え，担任が介入するもののそれに従わず拒否すること。</td></tr>
<tr><td>担任の仲介・受容（3）</td><td>乱暴な行動に対して他児童が担任に訴え，担任が仲介する内容（「あとで謝ろう」「両方とも悪い」など）を受け入れること。</td></tr>
<tr><td colspan="3">このころの教室：授業中，信也のほかにも水を飲みに廊下に出る，トイレに行く子もいる。信也だけが目立つわけではない。智恵先生は注意するよりも休み時間を長めにとるなど，環境調整によって子どもたちのペースに合わせている。智恵先生と子どもが1対1の指導になると，その他の子どもはいつの間にか離席するなど，授業時間と休み時間の境目のような時間帯が長くなることが多い。</td></tr>
<tr><td>4月下旬～5月上旬</td><td>担任からの制限・受容（2）</td><td>他者への暴力を厳しく（泣くまで）禁止・制限され，それを受け入れて逸脱行為をやめること。禁止を受け入れて相手に謝ること。</td></tr>
</table>

	担任との授業中の遊び関係（2）	担任を鉛筆で刺す真似をしたり，担任をくすぐり担任もそれに応じるといった，授業中や休み時間に担任との遊び関係がつくられること（肩車，おんぶ，だっこといった身体的な相互作用よりも密着度は低い）。
	担任への依存（4）	担任のいるところ（職員室・廊下・他の教室・校庭）に行き，担任の周りにいたがること。
	担任の探索（3）	担任を探すために周りの児童や筆者らに担任の居所を尋ねて回ること。
	賞賛を求めた呼びかけ（2）	「先生，ほらライオンがうまく描けた」など賞賛を求めて担任に呼びかけること。
	他児童からの誘われ（1）	他児童から「こっちこっち」などと誘われてそれに応じること。
	並行遊び的相互作用（1）	拓は自分の領域で遊んでいるが，それを見た他児童も自分だけで同じ遊びをはじめる。
	逸脱に対する攻撃（2）	他の児童がおしゃべりや出歩きをしているときに，その児童の耳元で「静かにしろ」とどなり声を上げ，強引に引っ張って着席させようとするなど，注意の範囲を超えて攻撃すること。
	他の児童に対する指令（2）	「みんな，先生を呼びに（職員室に）行くぞ」といった指令を出して周りの子どもをリードすること。
このころの教室：授業中，勝手にトイレに行く，水を飲みにいくという行動がほぼなくなり，子どもたちは時間と場所に応じた行動をとれるようになる。英彦先生は，個々の逸脱行動をその場で正すというかかわり方がふえてくる。		
5月中旬～下旬	他児への教授要請（1）	何をしているのか，どのようにするのかといった課題のやり方がわからず，他の児童に「教えて」と頼み教えてもらうこと。
	観察学習（2）	何をしているのか，どのようにするのかわからないとき，周りの子どもの様子を見て同じ行動をすること。
	想像的遊びの中での相互作用（2）	冒険ごっこや探検など校庭を探検し，そのリーダーとなって周りの子どもに指令を出し従わせること。他児童もそれを楽しんでいる。
このころの教室：拓だけでなくほかにも学習面で遅れている子どもが目立ちはじめ，英彦先生は個々に注意を向けることが多くなる。数少ない若手男性教諭のため校務を掛けもち，休み時間など子どもたちとかかわる時間をもちにくい様子。個々への指導が多くなったためか，先生の様子をうかがいながら行動している子どもがふえてくる。		

（　）の数字は観察された回数，**太字**は信也と拓に共通するタイトル

表５－３　拓の相互作用の特徴とその質の変容

時期	観察された相互作用	相互作用の特徴
4月中旬	先生に対する甘えた口調での要求（4）	先生（不特定）に対して甘えた口調で自分のやってほしいことを要求すること。
	はやしたてられ攻撃（1）	お気に入りの女の子と手をつないで校庭を走っていて，それをはやしたてられたため相手を威嚇・攻撃すること。
	構ってもらうための制限試し（2）	先生（不特定）の様子を一瞬ちらりとうかがった後，あたかも止めてもらいたいかのように危険な行動や逸脱行動を開始すること。
	身体を制限することによる禁止（2）	危険な行動を止めるために先生（不特定）がだっこのように包み込んでそれをさせないこと。
	遊び化された身体的誘導（5）	拓を授業に参加させるときの手段として身体的接触（肩車，おんぶ，だっこ）を通して担任が教室に連れていくこと，席につかせること。
	物により媒介された相互作用（2）	物を貸してもらうために相手にお願いする→受容される→一緒に遊ぶ，あるいは物を貸してあげる→お礼を言われるといった，物を媒介とした友好的な相互作用。
このころの教室：授業中，一人が電動鉛筆削りで鉛筆を削り出すと次々に削りだし行列ができるなど，授業への集中は保持しにくい。智恵先生の学級と同様，休み時間を長めにとる方針であるため，授業と休み時間の境目のような時間帯が多い。拓をできるだけ身近に置いておくため肩車やおんぶをしながら授業をするなど，拓への特別なかかわりが目立つ。この様子を「拓はダメだと思う」という子どもがいる一方，「まあ，仕方ないんじゃないの」，「ああするしかないでしょ」とクールに距離をおいて見ている子どもも多い。		
4月下旬～5月上旬	**担任からの制限・受容（2）**	行動場面から外れた逸脱や暴力を禁止・制限され，それを受け入れて逸脱行為をやめること。禁止を受け入れること。
	担任からの禁止・拒否（1）	担任から行動を禁止されるが，かんしゃくを起こしながらそれを拒否すること。
	担任への質問（6）	何をしているのか，どこをやっているのかなど，課題のやり方がわからず担任に質問して教えてもらうこと。
	担任への報告（3）	「先生，できました」「終わりました」などと，自分のおこなった課題を担任に報告しにいく行動。
	けんかの仲裁（1）	授業中にはじまったけんかの仲裁をすること。
	正解の共有（2）	質問への答えが正解だったため喜び，さらに他には誰が正解かと周りを見て一緒に喜ぶこと。

校内でも廊下を走り回っているといった様子であるが、大人とのかかわりも求める傾向が強かった。幼稚園時代から先生にだっこされると落ち着くということだったが、その傾向は小学校入学当初にも見られた。四月中旬ごろ担任の英彦先生は、教室から抜け出す拓を無理やり教室に留めおこうとするのではなく、拓の要求に合わせて遊びながら授業に参加させようとしていた（〈遊び化された身体的誘導〉）。

しかし、五月上旬、周囲に他児童がいる中でナイフを振り回したときは、拓が指導を受け入れない素振りを示しても、「だめなことはだめ」と厳しく指導し、謝るまで許さないというふうに徹底した指導もおこなっていた（〈担任からの制限・受容〉）。このころには、拓は英彦先生の周りで遊ぶことが多くなり、結果的に教室で過ごす時間が長くなっていった。次第に英彦先生に肩車やおんぶをせがむことは少なくなり、質問をしたり報告をしたりと、言語でのコミュニケーションがふえていき（〈担任への質問〉〈担任への報告〉）、また、教室の中で起こった他児童のけんかにかかわっていくなど（〈けんかの仲裁〉）、関係の広がっている様子がうかがえた。このころの拓には、英彦先生と同一化している様子も観察できた。四月の時点では、英彦先生は拓を教室に連れていくとき、しばしば「よし、教室に行くぞ」と言っていたが、その言葉をまねたように、他の児童に対して「よし、先生を呼びにいくぞ」などとかかわりはじめていた（〈他児童に対する指令〉）。出歩かないように、おしゃべりをしないようにという英彦先生の注意を聞いていない他児童に対して厳しく注意することもあり（〈逸脱に対する攻撃〉）、児童としての役割を積極的に引き受けようとしているかに見えた。五月の下旬にはより授業にかかわる時間が多くなり、わからないことは他児童に聞き（〈他児童への教授要請〉）、他児童を観察しながら授業に参加する様子が見られるようになった（〈観察学習〉）。その後、拓は教室の外に無断で出ていくことはなくなり、六月に入るころには他の児童と同じ程度に授業に参加しはじめていた。

信也と拓はともに入学以前から多動傾向が強かったのだが、急速に落ち着いていったと言える。この担任や他児童との相互作用の変容プロセスには、相違点のみならず、共通点もあるように思う。そこで次に、両者の相違点と共通点について検討していく。

信也と拓における相互作用の相違点と共通点

高機能自閉症の疑いと診断されていた信也は、明確な指示を無視し、環境の変化に気づかず注意喚起が何度もなされるなど、自閉的な傾向を見てとることができた。ＬＤの疑いと診断されていた拓は、大人を誘いながら教室外で動き回り、大人に構ってもらいたい様子がうかがえ、関係性の展開が見込まれていた。

入学直後から二人の相互作用の質は異なっていたものの、共通していたのは、新しい場所に行くことや新しい物を見ることによって興奮状態になることであった。しかし、観察を続けるうちに、新奇刺激に対しては二、三回程度で飽きてしまうという特徴も担任や教務主任から報告されていた。「気になるものは触らないと気が済まない、気になることはやってみないと気が済まない」（校長）という特徴が明らかになりはじめていたため、四月の中旬から下旬にかけては、「新しい刺激に対する興奮状態が収まるまで見守っている状態」（教務主任）であり、担任は指示的ではなく、むしろ二人の児童に合わせる対応をとっていた。

しかし、四月下旬から五月上旬には、鉛筆で相手を突き刺す行動（信也）や、周りに人がいる中でナイフを振り回して遊ぶ行動（拓）が出てきたため、そのときには「泣くまで指導する」（智恵先生）、「こちらの言うことを認めるまで厳しく叱る」（英彦先生）対応がなされ、教師側の限界設定を必要とする場面が出てきた（〈担任からの制限・受容〉）。この時期を境に、二人の相互作用には、変化が現れてきた。

榊原久直は、自閉症児との間に生起する自然場面での関係障害を発達的に捉え、その関係性は、「不特定の第三者」関係から、「気を許す特定二者」関係、そして「自ら求める特定二者」関係へと展開し、最後は心理的安全基地として関与者を捉える「愛着対象」へと変容することを明らかにしている（榊原 二〇一一）。本事例においても、入学直後の四月には、信也は不特定他者の持ち物に触れ、拓も大人であれば誰でもよいという不特定他者との関係を示していた。しかし、〈担任からの制限・受容〉を経て、二人の児童は急速に担任に接近し、〈担任への質問〉、〈担任への報告〉など、担任との間に「自ら求める特定二者」関係を形成しはじめた。ただし、表5－2を見ても明らかなように、信也の場合は、担任からの制限がすぐにこのような変化を促すのではなく、時間差を伴ってかかわりが変化する「関係性の連鎖的変化」（榊原 二〇一一、八三頁）となっていることがわかる。一方、拓の場合、表5－3で示したように、担任からの制限がすぐに変化を及ぼす「関係性の同時的・連続的変化」（榊原 二〇一一、八三頁）を引き起こしていた。そのような時間的差異は認められるものの、二人には似たような相互作用の変容プロセスがあったと言えるだろう。その後、信也、拓とも、担任を「愛着対象」にしていることがうかがえるような〈担任への依存〉エピソードが見いだされ、これらのプロセスは、榊原の指摘する関係性の発達プロセスと類似するものであった。一方は自閉傾向を有する多動であり、他方は学習障害を有する多動であったが、ともに担任を愛着対象にすることによって安定したことが共通項として挙げられる。

榊原は、自閉症児の関係性が「愛着対象」にまで進んだことを示したが、本事例では「愛着対象」との安定的な関係に続いて、信也には〈他者の観察〉が、拓には他者のやり方をまねて自分も同じ行動をする〈観察学習〉が認められ、ともに横との関係の広がりが見られるようになった。このことから、担任との二者関係の安定化が、児童同士の関係へと展開することが示唆され、その関係の安定化を目指す組織的対応の重要性を指摘できるだろう。

以上が、信也と拓の相互作用の変容過程である。二人は多動という共通する特徴を有していたが、その相互作用の質には大きな相違点を見いだすことができた。入学後の信也はトラブルが多かったものの、自分から周りの子どもたちや先生に直接働きかける様子はほとんどなかった。一方、教室で過ごせず外で活動することの多かった拓は、先生や他児童との相互作用を頻繁に観察できた。共通する部分としては、先生たちが例外を認めて二人に対応していたこと（四月中旬）、〈先生からの制限・受容〉（五月上旬）の後、二人とも先生との相互作用を増加させたこと、そして、その後急速に適応が促進されたことであった。

4　多次元的介入による支援的なコミュニティづくり

連携による支援的なシステムづくり

特別なニーズをもつ子に対する校内での支援態勢づくりについては、校内委員会の運営、保護者との連携、関係諸機関との連携、学校内外の人材活用など、さまざまにおこなわれている（吉利・吉海二〇〇六）。Z小学校においては、幼稚園から家庭への介入が継続しておこなわれ、小学校では保護者、教育委員会、他の家庭に対する介入によって、表5－1で示した迅速な組織的対応を生み出した。組織的対応についてスタンレー・マレルは、個人を対象としたレベルから、全コミュニティを対象としたレベルまでの六つに分類している（Murrell 1973, 表5－4）。

この分類によると、Z小学校の態勢づくりは、幼稚園から小学校への移行を円滑にするシステム間介入、学校システムと不調和な関係になるおそれがある個体群に対するポピュレーション介入、問題となる個に応じられる社会システムづくりを目指す社会システム介入の三つのレベルに分けて考えることができる。介入の定義についてマレルは、個と環境との適合性（fitness）を改善するために個人や社会システムに変革（change）を導入する組織的努力とし、そのときの介入者は、変革を始発させるうえで最大の責任を担う人としている。この見地からすると本事例では、さまざまな連携を主導した校長を介入者として捉え、その変革に焦点を当てることによって、各レベルでの受け入れ態勢がスムーズに進んだ背景や効果を検討できると考えられる。そこでこの三レベルから校長がおこなったシステ

表5－4　マレルによる介入の6つのレベル

介入レベル	内　容
個人の再配置	当事者の一方もしくは双方の能力を超えるほどに，両者の関係が矛盾する場合には，より適合的な他システムへ再配置すること。
個人的介入	システム・アサインメント*の中にとどまったり，それをさらによく受容したり，それを遂行しうるように，当該個人の資質や方略を変化させること。技術のトレーニングや心理療法など。
ポピュレーション介入	現に社会システムと不調和な関係にあるか，あるいは将来そうなるおそれのあるポピュレーションに対し，付加資源を変化させたり，準備したり，あるいは提供すること。子どもの初めての入学に備えて両親と子どもに準備させる，定年間近の人に定年の準備をさせるなど。
社会システム介入	社会システムが個人の問題処理にさらにいっそう促進的なものとなるように，社会システム自体に永続的変化をつくりだすこと。個人がシステムから割り当てられたアサインメントを，その人にとって受け入れやすい方法で遂行できる余地を与え，当のアサインメントに調整を加える機会を与えることによって，そこに割り当てられた人がみずからのスタイルで職務を遂行しやすくさせること。割り当てに対する個々人のスタイルやアプローチの仕方にはかなりの相違があることを容認することによって，アサインメントの許容幅を拡大すること。
システム間介入	2つ以上のシステムに同時に交流をもつ人たちのために葛藤を低め，あるいは交流を円滑にすること。初めて学校に入学する子どもの家族に学校側の期待を伝え，家族側の価値観や期待も理解するといった活動によって，新たなシステムへの唐突な移行を緩和することが目指される。
ネットワーク介入	全コミュニティ規模のものであり，個々の住民に対する当該コミュニティの心理－社会的感受性（psychological responsiveness）を高めるようなコミュニティの設計など。都市計画や地域計画の委員会にいる介入者などによってなされる介入。

Murrell（1973=1977, pp.200–211）をもとに作成

＊システム・アサインメント（system assignment）……「ある社会システム内で個人が占めている特定の「場所」（place）または「適所」（niche）」のこと。たとえば，養護教諭であれば，どの学校の養護教諭でも共通する役割があるだろう。しかし，共通する役割があったとしても，その役割をどのように規定するかはそれぞれの養護教諭によって幅があり，そのため養護教諭の活動幅にも違いが出てくる。ある場所を誰が当てられるかによって，その場所の機能は大幅に変わり，システムにも影響する。また，「そのシステムによって容認され，期待され，強化される行動の範囲を決めるもの」がシステム・アサインメントともされる。一般に，その場所を割り当てられている人が，仕事をしやすいように場を構成できる許容幅が大きい場合，環境との適合を図りやすい（Murell, 1973=1977, p.61, 68）。

ムづくりについて考察する。

システム間介入を促進する共通の物語

二人の児童の受け入れ態勢づくりは、小学校からはじまったというよりも、むしろ幼稚園のときからはじまっていた。小学校への入学前という時期に、タイミングよく診断を受けたということは、受け入れ態勢づくりを円滑に進めていく根拠となっていた。診断を受けた保護者たちは、それ以前にはなかった援助要請志向が高まり、これが小学校との連携を強める準備となった。校長の視察後、小学校では教育委員会に加配措置を要請するなど受け入れ態勢を整えることが急務となり、教育委員会もすぐにこの状況を特別支援の枠組みで捉え、のぞみ先生の一時的な配置換えを可能とした。診断を受けるということは、特別に支援することが各システムにとっての共通課題となるため、円滑な受け入れ態勢づくりを促進すると考えられる。

システム間介入は、新たなシステムへの唐突な移行を緩和し、適応を促進するためにおこなわれるが（Murrell 1973）、単に診断を受ければ円滑な移行支援になるわけではない。本事例において円滑な移行支援が進んだのは、二人の子どもを小学校に紹介し引き継ぐ際に、情報を隠したり形式的な情報伝達にとどまらず実態を誠実に伝えたこと（正確な情報伝達）、小学校側が校長のリーダーシップによって態勢づくりをおこなえたこと（校長のリーダーシップによる組織づくり）、保護者の援助要請志向が高まったこと（保護者の援助要請志向）、教育委員会が加配措置をおこなったこと（加配措置）、他児童の保護者から協力を取りつけることができたこと（協力の合意形成）がつながった結果であった。

したがって、このつながりがなぜ形成されたかが重要となるが、本事例ではその理由として、「共通の物語（communal narrative）」（Rappaport 1995）が生み出されていたことが挙げられるだろう。筆者が幼稚園の担任と指導主事にインタビューし、また校長、教務主任、二人の担任と会話する中で見いだしたのは、すべての人たちがこの問題を「小一プロブレム」や「学級崩壊の可能性」として認識し、迅速な組織的対応の必要性を共有していたことである。ラパポートは、同じ語りを共有する人たちが一つのコミュニティを形成するとし、危機感や当事者意識をともにできると指摘している（Rappaport 1995）。本事例では、幼稚園、小学校、教育委員会の間で「小一プロブレム」や「学級崩壊の可能性」という語りが共通の物語となり、問題が個人化されるのではなく、各機関が対応しなければならない教育問題として捉えられ、システム間の連携と予防的な組織的対応を促進したと考えられる。

ポピュレーション介入としての支援態勢づくり

しかし、システム間で情報が共有されても、それが二人の子どもたちにとって有効に利用されなければ意味がない。ポピュレーション介入は、現システムと将来不調和な関係になるおそれのある個体群に対して、活用できる資源を変化させたり、準備したり提供することである（Murrell 1973）。これらの介入は、人員配置や資源の分配を担い、外部システムと連絡を取り合える校長がおこなう介入となろう。Z小学校に赴任して三年目という校長は、「できることは何でもする」と述べ、加配教員の配置や適した担任の検討、そして援助要請志向の高まった家庭への援助を次々におこなった。河合康は特別支援教育コーディネーターのあり方を検討する中で、「校長はもう一人の隠れた特別支援教育コーディネーターである」としているが（河合 二〇〇四）、Z小学校では校長が中心となって、子ども、教師、保護者、他児童の保護者への対応をコーディネートしていた。これらの作業を校長とともにおこなった智恵先生は、「校長先生が一緒に悩んでくれて、とてもありがたく仕事がしやすかった」と述べ、英彦先生は「みんなが見てくれているのは安心だった」と述べた。ポピュレーション介入が校長のリーダーシップのもと、担任たちとともに進められていったことは、信也や拓あるいはその保護者のみならず、学級担任をも支援していたと言える。このように先手を打って対応をおこなったことについて校長は、「校長就任三年目だったからできたこと」だと言う。地域や保護者の実情を知り、教員を適材適所に配置し、教育委員会への働きかけをスムーズにおこなうためには、校長にもそれなりの時間が必要であるという。このことは支援態勢づくりにとって一つの課題となるだろう。

社会システム介入としての許容幅の拡大

ここで示したそれぞれの介入が目指すのは、対象となるポピュレーション（信也、拓）に対する社会システム（学校、教師）の反応を変えることによって、環境と二人の子どもとの間に調和を生み出すことである。そして、それを直接おこなうのは担任である。担任は学校システム内に位置し、そこで要求される機能を果たさなければならないが、どこまでの範囲の機能を果たすのかは個々人の判断に委ねられており、マレルはこれを「システム・アサインメント」と呼んでいる（Murrell 1973）。そして社会的介入では、このシステム・アサインメントの許容幅を拡大することによって環境からの圧力を解き、個人がみずからのペースでニッチ（niche）を得られるよう支援することが重要となる。他児童とは著しく異なった信也と拓の行動はある程度容認されていたが、それを容認していた担任たちも校長にその取り組みを容認され、その学校の取り組みは他児童の家庭や教育委員会から容認されるといったぐあいに、支援の入れ子状態が形成されていた。行動場面から外れた行動を容認することは、「本来はしない対応」(智恵先生)であり、「やむをえない対応」(英彦先生)であったが、支援の入れ子状態が子どもへの柔軟な取り組みを可能とし、それぞれのニッチ形成を促していたと言えるだろう。

生態学的介入の意義は、さまざまな人々の間で情報が共有され、協力関係がつくられることによって、大人たちが対象児童と相互作用する場面を特別なものと捉え、その状況を良好に保とうとするところにある(Conoley & Rotto 1997)。そして、そのような良好な関係を生み出しえるシステムを形成するためには、システム・アサインメントの許容幅を拡大する態勢づくりが必要となるだろう。

問題が固定化しにくい支援的コミュニティ

一般的に学校では、教師が子どもを否定的に評価することにより、その子どもの行動は事例性を帯び、個人化され固定化しやすいと指摘されている(井上 一九九九)。しかし、Z小学校では、否定的評価を下すよりも、二人の行動の意味を了解しようとする構えが共有されていた。とくに校長は、みずからが積極的に二人の児童にかかわり、教室での様子を担任に尋ねながら、その指導を批判することなく子どもたちの行動の意味を理解しようと努めており、その促進者となっていた。また、信也と拓への対応の姿勢を知った他の児童の保護者たちが、「信也には意外とやさしいところがある」、「拓はよく挨拶をしてくれる」と肯定的な評価を伝え、それが職員室で共有されることによって担任たちの対応が支持されていた。そして、それがまた信也と拓の適合を促し周囲からの肯定的な評価につながるといった、肯定的評価の循環構造が形成されていたと言えよう。

本事例は、「小一プロブレム」という共通の物語によって、信也と拓を支援するコミュニティが形成され、校長の介入によって支援の入れ子状態がもたらされ、さらに肯定的評価が循環する構造が産出された例である。このようにZ小学校では、二人の行動が問題として固定化しにくい支援的コミュニティが形成されていたと考えられる。

生態学的視座からの支援枠組み

本章は、多動傾向の強い子どもたちの変容を、通常学級での相互作用の点から捉え、明らかにしようとしてきた。そこで最後に、学校での支援を生態学的視座から考察し、次章以降の課題を検討する。

第3章で詳述したように、人は環境の中にそれぞれの資源および戦略を用いて適応を図っており、たとえ同じ環境であっても、そこには多様な次元を想定できる。生態学的視座からの支援とは、この多次元性から出発して子どもを理解し、環境を子どもにフィットするように調整していくこととなる(藤居・神谷 二〇〇七)。本事例の場合は、そのような環境調整によって、共通の物語が構築され支援的コミュニティが形成された。他者に関心をもたず物に執着していた信也も、授業中に外で遊んでいた拓も、他の子どもたちと比べると、著しく逸脱していたと見ることができる。しかし、環境を調整しつつ彼らの生態学的次元に意味を見いだそうとすることによって、彼らは緊張する慣れない環境の中でさまざまに目につく新奇刺激を、彼らなりに理解しようとしているのだ、という共通の物語が構築され、それは、新しい環境に適応しようとしている他の子どもたちと同じ課題に取り組んでいるのだ、という理解が得られた。信也と智恵先生、拓と英彦先生のマイクロレベルに閉じず、メゾレベル（家庭との連携）とエクソレベル（職員会議、校長、教育委員会）をも含んだ支援の入れ子状態の形成が、支援的コミュニティを形成する重要な要素になるのだろう。

繰り返すが、生態学的視座からの支援では、個人を環境やその文脈の中に位置づけて理解することを目指し、個人を生態系の一部分と捉える発想を必要とする（Conyne & Cook 2004）。この視座によると、個人も環境もともに日々変化するものであるから、個人はこの変化への対応を余儀なくされており、不均衡状態から均衡状態に向けてつねに環境との調和を図っている、と理解されることになる。つまり、それぞれのニッチは安定しているのではなく、不均衡状態から均衡状態を揺れ動きながら変化していると考えられ、そこでは、新たな資源が見いだされたり、これまでの資源の利用法が変わったりすることによって、産出される関係にも変動がありえるということである。このような変化をきめ細かく捉え支援することが通常学級における支援には求められる。

次章では、本章の信也に焦点を絞って、信也が環境に存在するさまざまな資源（他者、教材、遊具、出来事、言葉など）のどのような側面と相互作用しみずからの生態学的次元、つまりみずからの世界を形成しているのか、そしてその世界がどのように変化したのかに焦点を当てエピソードを分析する。

第6章　子どもの経験世界に即した支援

1　子どもに即した支援

自閉傾向の強い子どもに対しては、行動主義的学習論を基盤とする応用行動分析（小林監修 一九九七、Miltenberger 2001）や、感覚・運動発達を促し、その統合を図る感覚統合（坂本・花熊編著 一九九七）などが用いられている。応用行動分析では、問題行動を操作的に定義して対象行動を絞り、その行動を生起させる条件を変えたり、行動の結果出てくる強化子を特定し取り除いたり、他の強化子で置き換えたりしながらその行動を管理する。一方、感覚統合は、感覚過敏であったり、協調・微細運動が苦手であったり、平衡感覚に問題があったりするなどの特徴を捉え、そのでこぼこのある感覚を遊びや活動の中で統合していくことを目指す。さらに、知的な遅れがなく自閉傾向の弱い子どもに対しては、視覚処理が得意な子どもが多いという特徴を活かして、応用行動分析的に対象行動の克服を目指すTEACCH《ティーチ》も開発され普及している（内山 二〇〇六、佐々木 二〇〇八）。これらの知見を活用しながら、学びやすい教室をつくるための環境調整（井上 一九九九）や、対人関係の構築・改善・維持を目指すソーシャルスキル訓練（五十嵐 二〇〇五、小泉・若杉 二〇〇六）、教師の指導行動の変容を促す介入研究（遠藤 二〇〇八）などが実践されている。

これらの支援に共通することは、特別支援教育や心理学の専門家が、子どもや教師の現状を的確に査定し必要な環境を設定しながら、対象者に見合ったプログラムを立案・実施することであり、いわば専門家主導による支援ということである。学校・学級の外で開発された支援方法を学校内に導入して実践しようという方向性が認められる。

筆者はこのような支援の意義を十分認めつつ、異なった視座からのアプローチも必要だと考えている。それは、子どもの行動をその子どもが経験している世界に即して捉えながら、その育ちを共有するという構えで支援することである。特別な支援を必要とする子どもたちが通常学級の中で生活するとき、彼ら彼女らはどのような世界を経験しているのだろうか。学校の中で彼ら彼女らはどのように行動し、そこにはどのような経験構造が想定され、また、時間の経過に伴ってどのような変化が読み取れるのだろうか。

近年では、本書でいうところの専門家主導による支援とは立場を異にする、発達論的療育論が注目されている（十一 二〇〇六、二〇〇七）。発達論的療育論は、実際の子どもの言語発達や学習は行動主義的学習理論とは異なる経過をたどることに着目し、より実際に近い状況、実際場面の中で支援することを主張している（十一 二〇〇七）。たしかにわれわれの言語発達や学習は、実際場面で起こるものであり、具体的には他者と相互作用する状況の中でなされている。他者と意味のあるやりとりをするには、間の取り方やタイミング、声色や表情によって伝わる意味は大きく異なる。われわれは状況の中にあるそのつどの手がかりを捉えて柔軟に活動しているのであり、発達論的療育論は、そのような実際場面での相互作用を大切にする取り組みである。

発達論的療育モデルはいくつか提唱されているが（Greenspan 2006, Prizant et al. 2006a, 2006b）、十《と》一元《いちもと》三《み》はその共通点を次の三つにまとめている（十一 二〇〇七）。一つ目は、コミュニケーションをできるだけ対人相互的状況の中でおこなうことである。その際には、子どもの内発的な意思伝達欲求を喚起するため、セラピスト自身のコミュニケーションスタイルを子どもに最適化することによって、子どもとの間に共同注意が成立する状況づくりを目指す。二つ目は、あらゆる学習活動の前提として情動の安定化を図ることである。認知機能は情動機能と一緒に発達するため情動の安定化は認知の発達にとって前提と考える。三つ目は、「他の子どもたちを媒介とした（peer mediated）」学習場面を積極的に活用することである。本書では、日常的な学校場面に埋め込まれた学習機会を捉えてそれを活用すること、また経験世界の変容を推測しながら支援することを重視しているが、この発達論的療育論とは、実際場面における対人的相互作用を重視している点において重なる部分が大きい。発達論的療育論は必ずしも通常学級での教育を対象としているわけではないが、社会的文脈の中における学習を強調している点では、本書と通底する。

以上のように、子どもの経験世界に焦点を当て、その構造を見立てながら支援することを、本書では「子どもに即した支援」と呼ぶことにする。このような支援をおこなうためには、子どもによって経験された世界を推測しながら出来事を捉えていくこと、あるいは、生起した出来事の中に子どもの経験世界の変容を見立てていくことが求められる。

子どもの経験に即した支援は、たとえば心理臨床における遊戯療法の場などで検討されているが（石川 二〇〇五、竹中 二〇〇七）、本書ではそれを学校場面において検討する。

以下では、第5章で取り上げた信也の事例を、信也の経験にできるだけ即して記述し、その事例を分析して信也の変容を検討することとする。事例は、それ以前の観察では見られなかった行動を中心に取り上げ、それらを時系列に沿って並べてある。

2　感性的印象の世界から視線触発へ

感性的印象の世界

【事例1】授業中の様子（四月一六日）

授業中、信也は鉛筆をかむのに夢中で教科書を見ていない。周囲で起こっていることにはまったく無関心で、筆箱の開け閉めに夢中になる。机に筆箱を置き、頬を机にくっつけて、開けたり閉めたりを繰り返し、その世界に浸りきっている様子である。五分ほどそれを繰り返す。ときどき教科書をぼんやりと見つめるが、ふたたび筆箱の開け閉めをはじめる。

信也は筆箱の開け閉めを何度も繰り返し、筆箱のふたが開いては閉じられる一定のリズムに聞き入りながら、その視覚刺激にうっとりとした表情で見入っていた。そのほかにも三色ボールペンの芯を出したり戻したりして、そのときに出る「カチャ、カチャッ」という音に浸っていたり、水を出してそれをうっとりと眺めていることもたびたびあった。同じ感覚に浸り同じ運動に没頭することは、多くの自閉症児に見られる現象である。村上靖彦は自閉症児の経験構造を現象学的に考察する中で、このような感覚器官の感受性に浸り、我を忘れたかのように同じ運動を繰り返すときの体験を「感性的印象に共鳴する状態」と呼んでいる（村上 二〇〇八、四頁。以下、このような状態に浸っているときの信也の世界を「感性的印象の世界」と呼ぶこととする）。重度の自閉症児においては、その状態に長時間浸ることも指摘されているが、信也の場合はふと我に返ることが特徴であった。

授業中、信也はこのような常同行動のほかにも、教科書をぼんやり眺めたり、教室内を歩き回ったり、ぷいっと廊下に出ていったりを繰り返していた。五分程度であれば課題に取り組む様子も見られたが、周囲の児童やその場でおこなわれている活動にはあまり関心を向けていなかった。ふらりと廊下に出た信也に対して、智恵先生は一度手首を捕まえて阻止しようとしたが、そうすると信也は怒りをあらわにしながら猛烈な勢いで手を振りほどき、そのままトイレに逃げ込んでしまうことがあった。そのようなことがあってから、智恵先生は信也を穏やかに注意するものの、その後は基本的に見守っている様子であった。すると、信也は五分ほどで教室に戻ってくることが多くなっていった。

【事例２】繰り返し現れる感性的印象の世界（四月一八日）

二五分ある中休み。信也はブランコをすると言って外に出ていったが、昇降口の近くに水たまりを見つけると、とりあえずといった様子でそこに靴を入れ、水が波打つとすぐにしゃがんで水を揺らし、うっとりとその揺らぎを楽しむ。泥がけむりのように水中を揺らめくのをじっと見つめた後、今度は

泥をすくっては戻すことを繰り返した。そうして泥の触覚を何度も確かめた後、今度は泥を両手ですくい上空に投げつけた。周囲には泥の雨が降る。周りにいた子どもたちは「なんだよ」と文句を言うが、本人は楽しそうに肩をすくめ、かたく目をつむって泥の雨に耐えている。周囲からの怒鳴り声はまったく聞こえていないかのようで、それをもう一度繰り返す。周りの子は悪態をつきながらその場から離れていった。

最初はブランコで遊ぼうと思っていた信也であるが、途中に水たまりを見つけることによって、一気に触覚的・視覚的世界が開かれていく。ブランコをおこなうために外に飛び出した子どもにとって、水たまりは目標までの障害物のはずである。しかし信也にとっての水たまりとは、感性的印象の世界をつくりだす対象物として立ち現れる。この事例でも示されているとおり、周囲の怒りや罵声は信也の耳に届かず、一人で夢中になっている姿から、そこは彼だけの世界であるかのように見える。信也にとっては、社会的・文化的意味の付加された遊具で遊ぶより、感性的印象の世界の吸引力のほうがずっと強い。重度の自閉症児とは違い、そこに長時間浸りきることはなく、何らかのきっかけで他の活動に向かうことはできるが、感性的な印象に没頭するほうが信也にはなじみやすいようであった。

ブランコのような社会的・文化的意味の付与された道具を使用するということは、その道具に合わせて行動を協調させなければならない。さらには順番を待つ、順番を守る、一定時間楽しんだら人にゆずるといった社会的行為も要請され、それにも対応しなければならない。しかし、この時期の信也はそのような社会的な場ではなく、信也だけに経験される感性的印象の世界が成り立つような対象物に吸い寄せられていた。

信也のように感性的印象の世界に溶け込む様子は、自閉症スペクトラム障害の当事者たち、たとえばドナ・ウィリアムズなどによっても指摘されていることである（Williams 1992, 1998）。これらの指摘をふまえて村上靖彦は、このような状態について「他者がいなくなり、事物の対象性・文化的意味が失われ、自己感とくに身体感覚も失われて」、「恍惚とした快感だけが経験野を占める」と述べ、その特徴として、自分の身体感覚が覚醒していない可能性を指摘している（村上二〇〇八、四頁）。自分の身体がどこにあり何をしているかと反省的に体験されないからこそ、自己と他者あるいは自己と事物の区別がなされず、恍惚とした快感だけが経験野を占めるという。信也の場合も、感性的印象の世界に没頭しているときには、周囲に関心を寄せることなく自分だけの世界でうっとりしている状態であった。

前社会的世界

【事例3】道具使用の難しさとして現出する前社会的世界（四月一八日）

授業中。課題が終わった子どもから智恵先生のところにノートを見せにいくことになり、その場がざわつきはじめる。すると信也はふらふらと教室内を歩き回り、他人の筆箱を開けはじめた。しばらく開け閉めに夢中になった後、信也は筆箱の中に消しゴムを見つけ、それがちぎれかかった消しゴムとわかるとすぐに引きちぎってぽいっと投げ捨てる。今度はエンピツが落ちているのを見つけ蹴り飛ばし、その前方に体操服が落ちているのでまた蹴り上げたところ、靴まで一緒に飛んでいく。それが面白かったのか、すぐさま左足の靴も空中に飛ばし、その靴は作業中の子どもの机上に落ちる。「なんだよ！」と言われたときにはすでに後ろの黒板のチョークを折りはじめている。

信也の一つの特徴は、身近にある道具の使い方が他の子どもたちとは著しく異なっていることであった。信也にとっての筆箱は開けたり閉めたり音を出す物であり、ちぎれかかった消しゴムは丁寧に使う物ではなく引き裂く物として映り、落ちている鉛筆や体操服は持ち主に戻すのではなく蹴り上げる物となる。他者から抗議されることもあるが、これを気にすることなくふらふらと歩き回り、次々と物に触れては放り投げることを繰り返していた。

四月は、事例1や2で示した感性的印象の世界に浸りながら、そこから抜け出し簡単な課題に取り組んだり出歩いたりを繰り返していた。周りの子どもたちのように自分の席に座って先生の話を聞いたり、指示された課題に集中して取り組んだり、道具を他者と共有したり、といった社会的な場になじめずその一歩手前にいるように感じられた。いわば、感性的印象の世界と前社会的な世界の間を行き来しているような印象であった。

ウィリアムズは、みずからの自閉症体験を通して、感性的印象の世界にいる状態を〈自分なし、他者なし〉の状態と名づけ、次にくる〈自分のみ、他者なし〉あるいは〈他者のみ、自分なし〉の状態と区別している（Williams 1998=2009, p.26, 36）。〈自分のみ、他者なし〉状態とは、自分のことを感じ取ってはいるがすべての振る舞いが自分から自分へとつながっているのみであり、そこには他者は存在しない。したがって、他者と一緒に何かをすることはなく、他者のために何かをやってあげることもなく、ただみんなにまぎれている、人前に立っているのみの状態である（Williams 1998=2009, p.32–）。このときの他者は印象として受け取ることはできるが、相互に影響を与えることはない。事例3のような状態は、〈自分あり、他者なし〉の状態として、行為が自分から自分へとつながっているのみという、ウィリアムズと類似の経験であったと推測できる。このような状態がこの時期の信也にとっての他者経験であったと思われる。

視線触発の成立

【事例4】いっせいに注目されることへの驚き（五月二日）

授業中信也が席を立ち、歩きはじめた。智恵先生はいつものように穏やかな口調で「信ちゃん、どうした、席に座って」と注意する。いつもならそのまま授業が続けられる場面だが、このときは突然、周りの子どもたちがいっせいに「信也くん、席に座りな！」「座りな、信也くん、信也くん！」と信也に向かって声をかけた。不意に声をかけられた信也は驚いた様子で目を見開き、周りを呆然と見つめたまま十数秒ほど立ちつくしてしまった。それを見た智恵先生はいったん授業を中断し、信也の肩をそっと抱き寄せ席まで連れていった。すると信也はまったく抵抗せずそれに従い席に着いた。

先の事例1～3で示したように、信也は周りから注意や罵声を受けても耳に入っていないかのように、あるいはその注意や罵声が自分に向けられていないかのように、まったく気にかける様子はなかった。ところが、このときは周りの子どもたちからいっせいに声をかけられ、信也は不意打ちをくらったかのように驚き、呆然と立ちつくしてしまった。この出来事について智恵先生は、「信也の様子がいつもと違いとまどっているように見えた」と述べ、そのような信也を見たのは「初めて」と話していた。筆者にとっても、周りの子どもが示し合わせたわけでもないのにいっせいに信也に声をかける、その働きかけに信也がとまどうのを観察したのはともに初めてであったため、印象深い出来事であった。この出来事は、その後の信也の変化を導く一つのきっかけになったと考えられる。

自閉症の子どもの場合、とくにその傾向が強い場合は、目が合わない、あるいは呼ばれても相手の存在に気づかないことがある。まるで他者が存在しないかのように振る舞っていることもある。しかし、この状態はいつまでも続くわけではなく、いずれ抜け出し他者を発見するときが来る。村上はそのときに起こることを詳細に検討し、自己が他者に向かうのではなく、まずは他者から自分に向けられた働きかけを受け取ることが先に来ると指摘、それを「視線触発」と名づけている（村上二〇〇八、三頁）。これまで気づかなかった自分に向かってくる視線や呼びかけに気づくというこの経験は、みずからの身体のありかを指し示すことになるという意味で、それまでの経験構造を組み替えることになる（村上二〇〇八、一二頁以下）。

自閉傾向が強く視線触発を経験できない自閉症児の世界は、たとえば街のネオンの揺らめく光や、ぬいぐるみの柔らかな感覚に浸りきるというように、感性的印象によって成り立っている。信也が筆箱の開け閉めを繰り返しその音や筆箱の動く様子をうっとりと眺め、水の中に手を入れてその揺らぎに吸い寄せられ、泥の柔らかな感触に浸っていたように、感性的印象の世界は、その感覚的印象のみで成立している。この状態は、見えるものだけに触発されている段階であるが、そこで視線触発を経験するということは、自分にとって見えないもの、つまり自分の身体の触発が生成される（村上二〇〇八、一二頁以下）。

われわれは日常生活を自然に送っているときには、前反省的に生きることができるため、たとえば自転車に乗ること、ドアノブをひねること、パソコンのキーボードを打つことなど、いちいち身体を注意深く操作せずとも自然にできてしまっていることが多い。われわれは身体を視覚的・運動感覚的に感知せずとも自然に行為できるが、一方、それに不具合や障害が生じたときには反省的に行為を捉えなおすこともできる。つまり、自分の身体を意識することもしないことも可能である。しかし、感性的印象の世界に没頭する自閉的児の場合は、自己の身体を意識する経験があまりなく、そのため自己感覚も希薄であると考えられる。そのような状態の中で他者からの視線や呼びかけに気づく衝撃は、これまで見えなかった自分の身体、感覚されにくかった自分の身体のありかを、強く指し示す経験になる。

他者から呼びかけられ、それに不意打ち的に気づいてしまったというこの経験の意味は、村上によると、自分の今いる「ここ」を成立させると同時に、他者のいる「そこ」も成立させることにある。視線触発が成立したときには、自分の身体のありか（ここ）に気づきはじめるだけでなく、相手や相手の空間（そこ）も同時に成立させる（村上 二〇〇八、八四頁以下）。このように視線触発は、自己と他者をこれまで以上に明確に意識させる作用がある。

ウィリアムズは、〈自分のみ、他者なし〉状態の次に来るのは、「自分と他者を同時に感覚する」状態であると指摘している。この状態になって初めて、他者と自分を相互に比較したり、反応し合ったり、競争することを発見するという（Williams 1998=2009, p.36-）。この自分と他者を同時に発見することは、自閉傾向の強い子どもの遊戯療法においても成長促進的に機能することが指摘されている。

酒木保は自閉症児の治療を通して、自閉症児は治療者と空間を共有しにくいため、空間を共有できるようになることが治療の眼目になるとしている。空間の共有とは、自分の存在も他者の存在もともに認め合い、相互承認的に意味が共有されるような「相互承認的空間」が形成されることである（酒木 二〇〇〇、五二頁）。酒木によると、その相互承認的空間の成立のためには、「ここ」や「そこ」を成立させる空間の分化が必要である。そして、自閉症児の世界に空間の分化が遂げられるとき、「私」や「あなた」といった人称も成立するという。空間の分化によって「ここにいる私」と「そこにいるあなた」、「あそこにいる彼／彼女」といった人称も発見され、そのような意味で空間の分化が自己や他者への意識の強化にもつながる。さらには、他者が占有している「そこ」に私が入れてもらい「ここ」が成立するとき、「われわれ」という相互承認的空間が形成される。私にとっての「ここ」に他者を入れてあげることによっても「われわれ」が成立するのであり、相互承認的空間は形成される（以上、酒木 二〇〇〇、五八頁以下）。自閉症児との遊戯療法は、空間の分化が進み、空間の交換と人称の変化が豊かに展開することによって進展することがある。

以上のような指摘をふまえると、空間の分化は自閉症の子どもにとって大きな意味をもち、信也においては、事例4のように視線触発によって成し遂げられたと考えられるだろう。それは、自閉症の子どもの社会性が高まるために必要とされる、自分と他者を同時に捉える能力が獲得されることも意味する。そのことは次の事例5によっても示唆される。

3　間身体性の世界へ

怒りとして表出した間身体性の世界

【事例5】授業についていけない場の現出（五月九日）

国語の教科書を音読する時間。先生が「一八頁をみんなで読みましょう」と指示を出し読みはじめる。一度読んだら信也だけはすぐに教科書を閉じてしまう。「次、一行ずつ読んでもらおう。読める人?」と先生が質問すると、子どもたちはいっせいに手を上げて、一人一行ずつ読みはじめる。しかし、信也は教科書を閉じているので、どこをやっているのか、何をやっているのかわからなくなってしまう。「信ちゃん、二〇頁だよ」と先生に教わりやっと追いついたものの、音読が一通り終わると信也はまた教科書を閉じてしまう。何度も先生に教えられている信也を見て、ある男の子がくすくすと笑うと、信也はその子をにらみつけて教科書を叩きつけた。

この事例は、視線触発が成立した後の信也の変化を示した一例である。授業中、これまではぼんやりと教科書を眺めることの多かった信也であったが、この時期から教科書を用いて授業に取り組む姿が観察されはじめていた。この事例にあるように、つねにスムーズに参加できたわけではなく、たびたび周りについていけない状態になったが、周囲と同じように振る舞おうとしていた。他の子どもたちは教科書を閉じてはいけないという指示があるわけでもないのに、音読が終わってもそのまま教科書を開いたままであったが、信也だけは教科書をすぐに閉じてしまう。それを繰り返してしまうことにより信也は授業に遅れ、周囲との自然な間合いやリズムに合わせられないようであった。このように授業の自然なリズムに合わない様子は見られたものの、信也は授業に参加しはじめていた。しかし、信也の変容は授業への参加のみではない。

何度も注意される信也を見て、ある子どもがくすくすと笑ったとき、信也はその微少な動きとその意味を感知したうえで怒りを表出した。それ以前の信也は、近くでどなられてもまるで聞こえていないようであったが、このときは初めて、他者の経験が直接伝わってきたかのようであった。視線触発以前の信也は、〈自分あり、他者なし〉状態であったと推測されるが、その経験構造に変化が生じはじめ、周囲の子どもたちと共通の世界に開かれつつあるようであった。それでは、ここにはどのような経験構造の変化が読み取れるだろうか。

視線触発が成立すると、自分の身体のありかを明確にし、自分と他者を同時に感覚する状態になるが、そのときには、自分の身体のありかが指し示されるだけではなく、相手の身体性もが生成され体験される（村上 二〇〇八、四五頁以下）。われわれが、相手の表情を見るときや、とくに相手と目が合うときは顕著に経験することであるが、そのとき、相手の意図や感情が直接伝わってきて、その緊張感や怒りをそれとして直接体験できることがある。このような「間身体性（intercorporéité）」（Merleau-Ponty 1960=1970, p.18）の現象は、村上によると視線触発の次に来る段階である（村上 二〇〇八、一七頁以下）。信也は相手のくすくすという笑いが自分をさげすんだものとして直接体験されたからこそ、瞬間的に怒りをこめて教科書を叩きつけたのであり、視線触発が間身体性を強めたと捉えられるだろう。

リズムへの反応の良さ

このほかにも信也の変容を促進したと考えられる出来事が起こっていた。その一つは智恵先生が信也との相互作用をよりスムーズにするかかわり方を見いだし、これまでよりも効果的な働きかけをおこなえるようになったことである。授業中など、智恵先生は全体に声をかけた後、信也に個別に話しかけることが多くなり、そのときには全体に声をかけるときとは異なり、その地方特有の方言とイントネーションで語りかけていた。信也はそのような方言を使うことが多く、また信也の家庭でもそのような方言が使われており、たしかにそのような語り口のほうが信也にスムーズに伝わりやすいようであった。

もう一つは、視線触発が成立した後の五月中旬ごろから、リズムを用いた授業がはじまり、信也がうまくそれに乗れたことが挙げられる。たとえば算数の時間では、みんなでいっせいに声を合わせて「5は0と5！」、「5は1と4！」といったぐあいにリズムをつけて数字の組み合わせを覚える場面があった。このとき信也は、他の子どもたちがするのと同じように先生のリズムに合わせ、声を合わせ、身体で拍子をつけながら取り組んでいた。もともと数字に強い興味のあった信也は、他の教科以上に算数の時間で集中できるようになっていった。

他者の視線を感じてドキッとしたり、相手の感情が直接体験されたりといったぐあいに、間身体性の次元は相手の感情が自分の身体に浸透する経験を可能とする。このように他者の感情が直接体験されることは、リズムに乗るという働きによって顕著に現れる。たとえば「5は0と5！」、「5は1と

4！」とみんなでリズムをとってそれを続けているうちに、子どもたちはおかしくなって笑いはじめ、つられて智恵先生も笑ってしまった後、声はいっそう重なり、感情が共有されていると推測できる場面が形成されたりする。このような中に信也も参加しはじめ、みんなが笑ったときには笑顔を見せるなど、感情共有が促されていたようであった。村上は「間身体性の本質的な内容はリズム」にあるとし、リズムに乗るという働きが感情共有の媒体になるとしている（村上 二〇〇八、一四〇頁）。事例5のように初めはうまくリズムに乗れなかった信也が、次第に声を合わせて算数や音読ができるようになるなど、授業のリズムをゆっくりと獲得していく姿が見られた。それに伴い、次の事例6で示すように、信也と智恵先生の関係にも変化が生じていた。

一般化された他者の出現

【事例6】智恵先生への依存と愛着形成（五月三〇日）

信也は何をするにも智恵先生の判断を仰ぎ、報告しようとしている。たとえば、「課題が終わった人から休み時間にしていいよ」という智恵先生の指示は聞こえていたにもかかわらず、信也は「先生、休み時間にしてもよいですか」とわざわざ確認してから行動に移る。これまでであれば、ぱーっと外に出ていただろう。五月の中旬まで、信也のほうから智恵先生に働きかける姿はほとんど見られなかったことである。

先に、視線触発が間身体性を高めたと指摘したが、もう一つの作用としては、担任との関係の中に形式的なコミュニケーションがふえたことが挙げられる。報告しなくてよい場面であっても課題が終わると「先生、終わりました」とわざわざ智恵先生の目の前まで行って報告し、許可が出ていることを知っているにもかかわらず「先生、〇〇していいですか」とまずは智恵先生の許可を得ようとする。児童としての役割を積極的に引き受け、その役割の中に入っていこうとしているかのようであった。ぎこちなさを感じさせるコミュニケーションではあったが、信也は児童としての自分を確認しアピールするかのように、何度もそのコミュニケーションを繰り返していた。

信也が教室で体験したであろう視線触発は、定型発達の子どもであれば、まずは養育者などとの一対一関係の中で形成されるものである。しかし、信也が体験した視線触発の特徴は、一対一関係の中で成立したものではなく、授業中のみんな（他の児童たち）からいっせいに声をかけられたことによって成立したものであった。児童という抽象的な他者、つまり「一般化された他者（generalized other）」(Mead 1967=1995, p.190) からの視線触発であったということである。信也にとってのそれまでの世界は、目の前の他者は存在するものの、児童としての他者は存在せず、したがって児童という次元から自分を経験する構造も脆弱であったと推測される。このことを詳細に検討するため、G・H・ミードの一般化された他者の概念から考察しよう。

ミードは自我をIとmeに分け、Iの部分を、自分自身を反省的に捉える以前の主観的身体とする。これは行為し知覚する主体である。それに対してmeは、Iの客体化されたものであり、Iによって反省的に捉えられるものである。meが成立しているとき、Iは他者が捉えるように自分自身を客体視して捉えているのであり、Iは自分自身（me）に対して外部の見方を採用している。ここでいう外部の見方というのは、特定の誰かの見方ではなく一般化された他者の見方であり、共同体全体の観点から自分を捉える態度を取得したということである（Mead 1967=1995, p.214–）。それ以前の信也は、一般化された他者の成立が脆弱であったことが推測され、それはｍｅの成立が脆弱であったということである。ｍｅがより強固になるとＩとｍｅとの間に対話が可能となり、そのとき、諸個人は自分自身をより広い共同体のほうからみずからを監視し、他者の態度や役割を取得しつつ共同体を考慮した行為に至ることができる（Mead 1967=1995, p.230–）。これまで経験されにくかったみんな（他の児童たち）からの視線触発が成立したことにより、信也は反省的に自分を捉えることができはじめ、他の児童がしているように敬語を使って先生の判断を仰ぎ、そうしてみずからを児童役割に当てはめようとしていたと考えられる。

信也は六月下旬になると、一時チック症状を呈するようになったが、これはコミュニケーションが成立し指示が通りやすくなった信也に対して家庭での指示や禁止が多くなり、信也の緊張と疲労が高まったためと考えられた。そこで、指示や禁止をやめてもらうことによってこのチック症状は治まっていった。いまだ周りの児童と比べると注意されることは多く、また、周囲の児童との積極的な交流はほとんど見られなかったが、七月中旬ごろには入学時と比べて著しく行動に変化が見られ、比較的落ち着いた状態で一学期を終了した。

4　パースペクティブの可動性

ここまで、おもに村上靖彦による現象学的な自閉症論を手がかりにしながら、教室内で生起する出来事を考察してきた。これは、専門家主導による支援ではなく、子どもの経験世界に即した支援をおこなうことがとくに通常学級では必要と考えたためである。そこで、この一連の流れを整理し、展開をまとめておこう。

他者との出会いを成立させることが困難な障害として、統合失調症と重度の自閉症を挙げているウォルフガング・ブランケンブルクは、出会いを成立させるためには、自分を相手の中に移し入れて、相手の視点でものを見て、それを自分の世界関係および自己関係に取り入れることができなければならないと言う。そして、この「自分を〜の中に移し入れる」ことによって、「間主観性への結びつき」を強めることが必要だと指摘している（Blankenburg 1991=2003, p.18）。信也の場合、事例1〜3で述べたように、他者が使うように道具を使うことや、他者に関心を向けることはほとんどなく、出会いを成立させることは容易ではなかった。また、教室内をふらふらと歩き回る様子は、周囲から閉ざされた別世界を生きているような印象であったが、これらは間主観性への結びつきが弱かったからと捉えられるだろう。ブランケンブルクは重度の自閉症を間主観性への結びつきが不可能になっている状態と指摘しているが、信也の場合、間主観性への結びつきは不可能でなく弱かったと言える。その弱さは、現象としては感性的印象の世界と前社会的世界を行き来する様子に現れていた。

弱いながらも間主観性への結びつきが果たされていたと思われる信也の経験構造を大きく組み替えたのは視線触発であった。視線触発が、空間を「ここ」と「そこ」に分化し、自分を他者のいる「そこ」の中へ移し入れることを可能にした。この移行を可能にしたのは、みんなからの呼びかけ、数字への興味と算数の授業のつながり、リズムを用いた授業、智恵先生の個別的な言葉かけや方言の使用などであった。

　先に指摘したように、間主観性への結びつきを可能にするためには「自分を〜の中へ移し入れる」能力を必要とするが、ブランケンブルクによるとこれは、「自分の外に出る」と同時に「自分に対して距離をとる」能力でもあり（Blankenburg 1991=2003, p.18）、これまでの自己を反省的に捉える視点を得ることでもある。ブランケンブルクはこれを「パースペクティヴの可動性」と呼び（Blankenburg 1991=2003, p.30）、出会う相手や相手の視点を自分の世界関係および自己関係に取り入れるための能力と捉えている。ミードの指摘するＩとｍｅの成立も同様のことを指摘しているものと思われる。自閉症の子どもは、見たもの聞いたものを一度対象化してから判断する能力、つまり対象との間に心理的距離を取る能力が障害を受けている（杉山 二〇〇〇）。自閉症の特徴として、比喩表現を理解しにくく言葉を字義通りに受け取ることや、一つの対象物にこだわることが指摘されるが、これは対象との間に心理的距離をとったうえで判断することができないからである。以上の指摘をふまえるならば、こちらとあちらといった空間の分化を促進するような働きかけを意図的におこなうことによって、対象との間に距離を取れるようになることは、自閉症の子どもにとっての一つの成長促進的な働きかけになると考えられるだろう。

　発達障害と言われる子どもは、ＩＱ（知能指数）だけでその軽重を捉えられる傾向が強い。しかし、経験世界から理解しようとするならば、感性的印象の世界や前社会的世界、そして間身体性の世界といった、それぞれの世界との結びつきを捉えられるのではないだろうか。とくに自閉症はスペクトラムとして捉えていこうという発想があるが、この発想をとるならば、たとえば、感性的印象の世界と前社会的世界といったように、自閉症の子どもたちははっきりとは区別できない複数の世界を行き来していると捉えられる。そして、本事例で明らかになったように、複数世界を行き来している揺らぎが何かの拍子に崩れ、新たに異なった世界が開かれうることが期待できる。近年、保育分野では、保育場面の中に埋め込まれた学習機会があるとし、それを活用した支援がなされているが（金・園山 二〇一〇）、経験構造の変容の機会も学校場面の中に埋め込まれていると考えられる。子どもの経験世界に即した支援のためには、子どもが行き来する複数の経験世界を捉え、柔軟に働きかけを切り替えて支援し続けることが必要だろう。

本章では、視線触発という概念を手がかりにして教室で偶然に起こる出来事の意味を捉えてきたが、もし他の教室の他の児童を観察したならば、信也とは異なった変容過程を捉えられたかもしれない。このように、子どもの経験世界に即した支援を考えるには、日々変化する状況の中で、即興的に経験構造を見立て、その変容を機敏に察知することが求められる。それと同時に、状況や場面の中で即興的につくりだされていく支援のあり方を探求していくことも必要になるだろう。

5 子どもに即した支援の意義

河本英夫は、ブランケンブルクがハイデガーのいう「代理するような気遣い」と「手本を示すような気遣い」の違いを指摘していることを受けて、それぞれを次のように説明している（河本 一九九八、一二頁）。代理するような気遣いは、「他者に尽力してはいるが、他者から気遣いを奪い、他者を依存的な支配を受ける人にしてしまうような気遣いであって、さらにこの支配そのものが隠されてしまう」気遣いである。それに対して、手本を示すような気遣いは、「他者を助けて、他者がみずからの気遣いのうちにあることを見透し、みずからの気遣いに向かって自由になるようにさせる開放的な気遣い」である。われわれが相手を支援するという場合、相手のためを思って先取りして動いたり、相手の手足のごとく道具的に動いたりして、結局、相手の関心や配慮を顧みないことがある。相手のためを思って尽力するが、それが相手を依存させてしまい、結果、相手を支配してしまうような支援になることがある。それに対して、滞っている相手の経験世界に関心を向け、その関心に即してその滞りを解放するような支援もあるだろう。

以上のことから、療育的な環境をつくるかかわりが重要である一方、そのような場になっているところを敏感に察知して意味づけ、次の働きかけに活かす支援にも意味があると言える。このような構えは、専門家主導による支援においても必要となる。

子どもは周囲との相互作用によって新たな出来事に遭遇し、その中で新しい自己を形成している。そしてその自己形成の一端を担っているのは周囲の人々である。そこで最後に、そのような自己形成のプロセスに参入しながら支援することがどのような意味において可能なのかについて考えておこう。

6　即興的な支援でなされていること

実践場面におけるそのつどの即興的な支援によって、児童の変容を促すことはどのようにして可能なのだろうか。そのことを木村敏による主体形成の論に依拠して考えることとしよう。

木村敏は、主体形成を分析するにあたって、有機体、主体、客体をまず区別する。そして、「主体としての有機体が客体としての環境と出会うのではない」と説明する。つづけて「有機体が環境と出会っているかぎり、その出会いの中で主体が成立している」とも指摘している(木村 一九八八、一四頁)。どのような意味だろうか。

一般にわれわれは、主体としての有機体(私)が、客体(たとえば花)を知覚してきれいだと認識すると考えるし、主体としての有機体(私)が、客体(たとえば子ども)を見て元気がいいと判断すると考える。つまり、まず先に主体としての有機体があり、それが認識対象である客体と出会い、その客体を主体的に判断したり評価したりすると考えている。しかし、木村は、有機体と環境(客体)と主体の関係はそのようなものではなく、有機体が環境(客体)と出会っているかぎりにおいて、その出会いの中でそのつど主体が成立すると言う。このことについて、先の私が花を見てきれいだと認識するということから考えてみよう。

春の暖かな休日、近所の公園を散歩していると、花壇に花が咲いているのが目に入り、きれいだなと思う。このとき、有機体としての私が花を見てきれいだと認識するのではなく、有機体としての私が環境(花)と出会うことによって、結果として「きれいだなと感じる主体」が形成されるという。有機体としての私と環境との出会いに応じてそのつど、主体としての私が形成されるということであり、主体形成は「そのつど性」とでも呼べる性質をもつ。たとえば、このあとすぐ、向こう側に野犬が二匹うろついているのを見たとすると、「怖いと感じる主体」が形成される。われわれはそのようにして立ち上がってしまった主体を引き受け、対応せねばならない。そのとき、先の「きれいだなと感じる主体」は消滅しているのである。つまり、「この出会いがなにかの事情で壊れると、そこで主体も消滅することになる。しかし有機体が生きているかぎり、主体が永続的に消滅することはありえない。ある一つの出会いが途切れても、そこには必ず新しい別の出会いが生じていて、新しい主体が誕生しているからである」（木村 一九八八、一四頁）。

花との出会いによってきれいだと感じていた主体から、野犬との出会いによって怖いと感じる主体が誕生し、そのとき、きれいだと感じていた主体は消滅している。われわれは環境（客体）との出会いの中で誕生している主体を引き受け、それになんとか対応しようとしているのである。主体は有機体と環境との出会い方に応じてそのつど成立するものであり、主体があらかじめ先にあるわけではない。「相手が変わり、出会いの様相が変わるごとに、つまり人間関係に転機が訪れるごとに、個人はそのつど新たな出会いを樹立して、主体を維持する」のであり、「主体とは確実な所有物ではなく、それを所有するためにはそれを絶えず獲得しつづけなくてはならないものである」というのが木村の説明である（木村 一九八八、一五、一八頁）。主体形成は、環境との出会いに応じて転機が訪れる、新鮮でもろいものなのであり、変化や柔軟性に富んでいると言える。

それぞれの子どもは教室という同じ環境と相互作用しているが、その環境のどのような次元で相互作用しているかによって、創出されている主体は質的に異なっている。実際、環境と相互作用する中で、そのつど、その子らしい主体が成立しているように見えることは少なくない。子どもの経験世界に即して子どもを理解し支援するということは、環境と相互作用することによってそのつど成立している主体の最先端に加わり、そこで新たな主体が形成されている様を敏感に察知しつつ、その場で出来事を解釈したり、行動の仕方を教えたりしながら、新たな主体を獲得できるように支援することだと言い換えられるだろう。その場合、援助者はみずからを子どもにとっての環境と位置づけ、自分との出会い方によって子どもは新たな主体を獲得することをふまえ、そこでの出来事の中で省察しつつ介入することが求められる。また、そのつど獲得している主体へのジョイニングという構えが必要になってくる。

ジョイニング（joining）とは、家族療法で用いられる関係づくりの技法であり、スクールカウンセラーが組織の中に仲間入りするときなども用いられる（吉川編 一九九九）。これは、個人を対象にして用いる技法ではないが、多様な環境と相互作用し、そのつど成立している主体にかかわる際に、参考になる。

ジョイニングは、トラッキング、調整、模倣の三技法で説明される（野末 一九九九）。トラッキングは追跡や伴走と翻訳されるが、これは「家族が走る横を決して先回りせず若干遅れるくらいの位置について走ることを意味する」。調整は、「仲間入りさせてもらう家族を意識して、自分自身のありようを微妙に変えることを意味する」。相手の側を変えるのではなく、かかわる自分のほうを変えていくのである。模倣は、「言葉遣いや声のトーン、ピッチといった具体的な部分で家族を真似て、身体レベルで波長合わせをすること」であるとされている（以上、中釜 二〇〇八、二九－三〇頁）。これまでの支援は、治療者が患者を変えようとして、患者の話を解釈したり、プログラムを作成したり、環境調整をおこなったりしてきた。それは、変化するのは患者側だという暗黙の前提を置いていたと言えるだろう。しかし、ジョイニングは、相手の相互作用の仕方に滑り込むために、まずはみずからを変えることからはじめる。子どもが走る横を先回りせず若干遅れるくらいの位置について走り、相手を変えるのではなくまずは自分のほうを変えてみて、相手に「波長合わせ（チューニング）」をする。本書の文脈に即して言い換えるならば、子どもの経験世界にジョイニングするように、そして子どもを取り巻くシステムにジョイニングするために、みずからを変えてスムーズな相互作用を形成し、そこで生起する出来事の意味を捉えなおしながら、最適な支援を模索することになるだろう。

このような即興的な支援は、計画的に進むわけでなく、結果の予測も困難となる。しかし、日常の中で瞬間、瞬間に産出される出来事やコミュニケーションを新たな観点から捉えなおし、支援の意義を発見するものにもなるはずだ。そのつど生み出される出来事の中から子どもを理解し、それを支援に活かす活動として、次章では、スクールカウンセラーとしておこなった取り組みについて検討することとしよう。

第7章　多様なシステムにかかわる巡回相談

1　巡回相談としてのスクールカウンセリング

小学校でのスクールカウンセリング活動（以下、SC活動）は、中学校に比べて勤務日数が少なく、月に一度ということもまれではない。そのため、小学校でのSC活動では、継続的な面接よりもコンサルテーション活動が中心になることが多い。

月に一度の学校訪問とはいえ、コンサルテーションの機会が定期的に組まれていると考えるならば、小学校でのSC活動は巡回相談（itinerant consultation）と位置づけられる。橋本朋広は、月に一度の巡回相談を実施する中で、学校や保護者は継続的に問題を考えるよりも、一回の面接で有効なアドバイスをもらいたいというニーズが強くなる傾向を指摘している（橋本 一九九九）。巡回相談を有効に実施するための方法として浜谷直人は、援助対象となる子どもの日常場面を観察したうえで、コンサルタントなりのアセスメントを実施し、それをコンサルティとともに検討しながら対応を協議するモデルを提出している（浜谷 二〇〇八）。教師は、自分たちとは異なる専門的な視点から子どもを見立て、その見立てを提供してほしいとスクールカウンセラー（以下、SC）に望んでいるため（伊藤 二〇〇〇）、子どもの日常を観察したうえでコンサルタントがアセスメントをおこない、コンサルテーションを実施する戦略は、小学校がSCに求めるニーズに合致すると思われる。有効なコンサルテーションを遂行するコンサルタントの能力は、コンサルティがどれだけ情報をうまく提供できるかにかかっているという見解もあるため（Conoley et al. 1992）、一回のコンサルテーションの機会を有効に活用するためには、まずはコンサルタントが積極的に情報収集をおこなうことが得策になる場合もあるだろう。

本章で取り上げる事例は、SCが子どもの日常場面を観察したうえで、子どものみならず保護者や教師といった問題を取り巻く人々に関与できるのが小学校での巡回相談の特徴と考え、その機会を最大限に活用しようと試みたものである。第1章で指摘したように、いわゆるコンサルテーションは、方法はさまざまだが、基本的にはコンサルティの子ども理解やかかわり方を検討することになる（山本 一九八六、光岡 一九九五、Dougherty 2009）。当然、これはコンサルティの得ているデータを材料としてコンサルテーションを進めていくというモデルである。しかし、本章は、学校側のニーズを汲み取りつつも、コンサルティのデータではなく、まずはコンサルタントのデータを叩き台として子ども理解を進めていこうとするものである。このようなSC活動を実施することがどのような効果をもたらすのかについて検討する。

以下、盗みの事例と発達障害が疑われていた事例の二事例を取り上げる。これらはともに小学校段階の相談として比較的多いものである。ここでは、それぞれの事例を取り巻くシステムに参入し、アセスメントを繰り返すというプロセスに焦点を絞って報告する。

2　事例1――盗みを主訴とする男児

事例1は、小二男児・航（仮名）の盗みについてである。航はコンビニでカードゲームを頻繁に盗み、学校でも他人の文房具を二回ほど盗んでいる。盗みやその言い訳に対して厳しく接したほうがよいのか、少し見守っておいたほうがよいのか、というのが担任の主訴である。

W小学校での活動方針と筆者の立場

これまでW小学校にはSCが配属されたことはなく、今回が初めての配置である。月に一度の訪問（年間八回の訪問）ということもあり、学校側はどのようにSCを活用してよいかわからないという状態であった。そこでSCである筆者は、年度初めの打ち合わせにおいて、活動の中心をコンサルテーションにすることを提案した。そのコンサルテーションでは、子どもの教室の様子を観察し、本人への面接、保護者面接などを実施したうえで、担任との面接に臨むという方法をとった。学校側は、保護者も困っている人が多いので、日常の子どもの様子を見たうえで保護者や担任に助言があるのはとても助かるとのことであった。コーディネーターである生徒指導担当教員には、筆者が学校を訪問するときまでに、授業観察、保護者面接、本人面接、担任とのコンサルテーションの設定をお願いすることとした。筆者は全校児童に紹介されることはなく、教室に入る場合は生徒指導主事などとともに入室し、そのときは「学校を見にきているお客様」といった紹介を受けていた。以下、ある一日の筆者の動きを時系列的に記述していく。

生徒指導担当教員との打ち合わせによる情報収集（一〇分）

学校を訪問するとすぐに、コーディネーターである生徒指導担当教員より、まずは航の授業の様子を見にいってほしいと依頼される。「航は二カ月ほど前から万引きを繰り返し、保護者も担任も困っている。きつく言っても繰り返され、どうすればいいのかわからないので、何かアドバイスがあればほしい」とのこと。母親も相談したいとのことで、放課後に母親面接も設定されていることが告げられた。

授業の観察（四〇分）

観察に行ったのは国語の授業。絵本をつくろうという単元。あらかじめ三つの場面が用意されており、これらの場面すべてを使いお話をつくるという内容。その三つの場面とは、（1）ウサギ、タヌキ、チョウの三匹が話し合っている場面、（2）三匹が橋の上から小川をのぞき込んでいる場面、（3）みんなで野原を走り回っている場面である（場面を並べる順序は自由）。多くの子どもたちは、「みんなが野原で遊んでいて、橋までやってきて川に魚がいるのを見てから、次に何をして遊ぶのかを話し合いました」など、絵のままに話をつくっている。航のストーリーは次のようなもの。①ウサギがタヌキに遊ぼうと言って、そこにチョウもやってきてみんなで遊ぼうと話しています。②三匹が橋の上から小川を見て、水を飲もうといって飲もうとしたら、急に水の流れが速くなって飲めませんでした。③そして、みんなで走ったりして競争しました。

②では水を飲もうとする場面をつくりながらも、わざわざ川の流れを速くして飲めなくするという、他の子にはない独特の展開。最後の場面では、のどが渇いたまますみんなで競争するという展開に筆者は息の詰まる感覚をおぼえる。

掲示物での表現

教室の後ろに最近書かれた作品（絵日記）が掲示されている。絵日記の内容は公民館での校外学習について。多くの子どもたちは、公民館の職員の人が子どもたちに話をしている場面を描き、航もその場面を描いている。航の描く描線はしっかりしており、輪郭もはっきりしている。笑顔の友だちや職員をたくさん描き、本棚や本などが丁寧に描かれている。色は線からはみだすことなくきれいに塗られ、日記部分の文字も読みやすい。ただし、航の絵だけにある表現として、すべての登場人物に「ありがとうございます」、「また来てください」といった吹き出しが見られる。他の子どもも同じような場面で同じような登場人物を描いているが、吹き出しをつけている子は三六人学級の中で航だけである。他の子どもたちもたくさんの人を描いているが、吹き出しまでは書いていないため、航においては交流の様子が強調されているように感じる。

航への面接（二〇分）

放課後、二〇分ほど航と話をする。放課後に何をして過ごすのかという話題になると、月曜日はプールに行き、その後塾に行くという。火曜日は習字があり、水曜日はダンスと英語の教室に通っているという。タイトなスケジュールを一週間分語るので、筆者は先ほどの授業観察で感じた息苦しさをふたたび感じていた。しかし、筆者がいくつかの質問をすると、航の話はつじつまが合わなくなっていった。この展開に反発するように航はすぐに話題を変え、父親の話をもちだす。父親は身長がとても高いバスケット選手で、家には父親がもらったトロフィーがたくさんあると自慢げに話しはじめる。そのことに筆者が感心したところで面接時間が終了した。話のつじつまが合わなくなった直後、航が力強い父親をもちだしたことによって、筆者は航に反発され、対抗されているように感じた。

母親面接（五〇分）

航の母親は、近くに住む航の祖母（母親にとって実母）とともに来談。祖母が中心となって話をする。母親は疲れきった表情で下を向き、目には涙を浮かべている。母親に話を向けると、自分はうつがひどく航にはかかわれないとしきりに訴える。その反面、周りの人に迷惑をかけている航を厳しくしつけなければならないと思い、きつく当たることも多いという。航が盗みをする理由について思い当たることはなく、その意味を考えるよりも、とにかくその問題行動をやめてさえくれればよいという。うつ状態に対して母親は、薬を飲むと眠くなり仕事ができないため、今は通院など何もしていないとのこと（以前は通院していた）。離婚したため経済的に苦しく自分が働かねばならない、祖父母に頼ることは申し訳ないのでできないと自分を追い込んでいく。そのような母親を祖母は心配している様子で、

「頼っていいのだ」と語りかけている。子育て、生活、経済状態など、次々と難題を語る母親の様子は、放課後の生活が圧迫されている航の表現と重なり、筆者は身動きのとれない息苦しさをここでも味わうこととなった。

　航との面接で語られたタイトなスケジュールや父親について尋ねたところ、それらはすべて航の空想であることが判明。母親によると、前夫から暴力があり、航も殴られることがたびたびあったため離婚しており、航が前夫を慕っているとは考えられないという。ただし、現在母親には結婚を考えている人がおり航もその人になついているが、その人は航が語るような人物ではない。航に対して筆者は、タイトなスケジュールを語ることから、母親の要求をしっかりと満たさねばならないと感じていること、筆者に反発するかのように唐突にもちだされた大きく力強い父親の空想から、自分の小ささや弱さあるいは母親の要求を満たせない負の自己を補償しているように感じた。

　筆者は、厳しく要求を突きつける一方で情緒的交流にとぼしい母親、結婚するかもしれない母親といったさまざまな母親の姿に対して、航が愛情飢餓状態にあり、それを盗みによって埋め合わせていると考えた。そのことを伝えると、母親は自分のことで精いっぱいであることと、厳しくしつけなければならないという思いから、たしかに航に対して冷たく当たっていると語る。しかし、厳しくしなければならないことを航はしているとも語り、どのように対応してよいかわからないという。筆者は厳しく要求を突きつけるのをやめ、航のできていることをほめること、抑うつ状態を手当てすることを目標として、母親の気持ちが楽になることが先決ではないかと、優先順位を確認しながら話を整理した。航に対しては、休まず学校に通っていて、勉強もそれなりにしているということで今はよしとする、という心持ちでよいのではないかと話し合った。祖母は「そうよね」と母親に語りかけ、母親も同意するようにうなずいていた。母親は、自分には抱え込みすぎる癖があると語り、これらのことを理解してくれた様子。授業での観察や面接から得られた航の印象を伝え、航は現実に圧迫されて、現実から顔をそむけたくなっているのではないかと解釈すると、母親は自分と航の状態がとても似ていると述べ、自分のことを治すことが航を治すことにもつながるのかもしれないという理解を示した。祖父母からの援助を受け入れるということで、祖母はほっとしたようであった。母親の状態や話の内容については担任に知らせてよいとの許可を得て、担任に伝えることとなった。

担任とのコンサルテーション（四五分）

担任（四〇代・女性）は、学級での航には友だちもおり、学力も悪くなく、それほど悩みがあるようにも見えないため、盗みや嘘の言い訳に対して、「叱るべきか見守るべきかの見分けがつかない」と言う。しかし、航には厳しく接してほしいと母親から求められ、かつ普段の様子から、航は話のわかる子という印象をもっていたため、厳しく接しようと思っていたとのこと。筆者は、観察などで得たアセスメントを提供し、管理や指導でも見守るのでもなく、積極的に声をかけて、頭をなでてやるなどの情緒的な交流をしてほしいと伝える。筆者の見立てや母親面接の内容を聞いた担任は、以前担任した子どもの中に、同じような境遇で盗みをしていた子どもがいたことを思い出し、そこでうまくいった、「だめはだめで通すけれど、みんなで声をかけてほめて、たっぷり愛情をあげる」ことを航にもしてみようと考え、その方向で対応してみるということになる。

表7−1　航にかかわるシステムへの筆者の活動

9 : 00–9 : 10　生徒指導主事との打ち合わせ
航の経過と概要説明。担任から教室参観の許可を得ていること，放課後に保護者面接と担任面接があることを知らされる。
2時間目　国語の授業参観
表現活動（ノート）　→　欲求が満たされない飢餓感
掲示物（絵日記）　→　能力の高さ，健康度の高さ，情緒的交流の不足
3時間目–15 : 20　他児童の授業参観，他の保護者面接
15 : 20–15 : 40（航との面接）
〈観察〉　〈見立て〉
放課後の生活　→　息のつけない圧迫感と空想による現実からの逃避
父親の語り　→　小ささや弱さの否認と補償
16 : 00–16 : 50（母親・祖母との面接）
〈コンサルテーション前〉　〈コンサルテーション後〉
つらい抑うつ　→　自分には抱え込みすぎる癖がある
離婚，休めない仕事，経済状況　→　自分のつらさと航のつらさが似ている
航への拒絶感と厳しい接し方　→　今は学校に行っているだけで良しとする
17 : 15–18 : 00（担任との面接）
〈コンサルテーション前〉　〈コンサルテーション後〉
航に厳しく接するべきか見守るべきか　→　航と似た境遇の子どもを想起することによる対応の明確化

その後について

一カ月後、航は担任に対して甘えることがふえ、担任の膝に乗るなどの身体接触を頻繁にするようになっていることが報告され、その二カ月後も問題行動はなく落ち着いていることが生徒指導担当教員から伝えられた。母親の表情と航へのかかわり方が柔らかくなったという報告もあったが、面接の四カ月後、母親の再婚に伴い航は転校することとなった。長期的なフォローはできずにいたが、転校先からW小学校に盗みなどの問題行動が報告されることはないとのことである。

筆者の介入によって、航のかか

わるシステムがどのように変化したかをまとめると、図7－1、図7－2のようになるだろう。図7－1は介入前の航を取り巻くシステム、図7－2は筆者による介入後の変化を示している。表7－1は以上の経過を時系列に沿ってまとめたものである。

図7－1で示したように、介入前の航については、盗みと嘘の言い訳という事実面からの理解しかなされず、その事実の背後にある行動の意味を推測する試みはほとんどなされてなかった。問題行動を起こすことによって、航側から母親や担任に向かってメッセージが投げかけられていたと考えられるが、その意図を捉えることができなかったため、航側から発せられる矢印がないのが特徴である。図7－2にあるように、筆者の観察と面接は、航の内面を推測し、そこから考えられることを提供することによって、この問題に関係するシステムに影響を与えたことがうかがえるだろう。

3　事例2——発達障害を疑われた女児

事例2は発達障害かもしれないと考えられていた小二女児・初音（仮名）のものである。担任は初音をみんなと同じように授業を受けさせるためにはどうすればよいか、という主訴をもっていた。

Y小学校での活動方針と筆者の立場

Y小学校には年間八回（一ヵ月に一回）の訪問。学校からは、積極的に児童の様子を観察したうえで、教師や保護者のコンサルテーションをおこなってもらいたいというSCの活用方針が決まっていた。

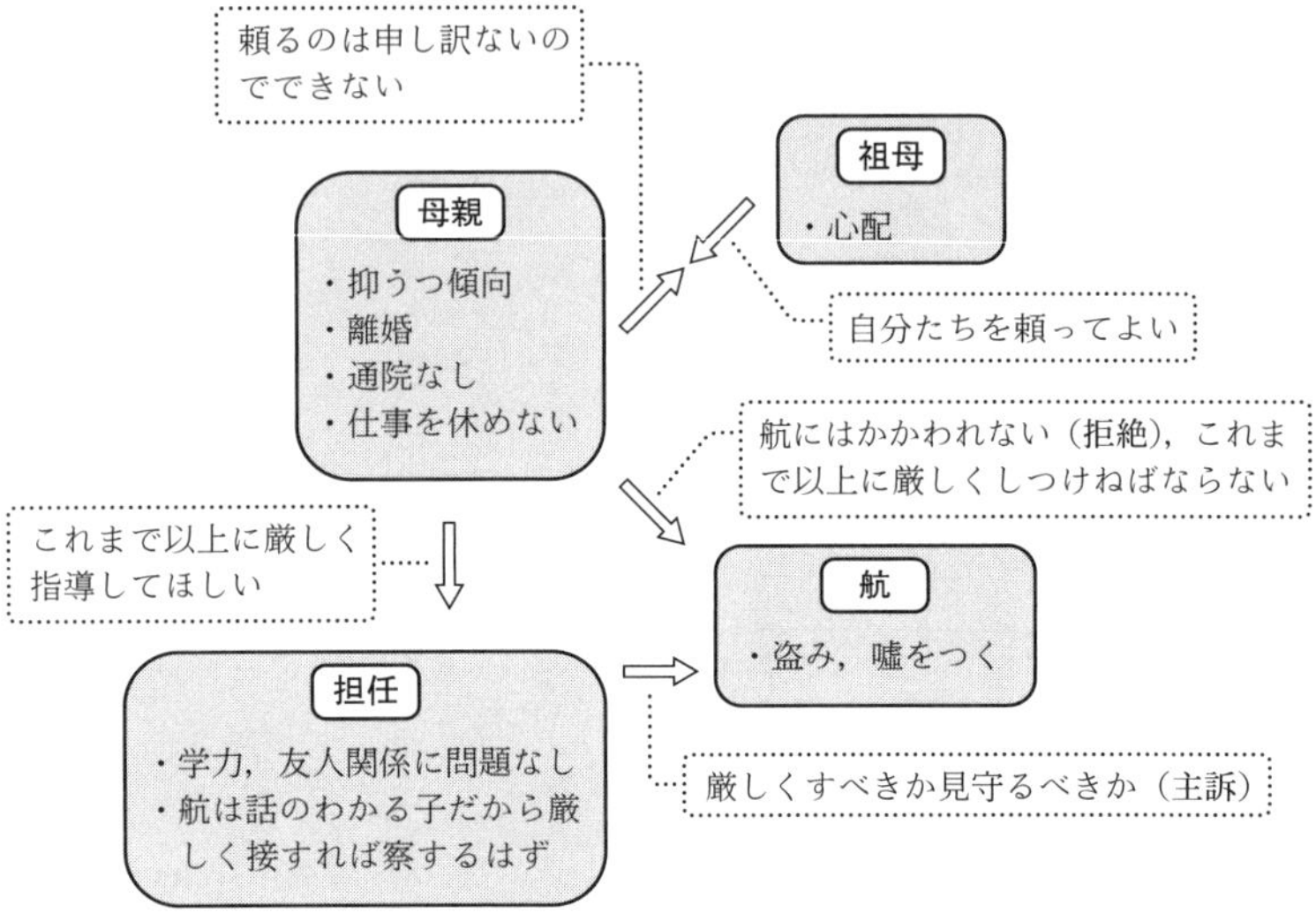

図7－1　航を取り巻くシステムの状態（筆者介入前）

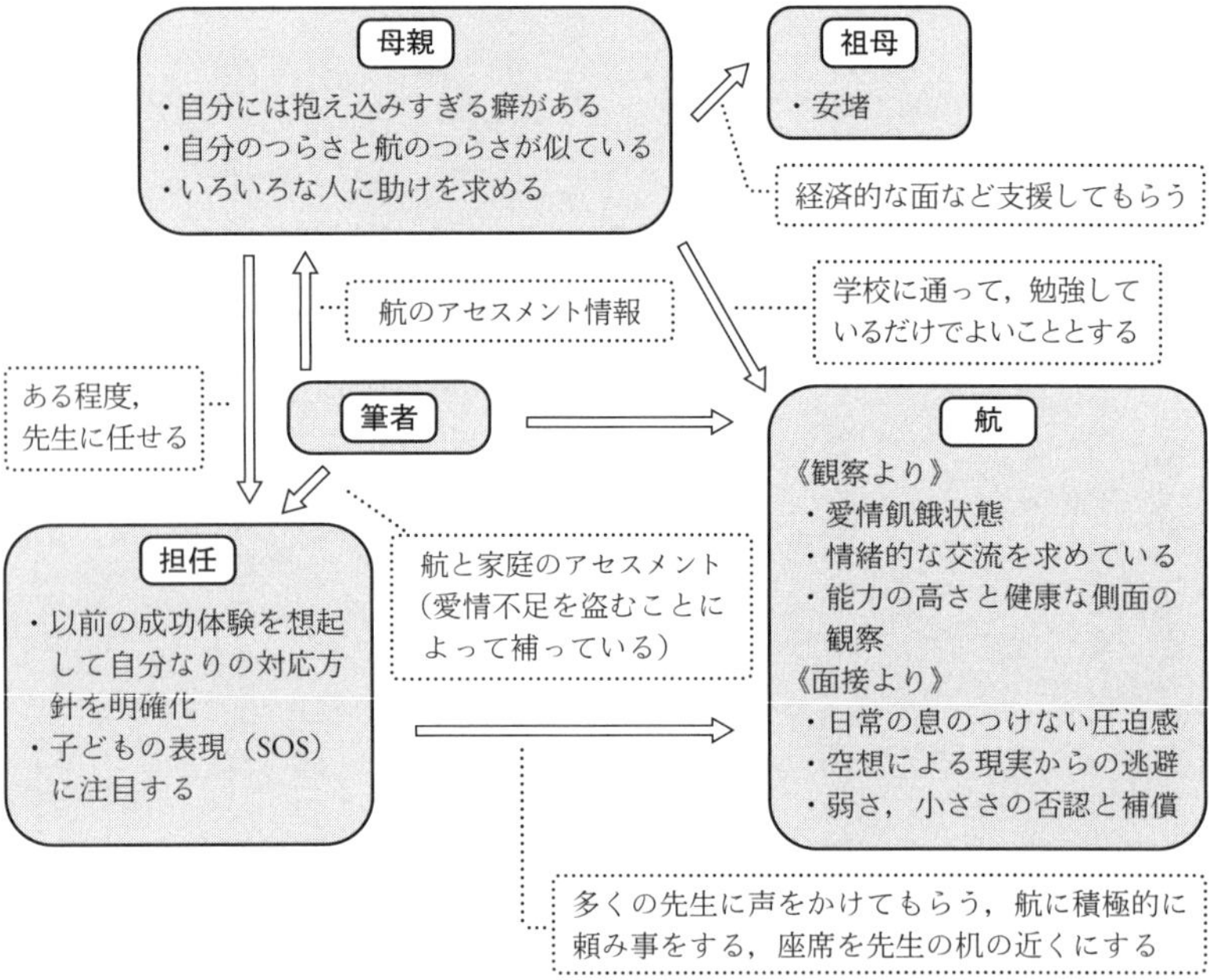

図7－2　航を取り巻くシステムの状態（筆者介入後）

コーディネートは生徒指導主事が担当することになっていた。筆者は先のW小学校の場合と同様、全校児童に紹介されることはなく、教室を参観するときは、生徒指導主事などに連れられてやってきた「お客様」という扱いであった。ここでも一日の筆者の活動を時系列的に記述していこう。

教室での観察

すぐにパニック状態になる初音がおり、学校側では発達障害ではないかと考えているが、まずは初音の様子を観察したうえでアドバイスをもらいたい、という要望を受け教室に向かう。初音の教室の前では、担任に注意され大粒の涙を流している初音が見える。初音はちょっとできないことがあると「いやだよ、できないよ、わからないよ」と言って担任にしがみつき泣き出してしまう。心理的に負荷がかかるとすぐに泣き出してしまっている様子だが、担任との言語的コミュニケーションはスムーズで、話す内容も文脈に沿っている。見知らぬ筆者に関心があるようでチラチラと観察している。しばらくして落ち着いた初音は教室に戻り、教室後方のロッカーに寄りかかったまま授業の様子をニコニコと傍観しはじめる。しかし、担任から授業に参加するよう促されると、イヤイヤと抵抗し、さらに強要されると泣き出してしまう。

三時間目はＡＬＴ（Assistant Language Teacher）による英語の授業。ＡＬＴは「友だち五人にハローと言ってください」と声をかけ、子どもたちはすぐに席を立ち、周りの友だちに声をかけはじめる。急に状況が変わったためか初音は怖がった様子で、すぐに担任の後ろに逃げ込むようにして耳を押さえている。担任からみんなと同じように活動しなさいと促されると「できないよう」と言って泣き出してしまう。その後、授業に参加できないため、筆者と校内を散歩することになる。この小学校には校舎が二棟あり、少々複雑なつくりとなっているが、初音はどこにどのような教室があるのかについて、最短距離で積極的に連れていってくれる。図書室に入る前、「ここで靴を脱いでね」と筆者に指示を出し、入室すると「静かにしてね。ほら、静かにって貼ってあるでしょ」とてきぱきと指示し主導権を握る。支配的な感じはせず、むしろ、こうすればいいんだよとやさしく教えてくれている感じ。図書室は誰もいない静かな空間で刺激が少ない。すぐに『ゲゲゲの鬼太郎』があるかどうかが話題となり、「先生はそっちを探して、私はこっちを探すから」とここでもてきぱきと指示を出す。その後、『ドラえもん』を探すときも、「先生はあっち、私はこっち」と境界線を引いてから開始する（このあと、他の場面でも二回ほど境界線を引く場面が見られた）。自分の領域と相手の領域を明確にしてからでないと、自分のペースで安心してことに当たれない様子。

四時間目は国語。国語の教科書には鉛筆でぐちゃぐちゃと書きなぐった跡がたくさんある。勉強が嫌だからこのようにしてしまったと初音は言う。鉛筆で書きなぐっているところを消しゴムで消しはじめたが、勢いよく消してしまうので紙が破れてしまう。それをセロハンテープで補修しはじめたが、どこにどのように貼ろうかといった計画性はなく、勢い任せにテープを貼っていくため、破れていない場所に何度も張ってしまう。一度貼った場所にさらに貼ってしまうということもある。一通り教科書の補修が終わってもなかなか教科書に目を向けず、すぐに集中力が切れて隣の子にちょっかいを出す。とくに書く作業をとても面倒くさがり、ほとんど書こうとしない。

筆者の見立て

自分と相手との間に明確な一線を引いて自分の領域を確保し、それによってようやく安心して作業に取りかかれる初音にとって、教室環境はめまぐるしく変化する場所であろう。そのため安心感をもてず、泣き出すことがパターン化している印象。英語の授業では、周りの子どもがいっせいにぱっと動くのを見て、慌てて担任の後ろに逃げ隠れた姿はそのことを強く印象づけた。泣くことで外界を遮断し、自分を守っているように思われる。散歩場面では、人が変わったようにてきぱきと指示を出し、自分の領域を脅かされない環境であれば能動的に動けることをうかがわせた。環境が整えば今以上の力を発揮すると思われる。読み書き能力や手先の不器用さなどが気になるため、対応を変えていくことも検討しなければならないだろう。図書室では静かにするといった社会的ルールに従おうとしており、環境が整えば穏やかに過ごすことができるのではないだろうか。

学年主任・担任とのコンサルテーション

放課後、学年主任・担任とのコンサルテーションをおこなう。初音が散歩中にはてきぱきと能動的に動いていたことを伝えると、それは担任との散歩でも同じであることが共有された。しかし、担任は「てきぱきときちんとできるのにやらない。できるはずなのにやらないのは怠けているのではないか」という理解に傾いているようであった。そのため担任の主訴は、初音をみんなと同じように勉強させるにはどのようにしたらよいか、というものであった。筆者は見立てを話し、すぐにできる対応として、課題の精選や初音の領域を確保するなどの環境調整を提案。この提案を受けて学年主任と担任は、みんなと同じようにさせようとしてきたが事態は改善されなかったため、これまでの対応を切り替えるという方針を校長に報告することを決めた。

学校側の説明によると、初音の保護者は学校に批判的で、担任が初音を守ってくれないと述べているとのこと。筆者は知能検査などによって初音の状態を把握することが必要であり、保護者との面接もセッティングしてほしい旨を伝える。知能検査によって初音の状態をよりよく知ることができそうであり、そのことについては母親面接の中で筆者のほうから打診してみて、了解を得られれば実施することにする。以上のことをその日のうちに校長に報告し、今後の方針が決定された。

その後の展開

翌月、Y小学校を訪問したときには、すでに対応は切り替えられていた。課題を減らすこと、席を他の子どもから離すこと、無理に参加させようとしないこと、時間を決めて図書室で過ごしてよいことなどがすでに数週間実施されており、教室から抜け出すことや泣くことは目立たなくなっていた。「対応の切り替えには効果があった」と校長と担任。母親面接で、母親は、一年生のときにはすぐに泣き出すことや教室から離れることはなく、二年生になってからはじまったため、担任が替わったことによってこれまでできていたことができなくなったと考えていることがわかった。家庭状況に大きな変化はない。知能検査については、初音のためになるならば実施してほしいということで、翌月に知能検査を実施。言葉の力が未発達のため、とくに国語では初音に合わせた課題をゆっくりとおこなうこと、空間認知がすぐれているため、視覚的に情報を提示したほうが初音にはわかりやすいことなどの結果を母親と担任に伝えた。このころには、教室で集中して学習に取り組んでいる姿も見られるようになってきていた。母親は学校側が対応を切り替えてくれたおかげで初音が穏やかに学校生活を送れるようになり、ありがたく思っている。

この事例は、図７－３（筆者介入前）、図７－４（筆者介入後）のようにまとめられるだろう。筆者の介入前、担任は自分との一対一場面ではできることの多い初音が、教室に入るとやろうとしないため、「やればできるはず」という思いをつのらせていた。一対一の場面ではできる、教室ではやらない、といったようにその行動面を強調した理解をしているのは、先の航の事例と同じである。筆者は初音とのかかわりの中で繰り返される自我境界の設定や、場面が変わることによって生まれる積極性など、その心理面の理解をおこない、担任と学年主任に伝えた。そして、そこでの話し合いの内容が校長に報告されることによって、対応の切り替えや保護者との話し合いが設定されるなど、初音にかかわるシステムが変わり、初音の行動は落ち着いていった。

４　巡回相談の効果を高める多次元への介入

ここまで、小学校でのＳＣ活動を月に一度の巡回相談と位置づけ、①教師や保護者へのコンサルテーションが中心になること、②子どもの日常生活を観察しながら情報を収集すること、③そこでの情報や見立てを教師や保護者へのコンサルテーションで提供し活用すること、の三点から特徴づけてき

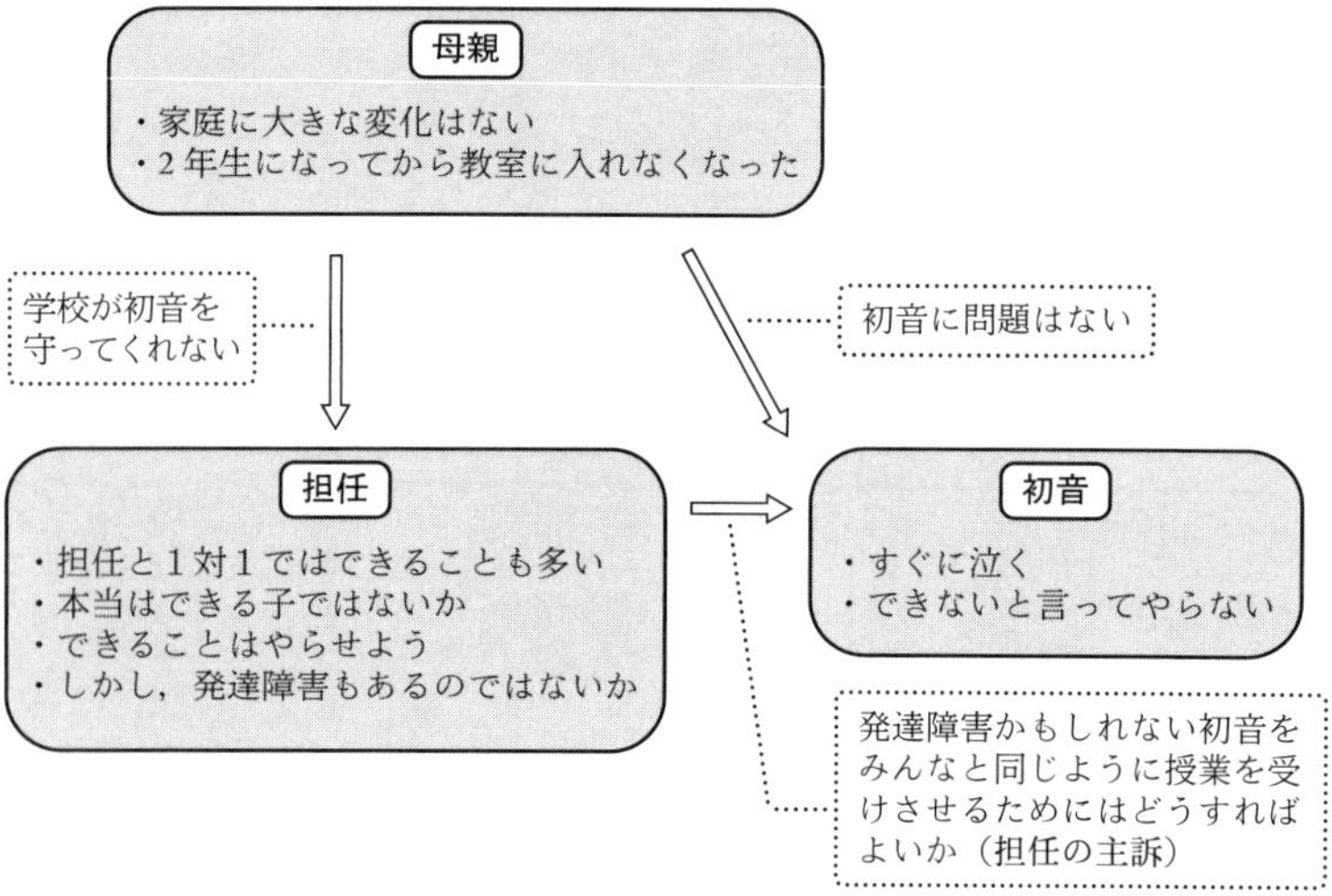

図7－3　初音を取り巻くシステムの状態（筆者介入前）

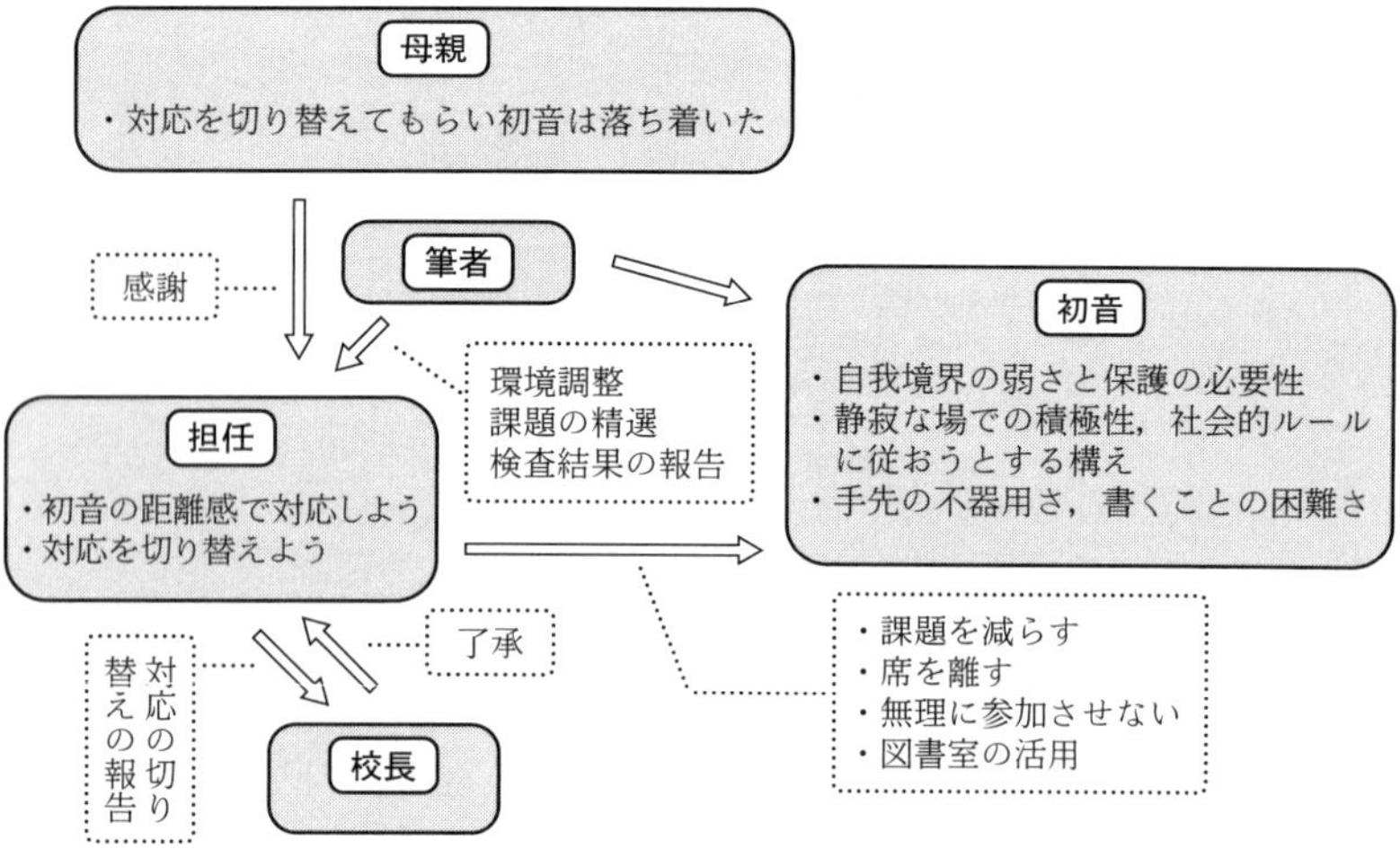

図7－4　初音を取り巻くシステムの状態（筆者介入後）

た。とくに、②から③に向かうプロセスが小学校での巡回相談の特徴と捉えているため、この部分を中心にして以下に考察を進める。

小学校における巡回相談の特徴

システムズ・コンサルテーション

小学校におけるSC活動では、中学校と比べて教室への参観を求められることが多い。ここには、教師の理解をSCに伝えてコンサルテーションをおこなうといった、SCの間接的理解にもとづくコンサルテーションではなく、子どもや保護者に直接かかわったうえで、SCの観点から問題を見立て、それを提供してほしいというニーズが読み取れる。したがって、小学校への速やかなジョイニングのためには、日常場面の観察を活かしたコンサルテーションを組み立てなければならない。

子どもの様子を観察したうえで、その保護者や学級担任にかかわることが可能であるため、小学校におけるコンサルテーションではシステムズ・コンサルテーションを展開できる。システムズ・コンサルテーションは、問題をとりまく構成要素やその関係に介入するために、問題にかかわるシステム内の関係やパターンを把握できるようなメタポジションに位置することを目指す。このポジションを得ることによって、コンサルタントはコンサルティがこだわっている関係だけに注目するのではなく、相談対象となっているシステム内の情報を自由に切り取ることができ、コンサルティとは異なる現実構成をおこなえるようになる（以上、吉川編 一九九九）。コミュニティでの問題は、誰が語るかによってその現実構成はさまざまなバリエーションをとりうるが、そのような中でSCもみずからの現実構成をおこない、それを提供しながらシステムの構成要素とかかわることによって、システムに作用することを目指す。それでは、何をどのように提供するのが有益なのだろうか。

システムに参入し有効に機能する戦略として、ミラノ派家族療法を実践するE・ゲルサーらは、問題にかかわる成員たちを円環的な方法で関連づけながら仮説を生成し、それを修正・検証しながら最後には肯定的意味づけを処方する展開が有効としている（Gelcer et al. 1990）。このとき、一セッションの中に休憩を入れ、肯定的意味づけや仮説の検討をおこない、それを家族に提供することで効果を高めるという工夫も凝らしている。このような戦略は、小学校への巡回相談型のコンサルテーションにも有効であると考えられる。たとえば、航の母親は、祖父母からの援助をかたくなに拒むことによってみずからを厳しく追い込み、航にも厳しく接することで現状の打破を試みてきた。しかしそれではうまくいかないために、今度は厳しい対応を担任にも要求しはじめていた。ここには、愛情不足→盗み→母親の厳しい対応→愛情不足という円環的な構造を認めることができる。初音の担任は、一対一の場面ではしっかりと活動できる初音を確認していたため、初音を授業に参加させようとやや強引に働きかけていた。この場合も、担任のやや強引な働きかけ→自我境界が脅かされることへのおびえ→泣くことによる境界設定→落ち着き→担任のやや強引な働きかけという円環的な構造を指摘できるだろう。また、肯定的な側面として、航においては、情緒的交流が満たされると従来の能力の高さが機能し盗みを抑制できるのではないか、初音においては、自我境界がおびやかされなければこれまで以上の能力を発揮できるのではないか、ということを伝えることができた。このような見立ては、観察と本人面接、本人面接と母親面接というふうにそれぞれに間隔が空き、筆者に熟考する時間があったため可能であり、これはゲルサーらの提案する休憩時間と同様の機能を果たしていたと考えられる。

コンサルテーションはしばしば、これまで対処していた方策が有効でなくなり、その後、さまざまな試みによっても改善が見られないというタイミングで求められる（山本 一九八六）。そのときのシステムは、硬直している一方、新たな方策を模索しているとも言えるため、変化可能性が高まっている状態とも捉えられる。そのような状態の中、問題を個人化するのではなく、さまざまな成員を含めて円環的に捉えることによって、硬直したシステムに作用でき、新しい子ども理解や新たな対応をつくりだすきっかけを提供することになるだろう。

日常場面の観察と情報の統合

システムズ・コンサルテーションでは、コンサルタントの現実構成が重要になる。とくに小学校のニーズをふまえるならば、子どもの活動や作品の中から子どもを理解するための臨床素材を見つけだして解釈し、本人面接や保護者などを通して確認や修正をおこないながら、見立てに活かすことになるだろう。このように多面的なアプローチをとると、さまざまな側面からの情報を得ることができる。しかし、多くの場合それらの情報は、それぞれの立場から見た問題であり、ある一側面を切り取ったものとなるため、情報を統合する作業はＳＣの重要な課題となる。

ＳＣによる情報の統合作業は、白紙状態からおこなわれるのではなく、子どもと出会う前からすでにはじまっている。航の場合、航に会う前からその主訴が盗みであることが知らされ、一定の方向づけを得ていた。一般に盗みが起きやすいのは、両親が弟や妹など他のきょうだいにかかりっきりになったとき、親の期待が高すぎるとき、ネグレクトや恐喝されているときなどが指摘されている（野村二〇〇三）。愛情と盗みのつながりについては亀口憲治が、愛情飢餓の補償作用としての盗みの事例を報告し、両者が通底していることを指摘している（亀口二〇〇〇）。初音の事例では、学校側は発達障害を疑っていたため、まずはコミュニケーションやこだわり、多動傾向などを観察対象とした。このように教室での直接観察は、その問題に対する「仮説的ストーリー」（熊倉二〇〇二）をあらかじめ想定でき、観察ポイントを頭に入れながら実施することが多い。クライアントの語りを聞いて、それを鵜呑みにするのではなく、自分なりに聞くことが必要と言われるように（土居一九九二）、SCの観察は、自分なりの仮説的ストーリーをもっておこなわれる。仮説的ストーリーによって過度にバイアスがかかったり、観察がゆがめられたりすることには注意を要するが、これをまったく想定しないで観察することも生産的とは言えないだろう。このように、ある程度のストーリーが想定されているので、それを具体的な現象をもとに点検し、修正しながら、ストーリーを豊かにするような観察が求められる。一回の観察や面接からある程度の理解を求められる場合、臨床素材の発見と解釈も基本的にこの線で進めていくことが妥当と考えられる。

このような直接の観察によって得た印象は、あくまでも仮説であり、その後の面接においてさらに修正し、新たな問いを立てることで、見立てはより明確になっていく。授業の観察や短い本人面接では、まったく遊びのない放課後の生活によって、航自身が圧迫されていることが表現されていた。そして、その背景には、親の厳しすぎる要求がありそうだという印象を強めるものとなった。つづく母親面接では、航に対する拒絶感と無力感が語られると同時に、厳しく育てねばならないとやや強迫的に迫っている様子が語られた。このことは、筆者が航に対してもっていた印象と合致する部分が多く、母親との関係に余裕や情緒的交流が必要と判断された。しかし、それを母親に提示できる状態ではなく、むしろ、母親の要求水準を下げてもらうこと、母親が援助要請できるようになることが先決であった。そこで、情緒的交流については担任の知恵を借りることとして、担任とのコンサルテーションでは、母親からの愛情を得られないことによる欲求不満を盗みで解消している、と伝えることに決めた。初音の場合、担任とのやりとりに自閉的傾向やＡＤＨＤなどの印象は受けず、筆者とのかかわりの中で「先生はあっち、私はこっち」と何度も繰り返すため、喫緊の課題はむしろ自我境界の問題が強いことであると判断した。自我境界の問題をクリアした後で学習に関する課題に取り組む必要を感じた。

航の担任は、授業中につくったストーリーや公民館の絵日記で強調される交流についての筆者の解釈について、同じ場面でも自分は文章や文字の良し悪しを判断するような評価的な見方しかしてなかった、筆者の見方をすると子どもがＳＯＳを出していることがよくわかったと述べ、子どもの表現していることを多方面から捉えていくようにしたいと話していた。初音の担任の場合、発達障害かもしれないという思いがありつつも、担任と一対一の場合ではしっかりと行動できるため、初音はきちんとしようと思えばできるはずだと、その能力を認め肯定的な気持ちで働きかけていた。しかし、筆者によって他者との境界を必要としているという理解が提供されることによって、初音の距離感に合わせて対応したほうができることもふえていくかもしれないという新たな理解の枠組みを得た。

以上のように、学校の中で子どもたちはさまざまな自己表出をしているが、そこから子どもの状態を推測し、継続的にデータを収集するということは、学校の中では必ずしもなされていない。この領域にSCが参入し、保護者や教師など多方面にかかわりながら情報を得て、それを統合する作業は、結果的に子どもを取り巻くシステムに対して積極的に働きかけることにもなる。保育分野の巡回相談モデルでは、心理的側面に焦点を当てた仮説については触れられていないが、SCの活動では、その部分に関与することが必要となる。そして、多様な情報を統合する試みが、見立てと働きかけを同時に進め、そのことが巡回相談の効果を高めると考えられる。

巡回相談の効果を高める準備性

シングルセッションが有効に作用するためには、現状を変えたい、そのために動きたいというクライアント側のレディネス（readiness）が重要になる（Talmon 1990）。そのため、SCの巡回相談の効果は、SCを受け入れる環境側のネットワーキングの力に大きく依存している。学校側が、SCの巡回に合わせて、授業観察や本人面接、保護者面接を設定し、担任とのコンサルテーションをコーディネートできるということは、それ以前から家庭や教師間で問題が共有され、連携しながら方策を講じてきた経過をうかがわせる。

学校側のコーディネートや保護者と教師の連携など、システム内にすでに生じている動きに積極的に乗っていき、悪循環を見定め、良循環への変化可能性を高く見積もって変化を引き起こしていく活動は、クライアントシステムへの介入を目指すSCの役回りとなる（中釜 二〇一〇）。SCの介入前からおこなわれてきたそのようなネットワーキングの努力が前提となり、さらに変化の可能性が高まった条件のもとで初めて、SCのささやかな巡回相談が「外の目」として新たな視点を提供しうる。このように、学校がおこなうネットワーキングに支えられて、巡回相談は有効に機能する。したがって、SCの巡回相談が機能するためには、年度初めに保護者面接、本人面接、観察場面などをコーディネートするよう学校側に依頼しておく必要がある。小学校では、連絡帳や家庭訪問、電話や面接などを通して、家庭と担任の情報交換が頻繁になされている。そのネットワーク上に巡回相談が作用するイメージで、小学校での巡回相談を捉えることができるだろう。

主訴をもとにして、仮説的ストーリーを参照しつつ、さまざまな個人、場面、システムに関与し、そこから得られる見立てが、子どもを取り巻く人々に作用するとき、小学校でのSC活動は大きな効果を得るのではないだろうか。多面的援助アプローチを提唱する田嶌誠一は、スクールカウンセリングでは「動く→(反応を見る)→見立てる→動く」ことにより、「ネットワークの見立て・心理アセスメント(心理診断)」と「ネットワーキングによる援助のための働きかけ」とが「同時進行」すると指摘している(田嶌 二〇〇九)。この姿勢が既存のネットワークを柔軟にし、さらには活性化するだろう。

以上のようなコンサルテーションを繰り返していくと、その動きが他の教師の目にも入り、SCに対するニーズは加速度的に増し、さらに連携を生み出しやすくなっていく。また、SCの巡回が定期的に組まれることによって、教師は保護者に積極的にアプローチして、保護者とSCをつなげやすくなるようである。月に一度の巡回相談でできることは限られている。しかし、システム内での多面的なかかわりによって、見立てと働きかけを同時進行でおこなうことが、小学校でのSC活動の成果を最大限に高めるだろう。

第Ⅱ部では、発達障害を疑われた子どもたちの小学校における学校生活について詳細に検討してきた。それによって、教師－児童関係の安定には上位システムからの支援が不可欠であること、児童と環境との相互作用によって形成される出来事の中には、治療的作用や経験世界の変容を見立てることができること、したがって、心理臨床の視座から教室での出来事を観察しそれを相談活動に活かせることを明らかにしてきた。そして、小学校では中学校と比べて学級担任との関係が強く、担任と保護者の連携も密なので、それらの相互作用に参入しながら支援することが、小学校でのSC活動の効果を高めることを指摘した。

次の第Ⅲ部では、教科担任制をとる中学校における支援を検討しよう。

Ⅲ　中学校における学校不適応的生徒の学校生活とその支援

第8章　学校におけるエンパワーメントとディスエンパワーメント

1　学校におけるエンパワーメント

中学校は教科担任制であり、部活動顧問との関係も重要になるなど、小学校とは違い複数人での対応が一般的となる。スクールカウンセラーも全校に配置されているため、教師の支援だけでなく、他職種の人と協力し、チームとなって支援することも求められる。また、一般に中学校は小学校と比べて規模が大きくなり、生徒の個性の幅も大きくなっていくため、制服や校則で示されているように全生徒を統率する力が小学校に比べて強く作用している。そこで、第Ⅲ部では、中学校における支援を検討するにあたり、中学校という場の中で成長するということや、不適応になるということがどのように生起しているのか（第8章）、中学校という場の中でチーム援助をすることやチームが壊れることの意味について（第9章）、そして、中学校という場の中の相談室の意味（第10章）を明らかにしたいと考えている。

なお、第Ⅲ部におけるフィールドワークは、一九九〇年代後半から二〇〇〇年代前半にかけておこなったものである。当時と現在とでは、特別支援教育の充実の点では異なっているが、中学校という場の力や取り上げた事例、教師の介入方法などは、現在においても随所で見られるものであり、大きな変化はない。中学校における不適応的問題を対象としたフィールドワークもいまだ少ないことから、ここで紹介する意義は大きいと考えている。

まず第8章では、学校というコミュニティに埋め込まれている力、つまり生徒の成長を誘発する場の力を明らかにしつつ、その力との関係において生起する生徒のエンパワーメント（empowerment）とディスエンパワーメント（disempowerment）について検討する。一口に学校といっても、個々の学校はその規模や人数、歴史や伝統、また地域的特性などによって、それぞれ独自の文化を有するものである。そこで学ぶ生徒はその学校文化に影響され、また、学校文化をみずからのものとすることにより成長していく。もちろん、そこには教師の働きかけがあることは言うまでもない。

しかし一方では、そのような学校文化になじめず、不適応をきたして無力化されていく生徒もいる。彼らは登校はするものの、次第に保健室登校や相談室登校になり、場合によっては不登校になることもある。そのような場合、無力化されるのは生徒だけでない。現実には、教師の働きかけもが無力化されていくのである。筆者はある公立G中学校（以下、G中）において約二年間の参与観察をおこない、その後は別の公立中学校で心の教室相談員やスクールカウンセラーとしてカウンセリングを担当し、生徒の成長の様子や不適応が生まれる過程に付き添ってきた。そして、この過程においてディスエンパワーメントされていく生徒とエンパワーメントされていく生徒との間には、学校に埋め込まれているある種の力（power）をいかに自己の文脈から統制できるかという点において、差異のあることを見いだした。そこで本章では、参与観察において得たデータをもとに、学校環境に埋め込まれた力を描写しながら、その力との関係で個人のエンパワーメントとディスエンパワーメントについて検討を進めていく。

なお、本章は、G市という地域の一中学校における事例研究という特殊性はあるものの、学校環境に埋めこまれているある種の力と、それをいかに我がものとしていくかというエンパワーのプロセスに焦点を当てている。その視点は多くの学校において有用と考える。

2　ナラティブの観察

ナラティブ・アプローチという方法論

学校での出来事は、生徒や教師たちの繰り広げる複雑な相互作用のもとに展開しているだけでなく、教育制度や学校文化とも影響し合いながら生じている。コミュニティ心理学の領域では、エンパワーと関連づけながらこれらの相互作用を捉える方法論として、ナラティブ・アプローチ（narrative approach）が求められている（三島 一九九七、Rappaport 1995）。

エンパワーメントとは、経済的貧困やジェンダー問題などといった社会的差別によって、みずからをコントロールする力を奪われた人々が、そのコントロールを取り戻すプロセスを意味する（久木田 一九九八）。J・ラパポートによると、このエンパワーとナラティブとが関連するのは、エンパワーのプロセスに伴って、自己の現状をネガティブに語るディスエンパワーの物語から、自己の現状をよりポジティブに語るエンパワーの物語へと新しい語りを獲得するプロセスが伴っているからである(Rappaport 1995)。エンパワーメントは、これまでとは違う視点からこれまで語られなかったストーリーを発見し、自己の現状をよりポジティブに語る力を得るプロセスと言うこともできるだろう。

ナラティブ・アプローチは、みずからの経験をいかに周囲の出来事とかかわらせながら組織化し意味づけるのかについて、人々の語るストーリーや記述するストーリーに注目することによって捉えようとする(White & Epston 1990, McNamee & Gergen 1992, Gergen 1999)。つまり、ナラティブ・アプローチでは、出来事を自分に説明する仕方としての、経験のストーリー化を問題とする。経験は、他者や出来事、自分、過去や未来などと相互作用することにより、たえず構成されてストーリーとなる。そして次の経験は、そのストーリーを出発点として組織化されていく。ただし、ストーリーは、他者との相互作用によって組み替えられ、新たに異なった視点から語りなおされる可能性もあり、それは、現実の意味づけが変わり、出来事の認知の仕方が変わるということである。つまり、現実に対してこれまでとは異なった仕方で対応しえる手がかりや力を獲得すること(エンパワーメント)だと言えるだろう。この過程とは反対に、ストーリーを語りなおせず、自分の経験を新たなものとして認知できないために新たな力を獲得できず(ディスエンパワーメント)、無力化のストーリーが再生産されることもあるだろう。このように、エンパワーメントおよびディスエンパワーメントの過程は、ストーリーに注目することで捉えられる。このことをG中での出来事とそのときの人々の語りや記述に注目して明らかにしていこう。

対象校および筆者の立場

G中では、学校活動に筆者自身も参加しながら観察記録をつけるという、いわゆる参与観察を約二年間おこなった。

対象校のG中は、生徒数約八三〇名、学級数二一、教職員数五二名のG市内でもっとも大きな学校の一つである（当時）。G市内で戦後初めて創設されたもっとも古い中学校でもあり、「伝統ある名門校」として地域に知られている。たとえば、G中学区以外からもG中に入学させたいという保護者からの要望が毎年少なからずあったりする。学校は、市の中心街に近接した小高い一角にある。学区内には大きな駅を抱えており、商店街や繁華街があり、また、多くの官公庁の公務員住宅もある。校長によると、「G中にはどんな親でもいる」とのことで、保護者の職業や考え方にはかなりのバリエーションがある。さまざまな階層出身の生徒で構成されており、外国人の生徒もいる。

このG中での筆者の立場は、全校集会において「長期教育実習生」として紹介され、多くの生徒からは「先生の助手」として位置づけられていた。校長からはいつでも見たいところは見てよいと許可されており、授業もその教科担当教師の了解を得たうえで自由に観察できた。実際は、保健室登校の生徒や不登校気味の生徒が過ごす相談室での活動が多かったが、できるかぎり学校全体の動きに敏感であるよう努め、とくに行事への参加および教師や生徒との会話は積極的におこなっていた。

3　学校環境の生み出す文脈と文脈適合行動

動的な場である学校環境と、その環境内で生活する個人のストーリーを捉えるには、その環境における「文脈内存在人間（person-in-context）」（Orford 1992）、つまり、学校内の文脈に存在している人のストーリーに注目する必要がある。生徒や教師は、それぞれ相互に影響を与えながらストーリーを展開し、その学校の文化を体現しているからである。本書では、学校での文脈内存在人間を捉える枠組みとして、次の二つの側面からアプローチした。①学校という場には個人を支配し個人の行動に影響を与える強い力（支配力）が作用するという側面、②その支配力を生み出し個人を方向づける学校の流れ（主流）があるという側面である。以下にその詳細を検討していく。

支配力

クルト・レヴィンは、ある人のある場における行動を構成する基本的概念の一つとして、場を統御する「支配力（power）」を挙げ、ある人の行動の強さを意味する「力（force）」と区別している（Lewin 1951=1979, pp.52–53）。レヴィンのいう支配力とは、実在的に個人に影響する力、実際に効果をもつ力を意味する（Lewin 1936=1942, pp.33–53）。一方、力とは「変化への傾向の方向と強さを特徴づけるもの」とされる（Lewin 1951=1979, p.246）。この支配力と力の関係について、支配力は「諸力を誘発する可能性（possibility of inducing forces）」であり、力とその方向を誘発するとし、両者は別次元の作用とレヴィンは捉えている（Lewin 1951=1979, p.53）。

レヴィンの挙げている子どもの例で考えてみよう。たとえば、言うことを聞かない子どもに対して、母親が「おまわりさんが来ますよ」と言った場合、それが怖くて子どもが母親の言うことを聞くならば、子どもは自分が見て知っている警察官の力（power）に支配されていることとなる（Lewin 1936=1942, p.47）。この例でレヴィンは言及していないが、この場合の力（force）とはどのようなものだろうか。この場合の力（force）は、わがままを言っていた子どもが、警察官（power）をもちだされ、あわてて母親に従うように変化したときの力と考えられる。わがままを言っている子どもは、自分の要求を通したいという変化への傾向と強さ、つまり力（force）を備えているが、そこに警察官をもちだされることによって、「おまわりさんに連れていかれるのは嫌だ」、「お母さんの言うとおりにしよう」といった諸力（forces）が誘発されていると考えられるだろう。レヴィンはサンタクロースのような架空の人物であっても支配力（power）をもつとしている。

ここでは、このレヴィンの支配力と力の区別を援用して、学校環境が人々に及ぼす支配力を場の力と捉え、支配力下で個々人が誘発される力と区別する。環境と個人の相互作用を捉えるうえでは両者の力を区別したほうが、学校不適応的生徒の学校生活をより明確に把握しやすいと考えるためである。

支配力と力の違いを学校という場に当てはめてみよう。ある運動好きな生徒が体育の授業の時間になると、グラウンドのほうに強く飛び出すときの、個人の行動は力と捉える。一方、支配力は力とその方向を誘発するものであるから、前記の例でいえば、学校における「体育の授業」という支配力が、グラウンドのほうに飛び出す力を誘発し引き出しているということになる。この支配力は、生徒だけに及ぶものではない。教師も同時にその力に支配される。体育教師は体育の授業がはじまれば同じく校庭に出て、生徒に課題を教えなければならない。校庭に出てこない生徒がいれば、教師はその生徒を校庭に出すような働きかけをしなければならない。体育の授業という支配力によって、体育教師はまず生徒を授業に参加させるような働きかけを誘発される。体育が苦手で校庭に出たくない生徒は、体育の授業を拒絶したり回避したりする力を体育の授業という支配力により誘発される。ここで展開されるストーリーは、体育の授業に「ぜひ参加したい」、「絶対に参加したくない」、「何とか参加させたい」などさまざまだが、それらは支配力（power）により誘発された力（force）の一つの現れと捉えられる。

学校の主流

支配力には、諸力を誘発しある方向に差し向けるという性質が認められるが、それを学校の主流（mainstream）と呼ぶことができるだろう。そのような主流は、学校教育のカリキュラムの中にあらかじめ組み込まれている。樽木靖夫は、学級集団の発達に応じて学校行事が設定されていることを次のように説明する。五月には新しい学級や仲間に親しむ目的の旅行的行事があり、学級形成期の六月から九月にかけて学級の独自性や団結力の形成を目的とした球技大会、体育祭、合唱コンクールなどが続く。そして、学級の安定期・変革期には、生徒が創造的な活動をつくり、順位などの相対的な評価ではなく、生徒自身が活動を評価することを目的とした文化祭が設定されている（樽木 二〇一三、一九頁）。より短期的に見ても、学校には時間割に示されているように、朝の登校から授業、授業から休み時間、そして、給食、昼休み、掃除、放課後、部活動という一連のおもだった流れがあり、その流れによってそれぞれ「主流化された場面」(Allison 1999) が構成され、行動も規定される。つまり、そのとき何をすべきかという学校側の要請がはっきりと浮かび上がり場面を構成する。さらにそれが一週間続くという流れ、一学期から夏休み、夏休みから二学期へという学期ごとの流れ、一年生から二年生へという学年の流れなど、さまざまの流れがあらかじめ決定されている。年間計画や年間行事予定などはすでに四月当初には決定され、あるときに何をすべきかはおのずと定まっている。これを前述の支配力と関連づけて、主流がある支配力から次の支配力への流れを生み出していると言うこともできるだろう。

以下、G中の文脈を捉えるためにこの支配力の流れに注目し、支配力の流れと個人のストーリーとの関係性に焦点を当てながら、事例の検討を試みる。

4　G中に埋め込まれた支配力について

G中の主流においては、支配力が強まる教育活動の一つとして、二学期開始直後の体育祭が挙げられる。一般に中学校では、そのほかにも入学式や定期試験、文化祭、合唱コンクール、卒業式など、いくつかの大きな支配力を想定できるが、本事例で体育祭を取り上げる理由として、①G中においては体育祭がもっとも大きな行事として多くの教師や生徒から認められていること、②筆者が体育祭の準備期間中から本番当日まで毎日参与観察できたこと、③ゆえに、観察記録、生徒や教師へのインタビュー、体育祭終了後の生徒の作文など、資料を豊富に集めることができたこと、の三点が挙げられる。そのためここでは、体育祭のケースを一例として、学校の文脈に埋め込まれている支配力と生徒の適合行動を見ていこう。

G中では、二学期の始業式が終了すると、すぐに体育祭の練習がはじまる。本番は一週間後であるため、練習期間は一週間である。この間、授業は一時間もなく、夢中で練習に励むこととなる。普段、生徒は制服で登校するが、この期間中は登校時からすでに体育着である。教務主任は、この体育祭の開始時期が生徒を育てる大きなポイントだとして次のように言う。

〔最近では六月に体育祭をするところがふえてきているが〕六月にやると学校としてはとても〔学校運営上〕楽なんですよ。三年生といったって二年生みたいなものだし、二年生は一年生みたいなものですから。でも、一学期間をかけて三年生には三年生の自覚、最高学年であるという自覚をもって全校を引っ張るという気持ちで臨んでもらいたいのでこの時期に開催するのです。

体育祭は各学年がそれぞれ「自覚」をもっておこない、とくに三年生には「全校を引っ張る気持ちで」臨んでもらいたいという。三年生には、下級生たちの手本となり、下級生たちをまとめることが望まれている。また、体育祭の全体を取り仕切る体育主任かつ二学年の学年主任でもある教諭は、朝の職員朝礼で次のように述べた。

夏休みが終わっていよいよ二学期。ここでクラスを一つにして、二学期を引っ張っていくのが必要でしょう。

これと同様の発言は複数の教員から聞いている。クラスを一つにして長い二学期を引っ張るという思惑が教師の側にはあり、そのために「クラスを一つにすること」が重要視され、また上級生には「自覚を持って下級生の手本となること」が要請される。

ただし、このような思惑を教師がもてるのは、その思惑を実行しうる基盤ができているからであり、それを可能とするシステムが維持されているからだと言える。そのシステムの一つとして、応援団活動が挙げられる。応援団員たちは体育祭の応援を主導し盛り上げ、体育祭の成功を導くようにと教師および生徒双方から期待され要請されている。したがって、誰が応援団の総団長になるのかということは教師および生徒の大きな関心事になる。総団長は三人選ばれ、それぞれ自分の団員約二八〇名をまとめあげる力がなければならない。そのため総団長に選ばれる生徒は、体育祭直前になって立候補したり推薦されて決まるのではなく、一、二年生のときから応援団で努力してきたり、部活動壮行会での応援を担当してきたという実績を積んできたり、人柄の良さ、人気の高さなどを買われたりして総団長となる。これは他の応援団員たちも同様である。このことは、教師たちが数年かけて、総団長に限らず、学年のリーダーたちを一、二年生のころから育ててきていることが背景になっている。

このほかにも、男子生徒の花形種目である組体操の練習では、壇上の教師が一人指示を出すだけであり、他の教師たちは手を出したり教えたりすることはほとんどなく、補助につく程度である。下級生たちを教えるのは三年生であるという形ができている。当然、体育祭初体験の一年生は、三年生の教えを熱心に聞いており、教える側も熱がこもってくる。これは女子生徒の花形種目であるダンスの練習でも同様である。体育祭の本番が近づくにつれ、できない種目の練習、各クラスの旗づくりや飾り付け、各係の仕事や準備に追われ、教師、生徒とも夜遅くまで学校に残り仕事をする。夜が遅くなった場合は、教師が数名の生徒を引き連れて一緒に下校することもある。職員室では普段とは異なり、ほとんどの教員がジャージ姿であり、話題も体育祭関係がそのほとんどを占める。生徒の意外な一面や生徒の成長の様子、人間関係の変化や注意すべきことなどで話題は尽きない。

それでは、生徒たちの実際の声はどのようなものだろうか。練習している生徒たちに、G中の体育祭について尋ねてみると、「体育祭は盛り上がるから好き」、「体育祭は盛り上がらなきゃしょうがない」という意見がしばしば語られた。その詳細について、体育祭直後の作文や会話のいくつかを拾って検討してみよう。得られた作文は三年生の一学級分(四〇人弱)、二年生の一学級分(四〇人弱)であった。ここでは、それぞれの学年でもっとも多い内容を代表するような作文を紹介し、考察の対象とする。

〈作文1〉
「100m走でも、組体操でも、騎馬戦でも棒倒しでも、オレの力で成功させたり、勝ったりしてやるという気持ちがあった。こんなふうな気持ちはぼくだけでなくみんな持っていたのかもしれない」(三年男子)

〈作文2〉

「すごくおもしろかった。あんなに一つにまとまったのは、はじめてのような気がした。〔中略〕学校が一つにまとまった体育祭だったと思う。ああやって〝三本締め〟で終わったのは初めてだったし」〔三年女子〕

〈作文3〉

「団結力が高まったように感じられるから、すごくうれしい。個人の競技で1位をとるのと団体で1位をとるのでは、絶対団体競技の方がむずかしい。だから団結力が必要だ。その団結力の向上が私たちにプラスになった」〔三年女子〕

〈作文4〉

「嫌だなーめんどくせーと思って気分が悪かったです。ダンスも踊れなくていらついていました。日に日に放課後など練習していって、最後まで踊れるようになりました。〔中略〕去年と違う体育祭でした。でも一つだけいっしょの所がありました。それは三年生が涙を流したことです。三年生にとって最後の体育祭、いい思い出になったと思います。〔中略〕来年は応援団をやりたいです」〔二年女子〕

〈作文5〉

「ぼくはあまり、体育祭の日になってほしくありませんでした。何でかっていうと、ピラミッドが崩れたときのことを考えて、ぐだぐだ言われるのが嫌だなあと思ったから。〔中略〕男子も女子も最初は冷めていたけれど、中盤くらいになると、本気でやっている人がけっこういた。しかし、男子は、さっさと終わらして帰りてーよーなどと言っているのが多くいた。三年生を見ていると、本当に燃えて、競技に参加しているのに、二年生（男子）はそれに比べてふざけているのが多いなと思った」（二年生男子）

以上は、G中という共同体の中で、体育祭という支配力のもとで生み出された、それぞれの生徒の思いが、各人の文脈に即して語られたものである。作文の1〜3は、三年生による作文であるが、その書き出された内容は「盛り上がって一つになる、連帯する」というものであり、これは体育祭という支配力のもと、教師たちも誘発され生徒への働きかけを構成していた重要な要素であった。これらの作文において三年生たちは、自分たちが体育祭を成功させたという満足感のようなものを表している。次の作文4・5は二年生によって書かれたものである。三年生ほどの情熱は感じられないものの、作文4では、来年は応援団になりたいなど、G中の学校文化を体現するような指向性を表明している。作文5においては、支配力のもと団結に向かうというより、拡散する方向の他の二年生たちを批判的に眺めた内容である。方向性や強さは一人一人まちまちではあるが、いずれにしてもそれぞれの文脈で誘発された内容を語っていると言えるだろう。

作文というのは意識して書かれるわけだが、組体操のピラミッドに関する次の〈何気ない会話〉は、まさに何気なく、ごく自然と語り出されていたことである。

〈何気ない会話〉

A「俺ピラミッドの下だけど、重くて痛くて嫌だよ、お前はいいよな上で」

B「あー……。でも、上は下の人が痛くないようにとか考えたり、すばやく登らなくっちゃだから、けっこう大変なんだよ。変な乗り方すると下からどなられるし」

A「へー。どこでも苦労するってことだな。ま、完成させるためにがんばるか」

これは、たまたま筆者の近くを歩いていた生徒たちが交わしていた会話の一部である。組体操でピラミッドの土台を担う下の生徒（A）が、土台に乗る上の生徒（B）に不満を表しているところから場面ははじまる。体育祭の組体操という支配力のもとで生ずる自分の気持ちを、同じ支配力に影響されているもう一方に表明し、表明されたほうも上に乗る立場から同様に自分の経験していることやそこでの感情を表明している。それぞれ異なった文脈を生きているが、ともに体育祭の組体操に支配されていることにより、お互いの文脈を共有できもするのである。実際、土台の生徒は、これまで経験し感じていたことは自分だけのものでないことを悟り、不満の納めどころを見つけたようで、結局「完成させるためにがんばるか」という方向の解決策を見いだし、動きだそうとしていることがうかがえるだろう。

以上、G中の体育祭という支配力のもとでおこなわれている教育活動の一端について描写してきた。クラスを一つにまとめ連帯して、各学年の自覚をもたせて指導する、という方針が教師たちによって打ち出され実行されていることと、生徒の「体育祭は盛り上がるから好き」という思いが重なり一致していることが認められる。しかもそれは、G中における価値ある伝統として、本人たちだけでなく地域や保護者からも認められてきていることである。このようなことを可能にしている支配力が学校の流れの中に埋め込まれ維持されてきて、教師の指導を構成し、また生徒の成長を促進していると言えるのである。実際に、ある中堅女性教師は**「行事って、長くて高い階段をみんなで「いっせいのせ」でポーンと上がれてしまうことがあるんですよ。普段では一歩一歩遅々として進まないんですけど、行事によってポーンと上がれてしまうことがあるんですよ」**と話していた。

しかしながら、学校にはこのような主流が生み出す支配力に接近できない生徒たちがいる。みずからのエネルギーおよびその方向性をある一定の目標に誘発してくれる流れに導かれず、また接近もできない生徒たち、それが相談室や保健室登校の生徒たちである。これもそのときの事例を記述してみよう。

5　顧みられないストーリー

〈学校に登校できなくなる生徒〉

一学期から休むことなく相談室に登校していたある男子生徒がいた。長期不登校のため転校して

きた転入生だが、彼は転校してきて数日後にはG中でも教室に入ることができなくなった。しかし、相談室には欠席せず登校し、一学期が終わるころには、二学期の体育祭には参加したいと話していた。しかしながら、二学期がはじまり数日間は相談室に登校したが、その後登校できなくなってしまった。この生徒の担任教師によると「体育祭の練習に参加したいという思いやイメージがあったけど、現実には参加できない自分に直面してショックを受けたから」という理由である。

彼は、体育祭への参加を目標に一学期を終えた。そのときは、参加できるのではないかという期待のこもったストーリーを語っていたが、それは、他者と相互作用したり共有されたりを通して生み出されたものではなかった。自己のストーリーを他者と共有しつつ展開したものでなく、独断的なストーリーとなっていたものと思われる。

〈予行練習中の相談室〉

今日は一週間続けてきた練習の集大成と言うべき予行練習である。外ではノリのよい音楽が流れ、それに混じって生徒たちの応援の声や歌声、歓声が上がっている。その中で相談室での会話は次のようなものである。

A「昨日の中日－巨人戦見た？」

B「昨日は疲れて寝ちった。巨人が勝ったんだろ」

A「中日はピッチャーが悪かったからな……〔会話は続く〕」

彼らは外でおこなわれている予行練習には無関心で、いつものように昨日おこなわれたプロ野球の話をしていた。グラウンドでは九〇〇人弱の生徒や教師たちが歓声を上げ応援を繰り広げるというお祭り騒ぎの中、この空間だけは普段どおりであり、周囲から取り残されてしまった別世界のようである。筆者が彼らの一人にG中の体育祭とはどのようなものなのかと尋ねると、周りにいた生徒たちもいっせいに多くのことを筆者に教えてくれる。

A「あのね、一番すごいのは、先生の格好だよ。黄色組の先生は上から下まで全部黄色い服一色で登場するんだよ。緑組の先生は緑色で」

B「そうそう、あれって生徒より目立ってるよな。去年はおれは緑組だったけどO先生はガチャピンのぬいぐるみみたいの着ていたからな。あれはすごかった」

A「去年は何組が優勝したんだっけ?」

C「黄色だよ。黄色は二年連続で優勝したんだよ。おれ、黄色組だったから覚えている……〔会話は続く〕」

このほかにも彼らは、昨年の応援団の迫力、応援団長が感極まって泣いたこと、自分の過去の色など、G中の体育祭を初めて経験する筆者に対して熱心に語りはじめていた。しかし、ひとしきり話した後、彼らは口をつぐんでしまい、目からはふっと生気が消え、何とも物悲しい雰囲気になった。みな、昨年までは体育祭に参加できていたので、昨年のことは話せるのだが、今年の話になると何も語ることができなくなるのである。この雰囲気の中、ある男子生徒は「**おれは、心はいつでも教室に戻る準備はできているけど、身体が入っていかないんだよ**」と語った。また、その後、生徒の中には、なぜ自分が教室に入れなくなったのかということや、これまで受けてきたいじめの中でももっとも激しかったものはどのようなものだったか、などのストーリーについて語りはじめていた。自然と自助グループの様相を呈してきたのだが、一方で楽しげな歓声、応援の声、鳴り響く音楽があたりを覆っているので何か中途半端に終わってしまう。彼らは学校に登校し体育祭の練習を見学している形だが、実際は、支配力への通路がなく接近できない状態、つまり流れに乗れない状態であるので参加の動きになるにはほど遠い。このような生徒たちに対して、教師は体育祭への参加を無理に強要することはせず、本人たちの過ごしやすいように過ごしてもらうことを基本方針としているため、外に出ての見学はしたくないという彼らを無理に参加させようとはしない。つまり、教師たちは相談室や保健室登校の生徒たちを強制して行事に参加させようとはせず、参加はその生徒の自発性にまかせているのだが、一方まかされている生徒のほうは、その自発性を誘発し引き出してくれる支配力に接近できないため、何も手を打つことができない。ディスエンパワーメントを固定化してしまう循環が生じ、その循環によって、相談室で過ごす生徒たちは学校活動への参加可能性をさらに狭められていく。保健室登校や相談室登校の生徒、不登校から学校へ復帰しようとする生徒、そして彼らのストーリーは顧みられることは少ない。彼らは、学校の主流に乗り切れない「周辺人」と捉えることができる。その生徒たちへの対応を、学校という環境を含めて検討するには、この循環構造を見据え、いかにその構造を変化させうるのかについて考察する必要があるだろう。

6　ストーリーを更新できるようにするための支援

共通の物語と個人のストーリー

学校はそれぞれ特有の知識を蓄積した歴史と文化を有しており、それらはある程度変動幅をもちつつ再生産されている。社会的構築主義の理論では、歴史的・文化的な特殊性は実在するのではなく、人々が互いに協力して構築すると考える（Burr 1995, Gergen 1999）。G中における応援団の立場の強さや連帯感の物語が繰り返されることは、G中の人々がお互いの間の出来事を、G中の体育祭という共有する知識のバージョンを利用し意味づけ構築するからこそ、繰り返し再生産されるのである。

第5章で述べたように、ラパポートは、これら共有する知識のバージョンを人々のストーリーが集められた「集合的な物語（collective narrative）」として捉え、その共通性を「共通の物語（communal narrative）」と名づけている（Rappaport 1995, 2000）。共通の物語は、あるコミュニティで共有されているストーリーである。このストーリーが共有されていることによって、人々は自分たちのことや自分たちの英雄、自分たちの歴史や未来について語ることができる。G中の体育祭では、応援団の活躍、本番当日の教師たちの格好、体育祭は盛り上がるなどといった内容が多く語られ、それが去年もそうであったし今年もそうであろうというぐあいに人々に共有され、それが同時にG中文化のある一面を構築している。他者とともに共有されているということは、共有されうる適したやり方で個々人に展開されてきた物語ということである。これは、自己のストーリーをまとめあげるための方向性や、特定のバージョンを生み出すための利用可能な枠組みを提供しているということでもある。ラパポートは、この共通の物語を共有している人々が、コミュニティ感覚を有しコミュニティを構成すると主張している（Rappaport 1995）。共通の物語を共有しないで単にある場所に住んでいるだけでは、コミュニティを形成しているとは言えないのである。

この共通の物語は、個人的な文脈によって紡ぎ出される「個人のストーリー（personal story）」により構築されている（Rappaport 1995）。この個人のストーリーは、それが聞き手に向かって語り出されたり、その聞き手から語り返されたりすることを通して、再解釈されて語りなおされる可能性をつねに有しており、そのようにして新たな意味を生成しうる（Bruner 1987, Rosenwald & Ochberg 1992, Mcadams 1993, やまだ二〇〇〇）。〈何気ない会話〉の事例は、組体操で土台になる生徒が、不満や苦痛を土台に乗る生徒に語り出し、土台に乗るほうの生徒は乗る側の苦労を語っていたが、それによって土台の生徒は結局「完成させるためにがんばるか」と自己のストーリーを語りなおし、どこの役割もそれぞれに大変という新たな意味を見いだして、自己のストーリーを更新（renewal）している。個人のストーリーの中には、重要な他者や出来事、自己の歴史が盛り込まれているため、そのストーリーは、私とは何者であるのかというその人の同一性とも深くかかわっている。

共通の物語と個人のストーリーとの関係は相補的である。共通の物語はみなに共有されている適したやり方で個々人に展開されねばならない。個人のストーリーは、共同体の人々に理解され受け入れられる仕方で語り出されることによって確固としたものとなり、共通の物語を自己の文脈によって語りなおすことによって、共同体の中に自己を根づかせることができる。個人のストーリーは、つねに共同体に影響されながら展開する面を必然的に含んでいる。共通の物語と個人のストーリーは、いわば文学作品において物語を方向づけたり状況やその場を枠づけるナレーター、ナレーションの役割と、その中で語り出される個人の台詞や気持ちの部分とに分けられ、共通の物語は、個人のストーリーを背後から支えているようなものだと言えるだろう。

〈作文〉や〈何気ない会話〉の例は、個々人が自己のストーリーを語っていることに違いはないが、一方でそれは共通の物語を構築し生み出す行為ともなっており、そのような仕方でG中というコミュニティに根づいているのである。去年の体育祭には参加できていた相談室の生徒たちは、昨年の体育祭のことについては雄弁に語ることができたが、今、目の前で起こっている出来事については意味づけることができず口をつぐんでしまった。そして、「心ではいつでもクラスに入る準備はできているけど身体が入っていかない」という内容やいじめられた内容といった個人のストーリーを語る方向に向かったが、それは、現在の体育祭という場面においては共通の物語への接触が断たれている状態であり、彼らのストーリーは不安定なまま尻つぼみになり、顧みられることはなかった。学校においては、いかにしてこのような生徒のストーリーをも共通の物語として取り込んでいけるのか、いかに共通の物語を更新していけるかという視点から対応を検討することが必要とされるだろう。

参加に向けての努力のために

本章では、不適応の現れる舞台である学校に着目し、学校不適応的生徒の学校生活に密着することで、不適応的生徒だけでなく適応的な生徒の学校生活をも同時に観察した。そして適応的生徒と不適応的生徒の違いは、共通の物語との関係性であることを見いだした。〈作文〉や〈何気ない会話〉は学校内のあちらこちらで書かれ聞かれる共通の物語であり、ほとんど気にもとめられないようなものばかりである。つまり、その時々の状況に適しているので、それほど浮き立つこともなく、気にもとめられないのである。しかし、不適応的な生徒たちにとってその共通の物語は、接近できず手に負えないものとなっていた。これは他者との相互作用によって、そのコミュニティの物語を構築する作業に到達できない状態であって、自己のストーリーをポジティブに更新するための力を得られない状態である。それだけでなく、自分は不適応的な生徒であるというネガティブな自己を語ることになり、アイデンティティの危機を伴っていた。今日のように不適応的生徒がふえてきた現状を考えると、学校における臨床活動は、一方では、個人の自助努力を支援しつつ、他方では、学校生活に参加できない生徒をも参加させうる道筋をもった、新たな参加形態の創造と参加への橋渡しという二側面からのアプローチが必要になるだろう。

G中で見いだされたそのような動きは一つある。それは、一学期の間、相談室で過ごしていた絵の上手な女子生徒に対して、教師が体育祭のポスターを描くように依頼したことであった。その女子生徒は、ポスターを描くことによって体育祭に参加した形になっていた。「ポスター見たよ」と同級生から声をかけられたり、体育祭に参加できなくとも裏方の仕事をしていると評価されたりしたその女子生徒は、二学期のうちに教室への復帰を果たした。共通の物語に橋渡ししておくことは、自己のストーリーを更新する足がかりになるため、参加への展開を残しておくような働きかけは重要な支援となるだろう。

学校では共通の物語が構築され、個人はその物語を自己の文脈から語りなおすと捉えるナラティブアプローチは、学校での臨床活動に新たな対応の視点を提供するものとなる。すでに学校において、物語やストーリーという視点を応用したカウンセリングが生み出されてきている。たとえば、ピアカウンセリング（Cowie & Sharp 1996）は、生徒同士が問題を共有し、新たな語り口を獲得できるようにするものだと捉えることが可能である。また、自分に対する周囲の人の評判を、より肯定的で、自分に望ましいものに変えていくようにストーリーづける試み（Winslade & Monk 1999）なども有用であろう。しかし、それらが有用であるためには、共通の物語や個人のストーリーという資源があることを理解して、この資源を誰がコントロールしているのか、なぜある人のストーリーは拒絶され他の人のストーリーは価値があるとされるのか、そのコミュニティにおける成功の物語はいかなるものかなど、支配的な共通の物語を批判的に分析する必要がある。それとともに、教育政策といったマクロレベルの動向に注意を払い、そこでの言説を用いてみずからの実践を説明したり、振り返ったり、捉えなおしながら、新しいケアのストーリーを生み出すことも、学校における心理援助職の仕事となる。

第9章　チーム援助に影響する場の力と対応枠組みが崩壊する意味

1　チーム援助と場の力

学校には、出来事を方向づけたり価値づけたりする場の力が作用している。それでは、学校不適応的生徒に対応する教師側に、場の力はどのような影響を与えるのだろうか。前述のように、中学校の場合は、教科担任制ということもあり、そのかかわりは担任個人というよりも、チーム援助としてなされる傾向が強い。そのため、学校不適応的生徒を学校内で支援するとき、学校の支配力（場の力）がチーム援助に与える影響を念頭に置く必要がある。そこで、本章では、暴力を繰り返すため教室に入れなくなった生徒への対応を通して、学校での心理的援助に影響する学校の場の力について検討しよう。ここでも前章のG中学校でのフィールドワークを取り上げる。

G中では、暴力的な男子生徒（亮。以下、名前はすべて仮名）が大きな問題となっていた。担任やその他の教師たちがいかにかかわろうとも、亮は乱暴を繰り返し、そのために被害を受ける生徒が多くなっていた。そこでG中では、校長やスクールカウンセラーの指示のもと、治療的な枠を設けて（後述）、そこから新たなかかわりを模索しはじめていた。本事例では、この治療的な枠を手がかりにして、その枠内での教師－生徒関係に注目していく。

ここであらためてG中について触れておこう。G中は東京に近接する戦後最初に設立されたいわゆる伝統校である。昭和五二年（一九七七年）ごろ、校内暴力の嵐が吹き荒れ新聞記事になったこともあり、以後管理体制が強化され細かい校則がつくられた。筆者が参与観察した時点では、この強化体制を徐々に緩め、新たな方向性を模索しているようであった。

このG中において亮の暴力を教師たちがいかに捉え、どのようにして暴力が終息していったのかについて、以下に時系列的に記述してみよう。

2　暴力により翻弄される学校

中学校への入学以前

亮は小学校時代から衝動的で危険な行為を繰り返していたため、注目されて中学校に入学してきた生徒である。幼稚園のころには行動が乱暴であったため、他の保護者から批判的に見られていたという（現担任の芦田先生の話による）。母親によると、小学校では差別的な扱いをされていたため、学校生活はうまくいってなかったという。医療機関で脳波の検査などおこなったが、とくに問題はなかった。このとき、発達障害などは疑われなかったようである。母親はカウンセリングに通ったというが、亮は「お母さんや周りのおばさんはぼくのことを怒るだけだから嫌いだ。カウンセラーもきっとそうだから いやだ」と言って通うのを拒否していた。小学校三年生のときには女性担任との相性がよく、その先生が四年生も担任したということで、この時期は比較的落ち着いていた。しかし、五年生になり担任が替わると、乱暴な行動がふたたび繰り返されるようになった。周囲の児童から反発を受けることもふえ、激しいいじめを受けていたという。高学年になると、校長室で過ごしたり登校しなかったりが繰り返されていたということである（以上、母親談）。担任の芦田先生が初めて亮に会ったのは、亮たちの学年が中学校への体験入学をしにきた日のことであったという。亮があめをなめていたのをたまたま芦田先生が見つけて、「あめを出そうよ」と声をかけたところ、亮は「やーだよー」とニコニコしながら答えたという。入学以前から中学校では「大物が入ってくる」との認識があったという。学力は中の下または下の上とのことで、やればできるという評価だった。

中一・一学期

入学式は問題なく終わった。しかし翌日のオリエンテーションでは、集合場所の体育館に行かず、亮は一人で校内をふらふらしていたという。芦田先生が亮を見つけだしオリエンテーションに参加させたところ、席に座った亮は椅子をガタンガタンと揺らして音を立て、これを注意した他の生徒に対しつばを吐きかけ、その後、すぐに教室に戻り、教室中の鍵をかけて周りの生徒を締め出した。このときは芦田先生が来ることで鍵を開けたという。その後も暴力的行為は頻発し、他人につばを吐く、髪の毛を引っ張る、他の生徒の作品を壊す、石を投げる、流しの水を激しく出して廊下を水浸しにするなどのことが日常的に繰り返されていた。このようなことがたびたび重なっていったので、周りの生徒が亮を拒絶しはじめると、亮は「周りはみんな敵だ、先生も敵だ」と言うようになったという。

亮がトラブルを起こしたとき、芦田先生が叱ると、亮はすばやく逃げてしまう。それを芦田先生が追いかけると、亮は楽しくて仕方がないというように逃げ回る。いつの間にか鬼ごっこをしているような格好になってしまい、まったく指導ができない。亮を追いかけて静かに説教できる状態にするまで少なくとも二時間はかかるという。亮は自分がどんなことをしてもけっして謝らない。「あいつが先に○○をした」と言い、本人なりの理由はあるようだが、その報復としてはやりすぎであったり、相手がそのようにした理由は亮にあったりする。亮の暴力に対する不満を他の生徒たちから聞くが、そのときにはすでに亮が逃げ出してしまっているため教師は双方からの話を聞くことができず、そのまま時間が過ぎてしまい、結局、不満げな生徒たちに「がまんしてね」というのみに終わることも多かった。「亮にはなかなか指導が入らなかった」と芦田先生は言う。亮と教師たちとの間で形成された悪循環については、図9−1に示した。この悪循環は、中二の二学期まで多かれ少なかれ続いていた。学級の生徒たちは、亮に対して応戦したり攻撃したりするのを控えはじめ、亮からそっと離れるようになっていった。因果関係のわからない暴力に巻き込まれるのを嫌った自衛策のようである。

筆者が暴力について亮に尋ねたところ、亮は自分でもよくわからなくなって事を起こしているという（このことは、先生たちが見ていてもわかることらしい）。事を起こしてしまった後は、「どうしよう、怒られる、怒られる」という気持ちになり逃げ出してしまう。このとき、反省や相手に悪いことをしたなという振り返りはないとのこと。先生たちが追いかけると、いつものように楽しい鬼ごっこになっ

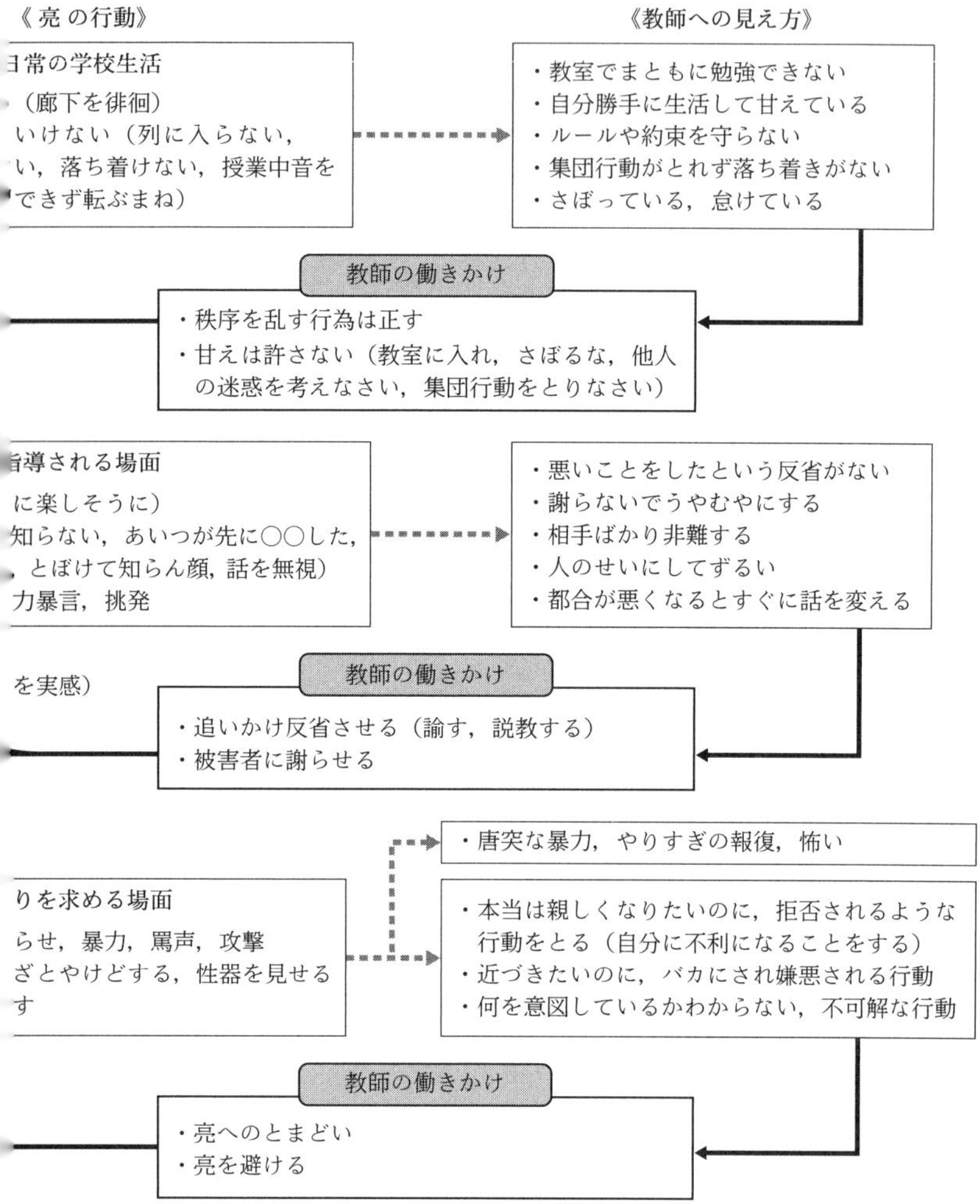
《亮 の行動》
《教師への見え方》
日常の学校生活
（廊下を徘徊）
いけない（列に入らない，
い，落ち着けない，授業中音を
できず転ぶまね）
・教室でまともに勉強できない
・自分勝手に生活して甘えている
・ルールや約束を守らない
・集団行動がとれず落ち着きがない
・さぼっている，怠けている
教師の働きかけ
・秩序を乱す行為は正す
・甘えは許さない（教室に入れ，さぼるな，他人の迷惑を考えなさい，集団行動をとりなさい）
指導される場面
に楽しそうに）
知らない，あいつが先に○○した，
，とぼけて知らん顔，話を無視）
力暴言，挑発
・悪いことをしたという反省がない
・謝らないでうやむやにする
・相手ばかり非難する
・人のせいにしてずるい
・都合が悪くなるとすぐに話を変える
を実感）
教師の働きかけ
・追いかけ反省させる（諭す，説教する）
・被害者に謝らせる
・唐突な暴力，やりすぎの報復，怖い
りを求める場面
らせ，暴力，罵声，攻撃
ざとやけどする，性器を見せる
す
・本当は親しくなりたいのに，拒否されるような行動をとる（自分に不利になることをする）
・近づきたいのに，バカにされ嫌悪される行動
・何を意図しているかわからない，不可解な行動
教師の働きかけ
・亮へのとまどい
・亮を避ける

と悪循環の形成

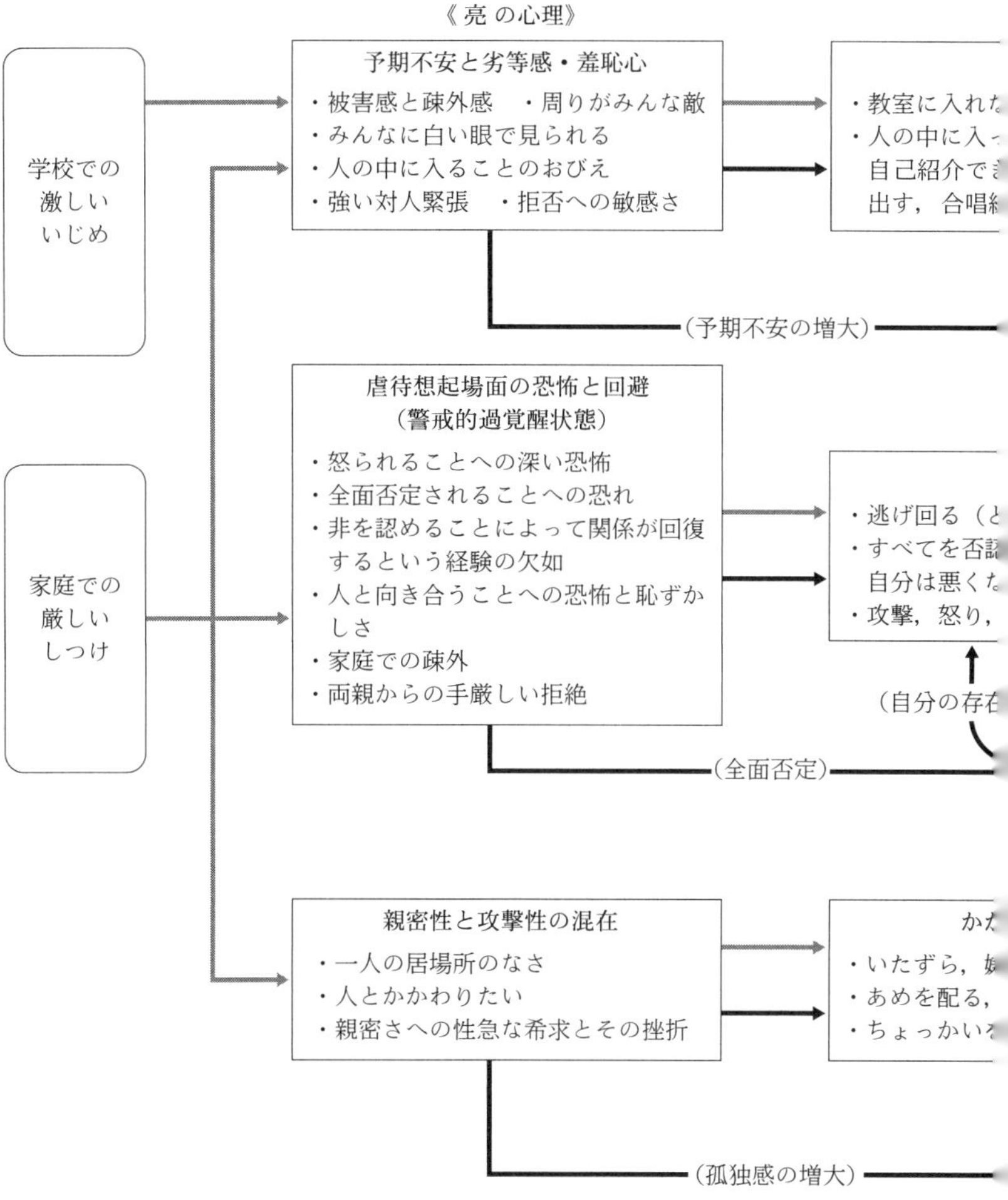
《亮 の心理》
学校での激しいいじめ
家庭での厳しいしつけ
予期不安と劣等感・羞恥心
・被害感と疎外感　・周りがみんな敵
・みんなに白い眼で見られる
・人の中に入ることのおびえ
・強い対人緊張　・拒否への敏感さ
・教室に入れ
・人の中に入
自己紹介で
出す，合唱
(予期不安の増大)
虐待想起場面の恐怖と回避
(警戒的過覚醒状態)
・怒られることへの深い恐怖
・全面否定されることへの恐れ
・非を認めることによって関係が回復するという経験の欠如
・人と向き合うことへの恐怖と恥ずかしさ
・家庭での疎外
・両親からの手厳しい拒絶
・逃げ回る（
・すべてを否
自分は悪く
・攻撃，怒り，
(自分の存
(全面否定)
親密性と攻撃性の混在
・一人の居場所のなさ
・人とかかわりたい
・親密さへの性急な希求とその挫折
か
・いたずら，
・あめを配る，
・ちょっかい
(孤独感の増大)

図９－１　亮の

てしまう。

芦田先生は、一軒一軒家庭訪問をして「亮をはじくのではなく、みんなで勉強していきたい」ということを伝えた。保護者たちは「先生も大変ねえ、がんばってね」と協力的な人と、「先生が何をやっても亮は無理よ」と非協力的な人の二種類に分かれたという。芦田先生は、亮の親から要請を受けて、亮のその日の行動を○△×で表していた。亮は×をもらうと家で叱られるうえに大好きな漫画を買ってもらえなくなるので、最初は効果があったというが、そのうちなくなったとのこと。×をつけると亮が叱られることはわかっているので、芦田先生にとって気が進まない対応だったという。

以上のようなことが毎日のように教室で起こっていた。亮の目立った（他の生徒が嫌がっていた）問題行動は、「音を立てる」、「つばをかける」、「鍵をかける」、「突き飛ばす」だった。

中一・二学期

二学期に入るとすぐに体育祭がある。亮はみずからの希望で応援団に入った。前章で示したように、体育祭はG中でもっとも重要な行事の一つである。応援団には太鼓を担当する花形の係があるが、普通これは一、二年生を応援団として過ごしてきた三年生の重要な役割である。しかし、亮は三年生を押しのけて太鼓を叩こうとしてトラブルになり、三年生にも暴力をふるうということがあった。芦田先生によると、一一月ごろから亮は周りについていけなくなることが顕著になり、また、周りの生徒も我慢の限界に達したようだった。この時期から亮は教室に入るのを嫌がりはじめた。教室ではうまくいかず、勉強もほとんどわからなくなった。亮とのコミュニケーションをとることは難しく、たとえば授業場面では次のようなこともあった。理科の実験で硫酸を扱っているとき、先生が「硫酸は毒だぞ」と注意したところ、亮はそれをなめてしまい、先生が慌てて「毒だと言ってるだろう」と注意すると、「毒だとは言ったけどなめるなとは言わなかった」と答えたという。このようなことから、亮のことは全教職員に知れ渡るようになっていた。

中一・三学期から中二・一学期の五月末まで

三学期は、「つばをかけるのをやめよう」という個人目標を設定してはじまったが、達成することはなかなか難しかったという。二月ごろからは学級の中で生じたある変化が亮を捉えはじめた。それは同じクラスの女子生徒が不登校気味になり、教室を離れ相談室や自習室で生活しはじめたことである。亮はこれを多少のあこがれをもって眺めていたようである。そして、ある授業中にトラブルを起こしたとき、亮はそのまま教室から抜け出して保健室に行ってしまった。その保健室では養護教諭をよく手伝い、他の生徒を看病することもあったという。このような経緯があり、芦田先生は集団生活を続けさせることは無理だと判断し、保健室登校を認めていた。しかし、「保健室で様子を見ましょう」と伝えられた母親としては、しぶしぶ納得したことだったという。保健室や相談室では比較的落ち着いた生活を送っていた。

中二に進級する際にはクラス替えをおこなうが、亮の意向を受けて学級担任はふたたび芦田先生となり、最初、亮は新しい自分のクラスを「良いクラスだ」と喜んでいた。この学級は、できるだけ保護者が協力的な生徒や亮に影響されないような生徒で編成したという。しかし、すぐに暴力は再発し、依然として変化はなかった。学校では、校長、スクールカウンセラーおよび芦田先生で話し合い、新たな対応を検討しなければならないと考えはじめていた。

3　ネットワークの形成

枠の設定

新たな対応策として打ち出されたことは、担任やカウンセラーのみならず、校長、教頭、教務主任、養護教諭などさまざまな人が集まって亮を支えていくこと、他者からかまってもらいたいという亮の欲求を受け取りながら亮にかかわりつつ、亮や学校での出来事を観察・記録する人物をつけること、それによって暴力を克服するというものである。そして亮を観察・記録する人物として、学校臨床を専門にしている筆者が五月下旬、G中におもむくこととなる。この一カ月前には、治療者的な家庭教師として男子学生が家庭で亮に勉強を教えはじめていた。亮が二年生になった最初の二カ月ほどは、このようにして校長やカウンセラーらが話し合い、徐々に援助体制がつくられていった。また、この時期から亮に対する検討会が月に一度の割合で開かれるようになった。その参加者はカウンセラーや芦田先生だけでなく、教頭、治療者的な家庭教師、有志の教師ら（各学年主任や教務主任など）、筆者、ときに校長である。ここで話し合われたことは、おもに亮への対応についてであり、これまでの反省をふまえて新たな対応が検討された。それは以下のようなことである。

これまでの対応は、亮を教室にとどめようとするなど、学校の枠組みの中に亮を押し込めようとするものであった。「授業中には教室できちんと過ごす」という目標に向かった対応であったと言えるだろう。人に暴力をふるったなら反省し謝るということは当然なことではあるが、亮は暴力の結果起こることを引き受けることができない。今の亮にとって学校は安全・安心な場とはなっていない。そこで、亮を教室に縛りつけようとするのではなく、教師の側が亮の動きに柔軟に対応していこうということになった。亮の動きに合わせて、教室に入れないのなら保健室や自習室、相談室で過ごせるという選択肢をつくり、そのように枠をもうけながら複数人で見守っていくということである（以下、これを「柔軟枠」とする）。亮の安全感、安心感をまずは確保しないと、教師の対応は亮の被害感と疎外感とを増すばかりで悪循環を繰り返すことになる。しかし、亮の要求のすべてを認めるわけにはいかないので、ある程度の枠をつくって対応していく。このように対応方針を変更することにより、亮は次第に教室ではなくおもに自習室で過ごす日がふえていった。

自習室には、学校に登校はするものの教室には入れない生徒が五人前後いる。亮はこのうちの一人である三年生の男子生徒と気が合い、一緒に話をしたり絵を描いたりして楽しんで過ごしていた。筆者は亮とともにいることが多いため、必然的に自習室で過ごすことになった。亮はこの三年生と毎日のようにトラブルを起こしケンカするものの、筆者やカウンセラーらが関係を修復しながら過ごす日がふえていった。自習室にいる生徒と毎日のようにトラブルを起こしながらも、次第に亮は周りの生徒と交流をもちはじめ、白眼視されるばかりではなくなっていった。亮の動きに教師の側が柔軟に合わせて対応することにより、亮の表情は見違えるほど明るくなっていった。

枠の広がり

このような対応をしていた七月のある日、亮は帰宅途中、道ばたで弱っていた椋鳥を発見し、それ以来ペットとして育てはじめた。亮はその椋鳥を学校にもっていきたいと言い、その願いは亮自身が面倒をみることを条件に許可された。亮は職員室に椋鳥を連れていき、周囲の教師たちに見せ、そこから話が弾むというこれまでにない経験をしていた。ときには校長とのコミカルな会話により、周囲の教師たちが思わず笑ってしまうなど、亮を包み込む雰囲気が醸し出されはじめていた。亮に対する扱いは徐々に変化してきたと言ってよい。

普段の学校生活では、生徒が用事もなく職員室に入ることは許されていない。たとえ用事があったとしても、カバンを持って入ることや制服が乱れたまま入ってくることは許されず、教師が指摘してやりなおしをさせている。しかし、亮の場合はそのようなことはなく特別であり、また亮はそれがたいへん心地よい様子であった。夏休みの数日前には、校長が自習室で過ごす生徒たちを校長室に呼び、みんなで麦茶を飲みながら話をするなど、さまざまなところで亮を受け入れていこうという姿勢が見られた。このように、亮のことを複数の教員が見守りかかわるということは、同時に担任の芦田先生をサポートすることでもある。芦田先生は検討会が終わった後、「亮のことでこれだけの人が夜遅くまで一緒に考えかかわってくれるので、そのことが何よりありがたい」と語っていた。検討会は芦田先生の気持ちに余裕を生むという重要な意味があったと言える。亮に対する芦田先生の対応は穏やかになり、これまで幾度となく繰り広げられてきた、芦田先生が亮を追いかけ回すという循環の輪が切れはじめてきた。

しかしながら、以上のような学校での取り組みについて、亮の家庭は納得していない様子であった。亮に教室で勉強するように強く求め、もし教室で勉強ができないのなら遠方の全寮制学校（以下、B校）に行かせると言いはじめていた。亮はこのB校には絶対に行きたくないと言い張るが、両親はことあるごとにB校への転入を強く求めた。亮にB校への転入を求めるときの両親の物言いは、「亮を我が家から切り捨てる」というメッセージを多分に含んだものであり、そのため亮は徹底的に抵抗していた。

一学期の亮への対応は、教室での生活を求めるというものから、教師が亮に合わせる方針に変更された。それにつれて亮を抱える場が、保健室、相談室、自習室、職員室へと次第に拡張していき、夏休み数日前には校長室にまで広がっていった。とくに自習室においては友人をつくったりトラブルを修復したり、職員室では教師たちと会話するなどして、亮はこれまでにはない学校生活を送っていた。これらの対応によっても亮の暴力的行為は収まることなく、逃げ回ることも多少残ってはいたが、暴力をふるった後にため息をついたり、落ち込んだ様子を見せたりすることも多くなっていった。暴力をふるったことを悔やみ、何とかしたいと言いながらもどうにもできない無念さのようなものを感じているときもあった。

4　枠の亀裂と学校の動き

学校のステージの変化

二学期がはじまると同時に、G中では体育祭の練習が開始される。体育祭の本番は一週間後なので、練習や準備などが念入りにおこなわれる。第8章で詳述したように、G中ではこの期間に授業をおこなうことはなく、全日体育祭の練習となる。一学期中、自習室で過ごすことが多かったため授業に出たり出なかったりを繰り返していた亮は、体育祭の練習にも一学期と同様、参加したりしなかったりを繰り返していた。練習がはじまった最初のころはそれでも問題にはならなかったが、練習する内容が騎馬戦や組体操の大技など高度な種目になるにつれ、中途半端に練習に参加する亮は歓迎されざる存在になっていった。亮の参加いかんによって、誰と組んで競技するのかということがバラバラになるからである。体育祭本番が近づくにつれて、生徒たちの集中力や学級内の団結力は強まり、教師たちもそれぞれ数多くの役割を受け持ち、学校の中は体育祭一色という雰囲気である。亮は周囲の生徒に嫌みを言われることもあったが、その場は芦田先生が調整して体育祭を無事乗り切ることができた。一学期の間は学校全体を巻き込んでおこなわれる大きな行事はなかったが、二学期の特徴は、学校全体を巻き込んだ行事がふえることである。それにつれて、教師と生徒の間には大きな力が影響しはじめ、それは同時に亮に対する対応にも影響することになる。

体育祭が終了すると、次なる大きな支配力がすぐに学校をおそう。その大きな動きをひとことで言うと「代がわり」である。体育祭という一大イベントを終えた三年生は、高校受験を真剣に考え、受験生であることを誰もが意識しはじめる。これまで「全校を引っ張ってきた三年生」(二学年・学年主任)が受験に向かうことにより、次に学校を引っ張るのは二年生となる。二学年の教師からは頻繁に「学校のリーダーとなること」、「三年生になるための準備」という言葉が生徒に向かって口にされるようになった。実際、生徒会役員選挙がおこなわれ、生徒会役員は三年生中心の構成から二年生中心へと一新される。また部活動においても、三年生が夏の大会で引退しているため、二年生が中心となって練習をおこなっている。このように二学期には二年生が学校活動の中心になり、学校のリーダーが三年生から二年生に代がわりする。

亮のほか数名が過ごしている自習室にもこの動きは反映され、三年生たちは自分の受験や進路について思いをめぐらし、勉強に向かいはじめていた。芦田先生は亮に対して、「いつまでも今のように自分の好きなように過ごすことはできないのだぞ、将来のことは何か考えているのか」などと言い聞かせてきた。人に絡んで乱暴するなど攻撃的な行動が依然続いており、学校のステージの変化に伴って芦田先生は「いつまでも亮をこのようにさせてはおけない」という気持ちが大きくなっていたようである。これまでと違い、芦田先生の話を亮が逃げ出すことなく落ち着いて聞いているということも、このような生活指導や進路指導を生み出す要因となっている。

家庭では、教室に入らない亮に対して、B校に行くことをさらに強制していた。B校は高校まであり、高校に入学するための条件として、中学時代に最低一週間は体験入学することが求められている。そのため、親としては早く体験入学をして、高校について考えてほしいという気持ちもあるようだ。

このような大きな学校の流れの中で、また教師や親からたびたび促される形で、亮はこれまでかたくなに拒み続けてきたB校への体験入学をほのめかしはじめていた。そしてそれと同時に、これまでにないくらいイライラし、収まっていたつばを吐きかける、部屋の鍵をかけ回るという行為が再発しだした。自習室の生徒たちともトラブルを数多く起こし、暴力はその激しさを増していく。亮はこれまで仲の良かった三年生の男子生徒とも何度もトラブルを繰り返し、結局、この男子生徒と話すことができなくなってしまった。

枠の崩壊とその後

二年生たちが「三年生になる準備」をし、「学校のリーダー」になることを求められる代がわりの時期、三年生たちは進路を真剣に考えはじめる。九月下旬のある日、学校では進路指導の一環として、いくつかの高等学校の教諭を招いて高校説明会を開いた。高校説明会の当日、朝の職員会議で三学年の学年主任は、高校説明会があるので協力してほしい旨を他学年の教師たちに要請していた。三年生を受け持つ教員たちはいつもと異なりスーツ姿で正装しており忙しそうにしていた。一、二年生を受け持つ教師は、朝の学活（学級活動）の時間に「今日は高校説明会があり、高校の先生たちが来校するので騒いだり大声を張り上げることなく落ち着いて生活すること」を生徒たちに求め、学校の中はぴりぴりと緊張した雰囲気に包まれていた。将来自分も受験するであろう、一、二年生たちもそのことは理解しているようである。学校中が緊張を求められていたと言ってよいだろう。

普段とは異なるこの職員室と学校の雰囲気は、亮への対応も変化させた。一学期の間は柔軟に、そして寛容に亮を受け入れてきたが、その日は許容幅が小さくなっているようであった。これまで亮に柔軟に合わせてきた一人である教頭も、「こんなときに亮にふらふらされていると〔G中の〕印象が悪くなるんだよね」と筆者に向かって話していた。そして、実際に亮が職員室に入ってくると教頭は、「今日は高校説明会がある」と説明し、職員室ではなく自習室で過ごすようにと伝えた。しかし、亮はいつものように教頭の話を無視し、知らぬ顔をしているばかりであった。何度も説明するがかえってそれをけなす態度をとる亮に、教頭はここで初めて亮を強引に職員室から出すという強い指導をおこなった。これまで積極的に寛容な態度で亮を受け入れてきた教頭が、強力な指導をして亮との間に一線を引いたことは大きな出来事であった。この出来事を境に、職員室の中では他の生徒と同様に、亮に対しても大目にみることはなくなり、教師－生徒間に毅然とした一線が引かれた。亮は用事がないのなら職員室から出るようにと注意されるようになる。亮に合わせるという対応が開始された四カ月後のことであった。柔軟に対応していこうという対応に亀裂が見られはじめた。

亮に合わせた対応が少しずつ困難になるにつれ、亮は「家では親が〔B校に〕行け行けうるさいし、教頭のこともあったし、このままG中にいてもねえ」と言い、B校の体験入学を本格的に考えはじめていた。ちょうどそのころ、芦田先生とスクールカウンセラーは亮が行く行かないにかかわらず、一度B校を見学して、そこが亮にとっての一つの選択肢となりえるかどうか把握しておこうと協議し、実行に移していた。そして亮に対しても、「親を安心させるために一週間だから体験入学するのも一つの方法である」とアドバイスしていた。しかし、結局この時期の体験入学は受け付けていないとのことで、亮はB校への体験入学はせず、また、両親もそのことは口にしなくなっていった。このように学校の動きが激しくなるにつれ、亮の周囲も慌ただしくなり、教師たちは亮への現実的な対応を模索していた。そのような中で、亮は仲の良かった三年生の生徒と大げんかをしたためこの生徒に嫌われてしまったことを振り返り、筆者に向かって「どうしてあのとき、止めてくれなかったのだ」と話したり、教頭とのことを後悔したりするなど、自分をうまく統制できないことを意識し語りはじめていた。

しかしながら、柔軟枠に亀裂が入ってからは、その暴力の及ぶ範囲は広がり、枠に収まらなくなっていた。一〇月中旬ごろには、職員室を掃除中の女子生徒を棒で殴りけがを負わせてしまう。芦田先生は亮を厳しく注意し、亮は逃げ出すことなくそれを神妙に聞いていたが、この一件以来、柔軟に対応しようとする教員たちと亮との間にはますます齟齬が生まれた。また、亮も落ち込んだ様子を見せ、このあと、選択的にではあるが徐々に自発的に教室で授業を受けはじめた。芦田先生が担当する授業時間にはずっと芦田先生の周りを離れようとせず、不安げな様子だった。亮は芦田先生が出張のときなど「芦田先生がいないと学校にいづらい」と言い、芦田先生を頼る気持ちが出てきていた。女子生徒にけがを負わせてからの亮は、他の生徒と遜色ない生活態度であったが、その三週間後には、今度は男子生徒にけがを負わせてしまった。これまで、亮を寛容に受け入れていこうと最後の最後まで粘り強くかかわっていたある教師は、「もうこれ以上は……。他の生徒の学ぶ権利まで侵すことは許されないのですよ。ここは学校ですから」と疲れた表情で話していた。被害者の親からの猛烈な抗議があったこともあり、亮は自主的にという形で結局四カ月間の自宅謹慎となり、柔軟に対応する枠は崩壊してしまった。謹慎期間中は芦田先生やスクールカウンセラーらが家庭訪問し、亮とのつながりを保っていた。

暴力の収束

謹慎期間中、亮は芦田先生がG中から異動してしまうのではないかという不安を漏らしていた。自分が学校に復帰するにあたり、芦田先生がG中からいなくなることは亮にとって不安なようである。芦田先生が自分の異動はないだろうということを亮に説明すると、亮は安心した様子であったという。

三年生になる四月から亮は学校に復帰した。クラス替えをしないので学級担任は芦田先生である。亮が三年生になったときには、亮に合わせて対応しようと考えてきた教頭や有志の教員の多くは異動していた。また、治療者的な家庭教師は亮が謹慎期間中に辞めている。筆者は教室で学校生活をしている亮の邪魔をしないために、休み時間や放課後など時間を限定して話をすることにした。亮は基本的に教室で授業を受けはじめていたが、筆者が近づくと以前と同様、筆者に対する攻撃的行動が繰返される気配があったからである。亮に話を聞くと、「今でもむかつくことがあるから、あまり自分は変わっていないと思う」と話す。芦田先生も「攻撃することで人に接近しようとする亮の基本的なことは変わっていない」と見ている。しかし大きな変化もある。芦田先生に亮の変化を挙げてもらうと、「だめ」と言うだけで問題となっている行動をやめる、自分のしていることを素直に認める、ということである。亮によると「芦田先生が注意をしてくれる、だめな行動を止めてくれている」からだという。以前の亮は、芦田先生から注意されることを「怒られる」と恐れたり、「口うるさい説教」とうんざりして話をほとんど聞いていなかった。しかし、今では自分の行動を注意し止めてくれていると捉えるようになっていた。

芦田先生の「だめ」という注意を手がかりにして、亮は学校で過ごしていた。

　教室で過ごしている亮にとって、周囲の生徒たちの変化も大きな助けとなっている。芦田先生によると、三年生になることにより他の生徒たちにはいくつかの変化がもたらされているという。変化の第一は、生徒が教師側の意図を先取りし、汲み取って動くというものである。「こちらが指示を出す前に、そのように動いてくれる生徒がふえてきますよ。こういうときはどう動けばいいかということがもう生徒たちはわかっているのですよ」と言う。亮を白眼視したり排除したりすることが昨年と比べて激減している背景には、亮と友好的に接してもらいたいという芦田先生の思いを生徒が汲み取り、亮との関係をうまく調整できるようになっているからである。第二に挙げられる変化は、生徒たちが他者を他者として認められる、いい意味で割り切ることができるようになったことだという。「たとえば亮が掃除をさぼっていても、もう周りの生徒は大騒ぎしなくなりました。動じなくなりましたね。この程度で収まっているならばそれでいいじゃない、亮の分担場所を亮がしないならば、それは自分たちがすればいいじゃないと割り切って、ストレスをためないようにしていますよね」と言う。このような周囲の生徒の中にあって、亮は「周りは敵ばかりではない」と思いはじめていた。

　三年生になってからの亮は、小競り合いのようなことはするものの、大きなトラブルなく過ごしていた。一学期には修学旅行に全日参加し、また成績もいくつかの教科は上昇してうれしそうであった。二学期になるころには、芦田先生が特別に目をかけなくともよくなっており、一一月の合唱祭では、初めて自分の役割を引き受け実行していた。三学期には進路も決定し、卒業式においては何のトラブルもなく参加し、三年間の中学校生活を終了した。

5　枠づくりの失敗の意義

枠の機能と失敗の意味

亮の暴力的な言動は、ほんの些細な出来事を契機として発生し、ときに突発的とさえ見えるものであった。教師たちは亮の言い分を聞こうと思うのだが、亮は逃げ回り、物陰に隠れたり校外に飛び出したりすることもあるため探し出せず、ただ時間だけが無為に過ぎているという状態が続いていた。亮は学校生活において周囲と合わず、「周りはみな敵」という不信感と疎外感とを感じており、不適応の状態にあった。しかし、より重要なことは、教師も亮への対応に手応えのなさや無力感を抱いており、やはりその状態をもてあましていたことであろう。筆者が学校におもむいたころ、教師たちは亮に対して「教室でまともに勉強できない生徒」とあきらめ顔であったり、「自分勝手に生活して甘えている」と憤慨したりするなど、手に負えないという気持ちが強いようであった。亮の暴力を問題として意識化しているのは亮ではなく教師側であり、ゆえに教師が問題を変えるために動かねばならない状況があった。その動きが本事例においては、学校の枠組みの中に亮を押し込むのではなく、亮の要求を受け取り、教室中心ではなく柔軟に枠を設けた中で亮を育てていこうというものであった。これは学校の枠組みを基準とした対応から、亮の安心感と安全感の確保を基準とした対応への変更である。この枠を設定することの意味について検討することは、亮の変容および暴力の縮小を考察するうえで重要である。

心理治療において枠の意味は、「治療構造」という用語で概念化され、活用されている（小此木 一九九〇、岩崎ほか 一九九〇）。これは治療者が患者の状態を見ながら意図的に設定する治療の枠組みであり、たとえば、基本的なものとしては時間的な条件、場の安定性、守秘義務などがこれに当たる。最初、本事例には亮のために意図して設定された枠はなかった。したがって、スクールカウンセラーが亮の安全感を保証するような柔軟な対応枠組みを積極的に設定した。精神科医の北山修は、枠を設定することの重要性をウィニコットを援用しながら指摘しており（北山 一九九〇）、この指摘が学校の中で柔軟枠を設定して亮に対応してきた試みを検討するうえで参考となる。

北山は、治療者（本事例では教師）が、クライアント（本事例では亮）のニーズにほどよく合わせて、クライアントが安心できるような「抱える環境（holding environment）」（柔軟枠）を設定し、「失敗しながら抱えること」が必要だと主張している（北山 一九九〇、二二一－二二二頁）。この「抱える環境」とは、クライアントのニーズに治療者の側が合わせている環境であり、クライアントにとっては居心地の良い空間である。本事例に当てはめてみると、「教室には入れないのなら自習室に」という枠をつくって、亮の安心感と安全感を保証するというように、亮の側、亮のニーズに教師側が合わせることを意味する。この空間は、たしかに亮にとって居心地の良いものであった。しかし、この空間を保持することは困難でもある。

治療者はこの「抱える環境」を長らく維持しつつクライアントと相対するのだが、どのように治療者が努力しても、この空間を保ち続けることはけっしてできない。とくに環境に「おさまりの悪い患者たち」と治療者との間では、衝突したり摩擦を生じたりということが必ず起こる。これは、抱えることに失敗しているのだが、このときあきらめずにもう一度クライアントを抱えなおすことが治療上重要であり、失敗しながら抱えることが治療に意味をもたせると北山は言う。その理由はこうである。「抱える環境」はクライアントのニーズにほどよく合っている環境であるが、この居心地の良い空間は現実の空間ではなく、「錯覚・幻想（illusion）の空間」と言える。柔軟枠という、亮が自分の好きなように学校生活を送れる居心地良い空間もいわば幻想である。しかし、幻想は長くは続かない。治療者が抱えることを失敗することによって錯覚の空間が壊れ（脱錯覚）、そのことによってクライアントはこれまでの居心地の良い空間から、居心地の悪い現実の空間へと戻される。つまりクライアントは、現実に直面させられ、葛藤を抱えることになる。しかし、ここで治療者が枠を再設定し「抱え直す」ことにより、クライアントは葛藤を抱えながらもふたたびもちなおすことができるのである。この過程を繰り返すことによって、自分は現実に立ち向かえるのではないかという望みをクライアントは抱くようになり、徐々に現実に適応しようと試みはじめる（以上、北山 一九九〇、二二二－二二九頁）。このように、治療者が抱えることに失敗し、ふたたび枠を設定することによって抱えなおすことが重要であり、抱えることに失敗すること自体が治療的に大きな意味をもつのである（深津 一九九〇、二六〇－二七六頁）。学校での柔軟枠もこのような機能を有していたと考えられる。事例の経過に即して確認してみよう。

柔軟枠は亮のニーズに合わせて設定された。教室という、亮にとって不安や緊張を喚起し、周囲に適応できない現実的な場から離れ、ある程度の緩やかな枠の中で好きなように過ごすことができるこの空間は、錯覚・幻想の空間と言えるだろう。この空間の中でも亮はトラブルを起こすが、それだけでなく、他の生徒たちと交流をはじめるなど、新たな関係も築きはじめていた。また、職員室にも頻繁に出入りし、教師らと会話をするなどして過ごしていた。職員室の中での校長や教頭らとのユーモラスな会話により、亮を中心とした周辺の教師たちが思わず笑ってしまうなど、自然と亮が受け入れられはじめていることが感じ取られていた。亮はとてもうれしそうな表情を浮かべ、受け入れられていることを感じただろう。他の生徒が職員室に入る際には厳しくチェックされるが、亮はフリーパスの状態である。自分の好きなペットを学校にもってきて職員室で見せ、それに教師が関心を示して会話が弾むなどのことは、普段の学校生活では考えられない。このように柔軟枠は、亮のニーズに合わせた錯覚・幻想の空間として働いていた。一学期の間、柔軟枠は保たれ、徐々に浸透し始めていた。亮の暴力は相変わらず収まらなかったが、関係を修復しふたたび親交を結ぶことを繰り返すうちに、暴力をふるった後にため息をついて落ち込むなど、新たな変化が芽生えはじめていた。また、亮はそれ以前は芦田先生のことを「たかし」と名前で呼び捨てにしていたが、一学期の後半には「芦田先生」と呼び名が変わり、芦田先生への信頼感を少しずつ回復しているようでもあった。これまでの自分の体験を少しずつ修正しているかのようであった。

　二学期開始直後の体育祭のときにも亮に合わせようとする動きはあったが、次第に亮ばかりに合わせていられなくなっていった。二学期には大きな行事が続くため忙しくなり、代がわりなど学校のステージが大きく揺れる。また、亮にかかわっている教師たちは、亮に合わせた対応をいつまで続けるのかのめどが立たず、不安とストレスを感じているようであった。毎月おこなわれていた検討会も忙しさゆえにおこなわれず、今後の対応については見通しのないまま過ぎるといった状態も見られはじめていた。筆者自身も毎回のように亮の暴力・暴言にさらされ、また他の生徒にも同様なことを繰り返す亮とかかわりながら、見通しがなく、この対応がはたして適切なのかはっきりしない曖昧な中で対応を続けることは苦しいことであった。心理臨床家の村瀬嘉代子は、治療構造について「治療過程に基本的な安定を保証しようとして設定されるものであり、この一定の枠によって、治療者の安定、安心が守られ、ひいては患者に「一定の保護された時間と空間」を保証しうることになる」と指摘している（村瀬 一九九五、一三九頁）。つまり治療構造とは、第一に治療者側の安定を守るものであり、それが患者に対して安定した空間を保証する結果になるのである。一学期には大きな行事がないゆえに場も安定しており、柔軟枠は広がっていくことができた。しかしそれは裏を返せば、教師のなじみある対応枠組みを破壊してゆく過程でもあったと言えるだろう。学校という場の中にあって、積極的に指導・介入するという教師の対応戦略を脇に置きながら、亮のような暴力的生徒に合わせて対応してゆくということは、一方では教師の安定・安心が守られていない空間をつくることになる。高校説明会において教頭が力での指導をおこなったこと、およびその後、教師と亮との間に毅然とした一線が引かれたのは、教師が亮と安定してかかわれなかったことの表れであったと考えられる。

教師と亮の間に一線が引かれ、柔軟枠に亀裂が生じたこの時期は、抱えることに失敗した時期であると言える。亮は現実的な選択肢の一つであるB校への体験入学をほのめかし、実行に移そうかと考えていた。亮にとってこの出来事は大きく、居心地の良い錯覚・幻想の空間から急速に脱錯覚し、現実に向かっているようであった。そこでの亮は何に対しても難癖をつけ、感情を害し葛藤を爆発させていた。また、仲の良かった男子生徒を徹底的に攻撃し、女子生徒にけがをさせるなど激しい行動化を起こしていた。そしてこれによって、さらに柔軟に対応することは困難になっていた。以前ならここで亮を追いかけ、亮が逃げ出すという循環が起こるところであったが、しかし、亮は現実に対し、これまでとは違った見方をしているようであった。「どうしてあのとき、止めてくれなかったのだ」と自己統制のできなさを語り、みずから教室に足を向けたり、芦田先生を頼り依存する気持ちが起こったりするなど、次第に現実での生活を目指しはじめていた。女子生徒にけがを負わせてからの三週間は、学級で過ごすなど苦しい現実に立ち向かっていたが、今度は男子生徒にけがを負わせてしまう。その後、亮の自宅謹慎や教師らの異動によって、柔軟枠は完全に崩壊し、再設定されることはなかった。しかし、三年生になった亮は自己統制の試みとその失敗を繰り返しはじめていた。このように柔軟枠の設定は、亮を変える環境を生み出し、そこから脱錯覚し現実に向かうための機能を果たしたと考えることができる。

自己統制の資源

謹慎期間後の亮は、多少のトラブルを起こしはするものの、徐々に学校生活に適応していった。四カ月の謹慎という罰が亮の変化を生んだことは否めないが、単に謹慎にすれば亮の暴力が収まったとは考えられない。やはりそれ以前の実践から意味を読み解く必要がある。亮にかかわってきた多くの人々は、亮が暴力を収めたことにとっていかなる意味をもっていたのだろうか。筆者は亮が暴力を収める過程に立ち会っていたが、やはり枠の意味が鍵となると考えている。引き続き北山の論に沿って検討していこう。

北山は、枠を設定して治療する治療者側（教師側）の眼目として、クライアント（亮）の「ニードにほどよく適応し、患者とぶつかって壊されながら生き残ること」を挙げている（北山 一九九〇、一二三頁）。つまり、枠を壊されながらも、その枠を再設定する治療者が生き残ることが必要だとする。クライアントが現実に向かう際には、ウィニコットが指摘するように「生き残った対象を使用する」からである（Winnicott 1971=1979, p.127）。G中において柔軟枠は壊れて再設定されることはなかったので、亮はその枠をあてにして中学校生活を送ることはもはやできなかった。柔軟枠は生き残る対象とならなかっただろう。また、柔軟枠内でおもに対応していた人たちも同じく生き残ることはできず、亮にとっては使用することができる対象にはならなかった。数名の有志の教師は異動のためG中からいなくなっており、治療者的な家庭教師も辞め、筆者も亮が一日を過ごす教室まで行くことはない。しかし、亮にとって一つだけ生き残った対象があると思われる。中学校生活の三年間を亮にかかわり続けてきた芦田先生である。芦田先生は亮に対して「だめなことはだめ」という一貫した態度で接してきたが、亮はそのことを使用して学校生活を送りはじめていた。自分の行動をコントロールするために「芦田先生が行動を止めてくれている」、「だめなことを注意してくれる」と言う亮は、芦田先生の「やってはいけないことはやってはいけない」という態度や言葉を素直に受け止め、それを使用して自分の行動の注意すべき点を統制しようとしていた。亮は謹慎前から芦田先生のことを頼りはじめていたが、そこに至るまでには、さまざまな対象と衝突し、対象を破壊しながら、何が生き残るのかを試す過程があったと考えられる。また亮が自分の行動を統制しはじめたとき、他の周囲の生徒たちはすでに割り切ることをおぼえ、亮に対して友好的に接することができるようになっていた。亮が自己統制を続けられたのは、芦田先生が亮にとっての使用できる対象となり、周囲の生徒たちが穏やかな態度で亮に接したからであろう。このような経過を経て、亮は暴力行為を抑えていけるようになったと言える。

6　場の変化に応じたチームの捉えなおし

本事例では、個に応じた対応をするための環境をつくって、暴力に対処してきた実践について、亮の様子や教師のかかわりを中心に記述してきた。しかし、その実践は生徒と教師がともに拠って立つ場である学校の影響力を抜きにして考えることはできなかった。その影響力とは、たとえば学校行事や、学年や学期の中で求められること、その時々の学校状況や独自の学校文化などである。本事例のように、環境に収まりの悪い生徒に対しては、その子に合わせて対応するという働きかけが求められている。その際、注意しなければならないのは、個に合わせて対応するという方針は、場合によっては通常学級で教師が生徒の成長を促進しようとする働きかけと異なった原理を導入するということになる、ということである。学校環境には主流があり、その主流を見越しつつそのつど場の力を活用して、教師は生徒の成長を促進しようとしている。代がわりの時期に生徒会役員選挙、部活動のリーダー決め、高校入試説明会などの流れが組み込まれ、その流れの中で教師は生徒に働きかけ、生徒との関係性ははぐくまれている。教師と生徒の相互作用はそのような学校環境の支配力（場の力）の中で形成される。個に応じた対応もそのような主流に影響を受けているため、会議などで決められた対応もつねに修正を加え再設定しておかなければならない。

個に応じた対応というのは、場合によっては学校の主流を避けた対応が求められることもあり、それは担任にはなじみのある対応ではなく、安全な枠組みとならないこともある。亮への対応は手探りであったため、この対応が亮にとってよいものなのか、それとも結果的に他の生徒との関係を考えるとよくないのか、との迷いも生じてくる。したがって、個に応じた対応はマイクロレベルだけでなく、メゾレベル、エクソレベルにおいてもつねに捉えなおされなければならない。具体的には、上位システムの人々とともに子どもの現状を共有し、役割分担をしながら抱えていくこと、そして、現状を意味づけ、ストーリーを次につなげていくことである。

亮にかかわってきた多くの教員は、枠組みが壊れることを失敗と受け取っていた。しかし、本章で考察してきたように、もしその失敗に治療的意義を見いだすことができ、それを教師と共有できたならば、抱えなおしが起こっていたかもしれない。また、多くの教師にとってこの経験が後につながり、亮と似たような生徒に対応するときの一助になったであろう。今回、それができたかどうかはわからないが、学校で生起することの意味や生徒にとっての治療的意義といったことを、教師とは異なった視座から捉えて意味づけ提供するという活動は、学校臨床心理学を志向する援助者に求められ、また学校臨床心理学が果たさねばならない課題だろう。

第8章と第9章では、中学校における学校不適応的生徒の学校生活を、学校の場の力とともに捉えること、その場の力は成長促進力として用いられる一方、学校の流れに乗れない生徒と教師の関係性に反作用として働いてしまうおそれもあることが明らかとなった。とくに反作用の部分は、スクールカウンセラーの活躍する場にもなるだろう。現在では、多くの中学校に、学校の支配力を受けにくい場が用意されるようになっている。それがカウンセリング・ルームや相談室である。そこで次章では、中学校という場の中にある相談室の意味、そして、相談室の中で学校不適応的生徒たちがどのように他者との関係性をつくりなおし、学校の流れの中に戻っていくかについて検討しよう。

第10章　異空間的な居場所としての相談室

1　学校における相談室の性質

学校という場には、共通の物語を産出するような支配力がたえず作用している。この支配力は、つねに一定というわけでなく学校行事などによって強まることもあるため、教師の対応（たとえばチーム援助）にも影響する。このようなことから、学校不適応的生徒に対応する際には、支配力の成長促進的側面とその反作用の両方に目配りしておく必要があることはすでに指摘した。本章では、このような支配力との関係から、中学校の相談室機能について検討していきたい。

相談室の機能について最上貴子は、二〇年にわたる私立学校でのスクールカウンセリングの経験から、すべての生徒を対象にし、すべての生徒が利用できるよう心がけ、居場所として機能することが重要だとしている（最上　一九九五）。実際に学校の相談室はこのように運営されている場所も多く（たとえば、半田　二〇〇〇、高岡　二〇〇二）、それはどの生徒にとっても意味のある場になることが示されている（瀬戸 二〇〇五、二〇〇六）。もちろん、すべての生徒に解放されているからといって、さまざまな生徒が数多く無制限に入室してくるということはなく、子どもから見ると相談室は学校内の異空間という特徴をもっている。

瀬戸瑠夏はこの異空間性について、質問紙調査や面接調査によって、「開かれた異空間」と「私的な異空間」という重層的な二重構造を相談室の機能として特徴づけている。開かれた異空間だからこそ、クラスや学年を越えた関係が広がったり、生き場がないときの居場所となったり、決まりごとから解放され個としての時間が過ごせる。一方、来室者がお互いに安心して自己開示できる友人に限定され、適度に閉じられた空間であるとき、生徒は自分の体験や価値観、悩みごとを伝え合い、そこに私的な異空間が立ち現れることがある（瀬戸 二〇〇六）。このように相談室は学校内の異空間としての意味があり、そこは学校の支配力から避難できる隙間的な居場所と位置づけることができるだろう。

2　学校生活における不適応的生徒

相談室を訪れる生徒たち

これまで筆者は、複数の公立中学校に身をおいて、研究や心理臨床活動をおこなってきた。そのうちのある公立中学校の相談室（以下、ルーム）では、個人的な相談をしたいという生徒を最優先にしつつも、そのような相談がない場合には、ある一定のルール内で好きなように過ごしてよい空間としてルームを運営していた。そして、そのようなときには毎回五〜六名の生徒が来ていた。ここではおもにこのような使われ方をしているルームでの支援について取り上げる。
ルームを訪れる生徒たちは、「なんとなく来た」、「遊びにきた」と言ってふらりとやってくる場合が多い。彼らはつねに一人でいることが多く、友だちがほしいけどできない状態に不全感を感じながら、ルームを訪れている。来談動機はあるが、主訴ははっきりせず、「ただなんとなく」と言ってやってくる。

他者と交流できず、ともすれば、学校という社会から退却し、引きこもろうとする方向性を有する生徒たちと言えるだろう。学校という社会の中に根づいて、世界を広げつつ自分を成長させるという方向性からいつの間にか離脱し、他者との間につながりがつくれず、また他者から排除されることもあり、ふっとした拍子にすぐにつながりが切れてしまう。つねに、どこかで学校生活からの離脱を考えているのではないか、と思わせるような生徒たちである。

しかし、このような生徒たちが必ずしも不登校になるわけではない。不登校にならないように自分を支え維持しているうちに、他者との間に関係を見いだし、自分の限界を乗り越えていく姿もまた多い。筆者は、彼らにカウンセリングをしたという記憶はあまりない。ただ、場を提供して、話に耳を傾け、助言を与え励まし、話を聴いて感じる疑問を投げかけていただけである。そのような空間の中で彼らは友人を見つけだし、自然の流れの中で世界が展開していくこともある。学校という場の中で、対人的かかわりに課題を抱えつつ、同時に自分を支えもしながら、引きこもることもなく、自分の限界を乗り越えていく生徒もいる。

生徒がかかわる対人の場について

第4章で検討したように、対人関係論を展開した精神科医のサリヴァンは、パーソナリティを、「反復生起し、ある人の人生を特徴づける対人的な場の比較的恒常的なパターン」であると捉えている（Sullivan 1940=1976, p.4, 傍点は原文）。ここでいう場とは、原書ではsituationsである（Sullivan 1940, p.247）。つまり、ある人物がどのような人物なのかを捉えるポイントは、その人物がみずからの周囲を、いつの間にかみずからの親しんでいるパターンになるようにと状況化していく、その状況に注目することである。

筆者はこのサリヴァンのパーソナリティ論に依拠しつつ、さらに具体化するため、人と人との間を結びつけている「物」や生み出されてくる「こと」に注目することによって、対人の場（interpersonal situation）を記述したいと考えている。ある人物のパーソナリティが表出する対人の場には、必ず「物」があり、他者（「人」）もおり、「こと」が生起する（秋田 二〇〇〇）。この三者を含んだ場にかかわりながら生徒を理解することが関与的観察法で目指されていることであったが、そのモデルとして、筆者が参考にしたのは、肢体不自由児の通園訓練施設で作業療法士として勤務している野村寿子の事例記述の仕方である。次の事例は、野村と通園してくる子ども（なおちゃん）との間の一瞬の出来事を記したものである。

〔春のある晴れた日、園内を散歩していた〕なおちゃんが園庭の草花に気づきました。「見つけた！」という彼女の表情につられて、思わず私も花を摘みました。なおちゃんと私の「楽しいね」を花が作ってくれたのです。（野村 一九九九、二頁）

この事例を対人の場という視点から捉えるならば、なおちゃんと私との間にある花（物）へのなおちゃんの出会い方に結びつけられ、思わずつられる私との間で「楽しいね！」という出来事（こと）が産出されている。花が私たちの間に「楽しいね！」をつくってくれたという。散歩中、花を見つけたなおちゃんの「見つけた！」という声の弾みや喜びの表情が、すでにある状況を開きつつあり、そのなおちゃんの喜びや楽しさをすでに間身体的に受け取っている私（野村）の受け取り方が、互いの間に楽しいという「こと」を生み出しているわけである。なおちゃんは「楽しい」という気持ちを相手が受け取れるような仕方で発信することができ、「楽しいね」という状況になるように発信する力があると言える。なおちゃんに発信する力があるのか、野村に受け取る力があるのかを判別することは難しいが、もしなおちゃんが他の人との間にも「楽しいね」という場を繰り返し産出しているならば、それは、なおちゃんの力と捉えてもよいだろう。パーソナリティの変化を対人の場の変化と捉えるならば、まずは、そのような場（「こと」）が繰り返し産出されることに注目し、次に、その場が次第に異なった性質を帯びていくところを敏感に察知し続けることが関与的観察法である。それでは、対人の場の中にある「物」や産出される「こと」にも注目して、中学校の相談室で生徒がどのように変容するのだろうか。

異空間としての相談室には、学校では異質な物がもちこまれ、それが対人の場を変容させることはしばしば起こる現象であり、子どもたちが変化するきっかけをつくったりすることもある。本章では、ある生徒の周囲にある物やこと、人とのかかわり方によって、その生徒がみずから生み出し、みずからかかわらざるをえなくなる一連の対人の場を頼りに、ある危機を乗り越えた一生徒の事例に注目してみたいと思う。ここで事例として取り上げる女子生徒（中一）は、入学当初から相談室を訪れ、教室に居場所が見つけられずに不登校気味になったが、相談室の中で新しい関係を生み出し教室復帰を果たした。この事例は、「人」、「物」、「こと」が異空間としての相談室の中でどのように生み出されるかを表し、異空間としての相談室機能が発揮された最適例と考えられる。

3　新しい関係性をつくりだした生徒の事例

入学後の不安定な対人関係

小学校時代から不登校気味であった愛美（仮名）は、中学校に入学してすぐに数人の生徒とともにルームに遊びにきた。「こういう部屋は小学校にはなかったよ」などと言いながらも緊張した面もちである。一緒に来ている生徒とはあまり話をしていない。出身小学校が違うようだ。四月は友だちに合わせるという姿が多少見受けられたが、五月の連休が終わったころからは「この学校はつまらない」、「話題が合わない、友だちになれそうな人がいない」、「知らない人と話をしても緊張するだけ」と疎外感を訴えつつ、同時に、「無理して友だちをつくろうとも思わない、もう登校するのが面倒だ」などと言いはじめていた。一緒に相談室に来ている生徒が隣にいるにもかかわらず、このような発言を平気でしているので、筆者は内心ひやひやして聞いていた。教師たちの評する愛美は「周りが見えてない子」、「やりたいこと以外は絶対にしないわがままなところがある」、「独自の世界があり、そこからは絶対に出ない」とのことである。

愛美は、アニメの世界にふけることが大好きである。他の生徒が話をしているところに突然割り込んで、アニメの話を強引にもちだすこともしばしばである。他の女子生徒が男子生徒の話題で盛り上がっている横で、アニメのキャラクターを描き続け、話にはまったく加わろうとしない。彼女たちがある教師を評していると、突然、「あの先生は○○（アニメのキャラクター。他の人は誰も知らない）に似てるよねえ」などと言い、一人声を立てて笑っていたりする。その笑い声につられて、他の生徒たちも苦笑いをしたり、「愛美おかしいよ」と言いフォローしたりしていた。しかし、愛美の訴えは、相変わらず、「話題が合わない、流行についていけない、友だちになれそうな人がいない」の繰り返しであった。「一緒にルームに来ている人たちの前で、友だちになれそうな人がいないというのは、その一緒に来ている人は友だちではないというメッセージになってしまうよ」という筆者の言葉に対しても、「でも、本当に友だちになれそうな人がいないんだから、仕方ないでしょ」と、まったく聞き入れない頑固さがあった。彼女の言い分では、「友だちになれそうな人」というのは、「アニメの世界を共有できる人」ということであった。六月が過ぎるころには、愛美と一緒に相談室を訪れていた生徒たちは、次第に愛美から離れ、教室で過ごすことが多くなっていった。愛美は「アニメおたく」、「暗い人」という気になる評判が漂いはじめていた。

その後、彼女は、何度か友だちらしき人とともにルームを訪れることがあった。しかし、その人は多少アニメが好きという程度で、愛美の望むレベルの内容まではわからず、結局、会話がとぎれがちになり、なんとなく双方離れていくということを繰り返していた。愛美とその他の人との間には、つねにアニメの会話のみであり、また、アニメに関する愛美の知識は、非常に豊富で詳しい。そして、それをルームに連れてきた相手にも求めるのだが、相手は求められるほどの深く細かい内容まではわからず、愛美ほどはアニメにのめり込んでない。一瞬、ふっと間が空き、何か気まずい雰囲気が漂う。愛美の連れてきた友人にとっては、「私は愛美の求めているものを満たしきれない」と思わされるような状況が生み出されていた。そして、愛美も相手もともにあまり話せないという結果が反復されていた。筆者は、愛美にとってのアニメの世界は重要だと考えながらも、アニメの世界だけに限定され、それを基準に友人関係を求める彼女のあり方を違う方向に広げたほうがよいのではないかと思いながら、「アニメのほかに好きなものはないの？」などと働きかけていた。しかしそのような話に耳を傾ける余地はないようで、彼女は「アニメを知らない人と一緒にいたって面白くないことがわかった」と言い、意固地になりかけていた。ルーム内の他の生徒ともアニメの話題でしかかかわろうとしないなど、彼女の対人の場は固定され、柔軟な幅がなくなっていた。

しかし、ルームに来ている他の生徒たちは、そのような愛美を見て、「人には大切な趣味があるものだ」、「べつに、誰にも迷惑をかけているわけではないからいいじゃないか」などと言い受け入れている様子であった。しかし、誰も愛美とかかわろうとはしなかった。学級担任は愛美が孤立しつつあることに以前から気づいており、席替えをしたり、委員会や係活動をもとに対人関係を広げさせようと試みていた。また、「何か話したいことがあれば、ルームに行ってみれば？」と勧めてもいた。愛美は学級担任のこのような働きかけをうまく使うことにより、何度かルームに新たな友だちを連れてやってきた。愛美が新たな友人を連れてきていたのはこのような背景があったようである。しかし、その友人関係を長く維持しさらに広げていくといった動きにまですることはできなかった。

二学期が終わりに近づいていた時期には、愛美は数日続けて欠席する日がぽつりぽつりとふえはじめ、筆者は、愛美は不登校になってしまうかもしれないと心配しながらかかわりを続けていた。

三学期――新たな対人状況の出現

愛美の対人状況が動き出したのはアニメの話題などからでなく、彼女の持ち物からであった。愛美のかばんの中身は、教科書やノートのほかに、箱形の一風変わったペンケース、色ペンを入れるケース、さまざまな色ペン、太いペンや細い色ペン、漫画を描くためのペン、友だちからもらったペン、友だちと取り替えたペン、トーン、アニメの切り抜き、アニメの絵の下敷き、自分で描いた絵、友だちが描いた漫画、絵を描くきれいな紙、定規、それらを入れる楽しげな絵の書いてあるケースなど、さまざまなグッズでひしめいている。

ある日、いつもどおり愛美がルームで一人絵を描いているところに、愛美とはほとんど交流のなかった同学年の女子生徒三名が「暇だから来た」と言ってやってきた。一人は将来漫画家希望、一人は男女の分け隔てなくつきあえる生徒、最後の一人は全体の雰囲気に合わせて穏やかにつきあえる生徒であった。三人は、愛美が描いている絵を見るとすぐに自分たちも絵を描くと言い、描きはじめた。「先生、紙ある？」と尋ねられ、筆者が紙を探している間に、愛美が三人に紙を手渡していた。描いてみてわかることのようだが、愛美のグッズは、絵を描くに適した道具で満たされていたようである。「これ貸して」と代わる代わる彼女たちが愛美にお願いをし、愛美は快く貸している。三人は、「愛美のもっている物って描きたいものが描けるように準備されているよね」、「このペンは描きやすい、どこで売っているの、これ？」、「こんなペンがあるんだ。初めて見た、これ特別なペンなの？」など、次々と質問や疑問がわいてくるようである。アニメの切り抜きを見て「このアニメ知ってる。内容はわからないけど、絵がかわいいよね」など自然と会話が弾んでいる。それに対して愛美は「それは○○ちゃんにもらったんだよ」、「そのペンは、漫画を書くときに使うペンだよ」、「その絵かわいいと思う？　じゃあ、今度ポスターを持ってきてあげるよ」など自然と受け答えをしている。彼女たちの間にあるアニメやグッズが彼女たちを引きつけ、同時に最適な相互作用がスムーズに繰り広げられている様子であった。

その後、愛美と彼女たちの交流は続き、いつの間にか、三人の周辺も、漫画を描く道具や色ペン、アニメの切り抜きなどで満たされはじめていた。三人が好きな男子生徒の話をしたり、その日の出来事を話したりしているときには、いつの間にか愛美も加わって、「あの人のこと好きなの？　あの人の小学校時代を私、知っているけど……」などと話していた。数カ月前の彼女からは想像できない姿である。筆者が、愛美のペンに無造作に触ろうとしようものなら、「先生、それは大切に扱ってよ、愛美ちゃんの一番のお気に入りだから」と三人から注意されてしまう。愛美はそのペンを小学校のときに引っ越してしまった友人からプレゼントされたらしい。彼女たちはペンに宿る思い出のことなどもお互いに話していたようだ。

このような彼女たちの交流の様子を、教師たちはすぐに見つけて注目していた。タイミングを見計らって、三学期終了間際に、二年生がはじまってすぐにおこなわれる宿泊学習のしおりの表紙を描くようにと彼女たちに依頼していた。愛美と漫画家希望の子はそれを「原稿依頼」と言い、やる気がかき立てられているようだった。愛美の得意分野であるアニメや絵の世界が学校の流れの中に位置づけられはじめているようであった。また、愛美はそれを友人とともにおこなっていたのであり、筆者は、彼女が学校に根づきはじめているという感触をもちつつ見守っていた。愛美は「友だちがいない、友だちなどいらない」と言うこともなくなり、欠席もほとんどなくなっていった。成績も多少ながら上がったという。春休みに原稿を描こうという約束を三人として愛美の中一時代は終了した。

ここに挙げたのは、学校から離脱しないで済んだ一生徒の事例である。この生徒の内的資源の活用の仕方や学校でのあり方、またルームの機能の仕方について、さらに学校という場をも含めて検討しよう。

4　ディスエンパワーに対抗する生徒たち

結果として「周辺人」になること

第8章で検討したように、学校には「支配力（power）」が作用し、人の行動の強さと方向性を意味する「力（force）」とは区別される。この支配力は教師も生徒も影響される力であり、教師－生徒関係を形成するために実在する力と考えられる。とくに、教師と生徒にとって、一日の大半を過ごす授業という世界を展開するには、授業の支配力によって教師と生徒との間にある教材を作動させるべく双方とも動かねばならない。生徒は、椅子に座り、教科書を広げ、正面を向いて黒板の字をノートに書き写し、教材を考えていくという心身の流れが生み出されていく。教師は教壇に立ち、教材を展開するために行為し、授業を進めていかなければならない。授業という支配力が、人々の間にある教材を教材たらしめるようにと誘発し、その誘発力に心身の流れが溶け込むことにより授業の世界が立ち現れていく。

このような授業の世界では、アニメの世界を展開する機会には、なかなか恵まれないであろう。アニメ一本槍の愛美にとっては、「授業はつまらない」、「ノートに絵を描いて過ごしている」だけでなく、「なぜ、勉強などしなければならないのか、アニメの勉強というのがなぜないのか、日本は世界一の漫画大国で、世界に認められつつあるのに」という疑問、不満をつのらせていく場となっていた。とにかく、どのようなことでも、アニメの世界へと話がつながっていくのであり、そのかたくなさや硬さが、他者との交わりがたさを生み出してもいる。実際、グループ学習になるとほとんど班員と交わらず、「ぼーっとして、一人空想している」という。授業という誘発力にスムーズに導かれず、一人、その場で立ちつくし前に進めないことにより、結果的に周囲の人から離れていく。授業の時間が終わって休み時間になれば、ある程度、自由に動き回れ、多くの生徒にとってその交流は大きい。しかし、愛美にとっては行くあてもなく、一人アニメにふけることもできず、ふらりふらりと教室をさまよっているうちに、また授業がはじまるということを繰り返すことになっていた。こうして次第に学校の主流から外れていくようであった。

学級担任の支援と相談室

このような中、学級担任がおこなっていた愛美への働きかけは、①学級内の人間関係を組み替えうる席替えを活用すること、②二学期の早々におこなわれる委員会決めで、愛美を気の合いそうな生徒と同じ委員会に所属するように仕向けて、活動をともにさせること、というものであった。新しい関係が生み出せるようにそのつどの支配力を用いて働きかけていたことが見てとれる。また、③アニメもいいが、他の話題でも話してみてはどうかと助言したり、ルームに行くことを勧めたりしていた。愛美は、アニメの世界という異空間を教室の中で一人展開しようとしていたのだが、それは共通の物語ではないため、誰とも共有できずにいた。友だちとは話題もずれていき、誰が悪いというわけでもないのだが、結果的に孤立していってしまった。そのようにしてディスエンパワーメントのプロセスをたどっていたと言える。

教室の中に異空間をつくろうとしていた愛美であるが、それはかなわず、しかし担任の働きかけを受ける形で、相談室という異空間に接触し、そこでかろうじて自分を支えることとなった。それでは、彼女は相談室の中でどのようにして自分を支えていたのだろうか。

学校における力関係と相談室

学校は教化の場という側面をもつ以上、ある特定の個人的な関心を広げる場というよりも、すべき課題・教材をこなしていく場であり、それは生徒だけでなく教師にしても同様である。枠づけられた関係において、さらに評価のおこなわれる学校では、生徒はさまざまな評価基準によってそれぞれある地位（position）に配置されもする。明るい生徒－暗い生徒、スポーツの得意な生徒－苦手な生徒、勉強のできる生徒－できない生徒、人気のある生徒－排除される生徒、素直な生徒－反抗的な生徒など、さまざまな評価基準が生み出されていく。その評価基準が、「あの人は生徒会でしっかり活動してくれるだろう」、「あの人では学級の委員は務まらないだろう」などと人の役割も暗々裏に決定していく。これらの基準にもとづいて、人は、ある人物を「あの人はどのような人物であるのか」という一面的な見方でまなざし（齋藤 二〇〇〇）、ストーリー化する（Burr 1995）。

愛美の事例の場合、好意的な人は愛美を「アニメ好きな人」と見ていたが、次第にそのまなざしは「アニメだけの人」、「アニメおたくの暗い人」というネガティブなものに変わり、それが広がっていった。愛美はそのまなざしを、「アニメを知らない人と話しても面白くないことがわかった」という言い方で拒否しつつ、自己を支えていたようである。周囲のまなざしやストーリー化に対する対抗言説をルーム内で構築していたと言えるだろう。

このように、他者をまなざし動揺させたり、逆に他者のまなざしや語られる内容によって揺すぶられ、その対処を組み立てなければならないといったように、学校社会は人と人との力関係の発生している場という面があり、個々人は好むと好まざるとにかかわらず、その関係の中に位置づけられることとなる（中井 一九九七）。あるネガティブなまなざしを受けているだけで、有効な対処が組み立てられないままとなっている生徒にとっては、たいへん窮屈で息苦しい学校生活を送ることも少なくない。そのような生徒が「遊びにきた」と言ってルームにやってくる場合が多い。このような学校環境におけるルームの役割、カウンセラーの役割について次に考察していこう。

5　新しい交流を育てるケアの空間

新しい交流の場として

愛美は教室で自分のアニメの世界を展開するきっかけをつかむことはできなかった。「今の流行にはついていけない」、「好きな歌手や芸能人はいないし、話題が合わない」、「友だちなどいらない」と交流できないことをしきりに訴えていた。何度かアニメ好きな生徒を連れてルームにやってきたが、それもすぐに関係が切れてしまっていた。比喩的に言えば、アニメの世界は彼女にとって現実と接点を結ぶ「窓」の役割をしているが（山中 一九七八）、その窓は閉じられたままになっている。ルームでも彼女はアニメの世界を過剰なまでに求めていたが、なかなか展開とまではいかなかった。学校を休みがちになっていたとき、そこに、「ひま人」が来てくれアニメの世界が急展開しはじめたが、その展開の仕方は見事であった。「ひま人」たちは、愛美の持ち物やアニメの世界に引き寄せられ、ちょっと描いてみようかというごく自然な流れの中で不意に愛美との相互作用が開かれたと言ってよいだろう。愛美の隣に座り、アニメの絵を見つめ、何を描こうかと考えながら、愛美の描いているものを横目で見つつ、色ペンを使って紙に描いていく。そのような心身の流れが生み出されていく。この場合、「ひま人」たちのほうに新たな世界が開かれたのかもしれない。愛美よりも勢いのある彼女たちがきれいな紙、さまざまな色ペン、楽しげなアニメの切り抜きという物に引き寄せられつつ愛美との間を自然と埋める。社会学者のアルフレッド・シュッツは、共同体で他者と結びついていることと、共通の環境に結びついていることは切り離すことができないと主張し、その場合、諸主体がその精神活動において互いに相手を動機づけあっているという事実があると指摘している（Schutz 1970）。この場合、共通の環境とは、ルームの中の同じ机、机上の周辺部にあるペン、切り抜きなどの物であろう。「何か楽しいこと」を探している「ひま人」たちと愛美との間に絵を描く道具が配置されていることにより、すでに絵を描く準備が整った状態となり、アニメの世界が立ち現れはじめていた。

そのような新しい交流を展開する場として、たまたまルームが使われた。愛美と「ひま人」たちは、これまでほとんど接触する機会はなかったが、教室とは違うルームという場で、新たな関係性が築かれはじめたようであった。ルームを訪れる生徒の多くが「ルームはほっとするから好き」と言うが、これは一面的なまなざしやストーリー化からふっと逃れられる空間にルームがなっているからだろう。

ただし、このようにルームが機能するには、そのように機能するようなカウンセラーの気配りが必要となってくる。

「ケア」という視点から

ルームが新しい交流の場になるためには、その場に居合わせるカウンセラーのあり方は重要な要素となる。筆者は彼らの話し相手になるよう努め、彼らが場を居心地よく安心できるものとして感じられるようにと気遣っていた。そして、その中で、生徒同士の相互交流ができればよいと考えていた。カウンセリングが基本的にカウンセラーとクライアントとの一対一の関係においておこなわれるのに対して、筆者がおこなっていたことは、生徒同士が交流できるようにと気を配っていたことと言っても過言ではない。というのも、ルームを訪れる生徒たちは、教室ではほとんど展開できない自分の世界を展開しはじめることが少なくないからである。そして、そのことが彼らを支援することになっているからである。

彼らが表現する世界は、学校の中ではあまり価値の置かれないものであることが多い。小学校のとき以来、いじめられたり、バカにされることによって、排除されがちなある男子生徒は、世界遺産のオールカラーの図鑑や地図を持ってきては、将来、そこに旅行してみたいと夢を語りつつ楽しんで読んでいたり、外国の国旗を描いたりしている。何かとトラブルに巻き込まれ被害者になってしまうある男子生徒は、みずから「鉄道おたく」と称し、鉄道路線図を黒板いっぱいに描いて、完成作品を見て満足していたりする。その様子をかたわらで見ている他の生徒が、いつの間にか「昔は、自分も鉄道が好きだった」と言いながら、黒板の路線図を一緒になって描きはじめる。記憶の曖昧な路線を調べるために地図を貸してもらうことによって、その地図の持ち主も一緒になって路線図を描きはじめるといった交流がはじまったりもする。このように、おのおのが好きなことを表現しはじめ、交流が生じると、次は必然的に話題の共有へと発展する。

たとえば、路線図を描きながら好きなテレビやＣＭの話をしているうちに、同じ深夜ラジオを聴いていることがわかり、そこから話が弾んで、毎日のように昨晩聴いたラジオの内容を楽しそうに話しだしたりする。その横では、愛美がアニメの切り抜きをもってきてアニメのキャラクターを描いているが、いつの間にか愛美も同じ深夜ラジオを聴きはじめて話に加わっている。これまでのつらい時期に描いてきた絵や詩をそっと見せてくれる女子生徒もいる。周りに人がいる中でこのように表現するのだから、それを受け入れてもらえることをどこかで期待しているのだろう。誰かが学校のうわさ話や教師の人柄などを話しはじめると、ほとんどの生徒がそのような話題に耳を傾け話に参加する。異なる学年や性別の生徒たちが、そのように交流する機会は学校ではあまりないだろう。一種サークルのような雰囲気が醸し出されて、逃げ場とも居場所とも言えるような場がつくられる。三人の「ひま人」たちのように、ふらりとやってくる生徒との交流が急速に発展することもある。そこでは、教室の中とは異なった文脈が生み出される。その様子をカウンセラーという評価のまなざしを向けない大人が居合わせて、見守っている空間こそ、彼らにとって安心できる居心地良いもののようであった。

ケアについて追究したミルトン・メイヤロフは、ある人の成長を援助するということを次のように述べている。「ある人が成長するのを援助することは、少なくともその人が、何かあるもの、または彼以外の誰かをケアできるように援助することにほかならない。またそれは、彼がケアできる親しみのある対象を発見し創造することを励まし支えることでもある」(Mayeroff 1971=2001, p.29)。たとえば、愛美のペンに宿る思い出を「ひま人」三人が気遣っていたとき、彼女たちは愛美をケアしていたと言えるだろう。一方、愛美は、三人がうまく絵を描けるようにと気遣っていたのであり、そこでは相互にケアしていた。学級担任が愛美のアニメの世界を否定せずかかわり続けたこともケアしていたと考えられる。愛美は、比較的学級担任の働きかけに素直に応じていたのだが、これは、担任の働きかけを受け入れることによって、担任をケアしていたことになる。かたくなな愛美であったが、なぜこのように相互にケアする関係を築けたのだろうか。

愛美が相互にケアする関係を築けたのは、ルームという場を訪れることが象徴するように、愛美には隠されていた能力がすでに発揮されていたからである。その能力とは、「ケアを受容する能力」(Mayeroff 1971=2001, pp.75–77)とも「反応する能力」(Montgomery 1993=1995, p.98)とも言いえる。ケアはケアを与える人のみで生み出されるものではない。ケアは、ケアに反応し受容する能力が発揮されないとけっして生まれない。愛美をはじめ、ルームを必要とする生徒たちは、みずからをケアを必要とする立場に置くことによって、ケアに反応し、ケアを受容する能力を発揮している。つまり、ケアを受容する能力でもって、ケアを与える者をケアする。担任がいろいろと愛美に働きかけ、かたくなな愛美が素直にその働きかけに応じていたのは、愛美のケアを受容する能力が発揮されていたためと捉えられる。愛美は、ペンを借りたいという「ひま人」たちの申し出を拒絶することもできたが、それをせず、快く貸すことによってケアの空間を生み出した。そして、お互いケアし合うという関係をつくりだしていったと言えるだろう。

ケアを受容する能力の発揮（ルームへの接触）

- ケアされる人としてみずからを提示（ケアする人をケアする能力）

↓

内的資源の活性化

- 新しい活動の創出（教室では展開しにくい活動である場合が多い）

↓

活動の共有から話題の共有へ

- 活動を共有することによる場の共有　→　教室へ
  活動を受け入れられるケア，受け入れるケア
- （活動に伴う）話題の共有
  他者の内面への関心，自己の内面への関心　→　教室へ

↓

個人的な話題の共有

- 他者の内面の理解，自己の内面の理解　→　教室へ

図 10－1　相談室における対人の場の展開過程

以上のように、学校における相談室は、カウンセリングをする場というよりも、実際は、相互交流の場、ケアの空間として位置づけたほうが現象に即している場合も多い。本章では、異空間としての相談室の中において、図10－1のような展開を想定できることを明らかにした。相談室に接触した生徒たちが、次第に学校の主流の中に戻っていくプロセスを、図10－1にもとづきまとめておこう。

相談室におけるケアの展開

生徒が相談室を訪れるということは、ケアを必要とする立場に身を置くことであり、そこでは「ケアを受容する能力」が発揮されていると理解できる。そして、しばらく来談を続けるうちに、その生徒たちの内的資源（趣味や興味）が活性化され、新しい活動が産出される。その活動は必ずしも教室の中で展開

できるものばかりではなく、多くの場合、展開しにくいものが多い。ここに異空間としての学校の相談室の意義がある。これらの活動が展開されはじめると、その活動が共有されるようになり、同時に話題が共有されはじめる。このように新たな活動や話題を共有できる友人を得た段階で相談室を訪れなくなり、教室で過ごすようになる生徒がいる。そのまま相談室で過ごす生徒たちは、話題が共有されはじめると、今度はより個人的な話題に展開しはじめ、場にはピアサポート的な機能が生まれ、ケアの空間と名づけられるような場がつくられるようになる。相談室では異性、異学年の生徒たちが集い、ケアの場を形成することによって、学校の成長促進力にもその反作用にもあまり影響を受けない関係をはぐくむことができる。

しかし、学校の支配力にまったく影響を受けないということはありえず、たとえば話題は、教師に関するもの、学校行事に関するもの、進路や成績といったものになっていき、学校生活を共有しているからこそそのものが多くなる。そのような話題が共有される空間では、自分がケアされる立場にもなるがケアする立場にもなりうるというように、立ち位置を柔軟に変えることができるようになっていく。そのようにしながら、次第に教室に戻っていったり、卒業していったりする。学校の相談室で展開することは、ケアする立場・される立場と、立場性を変えながら、柔軟なものの見方を獲得していくことだと言えるだろう。

第Ⅲ部では、教師と生徒の行動を方向づける場の力を想定して、学校不適応的生徒の学校生活を検討してきた。学校不適応的生徒は、場の力との関係で発生する共通の物語を個人的なストーリーとして更新できないので、更新できるような参加形態をつくることが支援になる。また、環境に収まりの悪い生徒に対するチーム援助は、場の力によって弱められ崩される可能性はあるが、それをつくりなおし、生徒を抱えなおすことが、そのような生徒の適応を促進することを明らかにした。相談室は、場の力から離れた異質な空間であり、そこでは、生徒同士のケアが展開し、人間関係の編みなおしや新たな自己像の獲得につながることを示した。

終章では、小学校、中学校での心理的援助に関してまとめ、学校臨床における生態学的アプローチについて総合的に考察する。

終　章　学校臨床における生態学的アプローチ

1　場の力と個人的な居場所

小学校でのコンサルテーションと中学校でのチーム援助

本書のフィールドワークで明らかになったことをまとめておこう。まずは小学校での心理的援助であるが、小学校では学級担任制であることもあり、中学校と比べて、担任から授業や生活場面などに招き入れられる機会が多い。小学校の場合、責任感の強い学級担任が、早期に状況を改善させたい一心で支援を求めることが少なくないと指摘されている（中原　一九九九）。そのためか、担任はできるだけ子どもの「問題」を生《なま》の形で見てもらいたいと訴えるのだと思われる。心理職にとってこのことは、さまざまな場面で児童の行動を観察する機会に恵まれることとなる。ここでの観察は、参与観察ではなく、関与的観察と意識を切り替えておこなうべきものとなる。それが、同じ現象を見て、教師の見方ではなく心理職なりの見方で対応することにつながり、コラボレーションを進めていく一助になる。

生徒理解のプロセスについて藪添隆一は、「「問題」を「表現」としてダイナミックに感情移入していくプロセス」と述べているが（藪添 一九九九、二五頁）、心理職なりの見方の特徴は、教師や保護者にとって「問題」と見えることを、子どもの「表現」として捉えなおし、その意味するところを翻訳することによって、問題にかかわる人々が子どもに感情移入しやすいようにするところにある。教師や保護者が子どもの経験世界を理解したり、子どもの表現に感情移入できるようになると、みずからの働きかけを調整したり、よりよい働きかけを模索して相互作用を適合させてくれることは多い。これは結果的にマイクロシステム（教師－児童関係、保護者－児童関係）やメゾシステム（学校－家庭関係）に作用することになり、子どもを取り巻くシステムの変容に寄与することにもなる。そこでの情報交換は相談室ではなく、たとえば廊下や印刷室での「井戸端コンサルテーション」（吉田 二〇〇八）といった様相でなされることもあるが、それは、学校での自然な情報交換のあり方でもあるので、心理職が合わせていかなければならないだろう。

中学校の場合、ほとんどの中学校で相談室が設置されている以上、それをどのように機能させるかが重要である。本書では、行動場面から外れてしまいそうな学校不適応的生徒に対するセーフティネットとしての相談室の役割を見いだした。学校では共通の物語が産出されるが、その物語を自己のストーリーとして語りにくい生徒が学校不適応的生徒である。そのような生徒が行動場面の圧力から解放される異空間に接触し、そこで自己の捉えなおしや対人関係の編みなおしという作業をおこないながら、教室に戻っていくというのが一つのモデルとなるだろう。

場の力への敏感さ

学校には生徒－教師関係に影響する支配力（場の力）が働いており、それは人々の相互作用を方向づけ、場に秩序を与えるものとして念頭に置かなければならない。とくにその力は行事によって強まったり弱まったりを繰り返すことが多く、教師はこの力を成長促進力として作用させようとしている。行事の前には人々の共通の語りが強まり、人々はその共通の物語を個人的なストーリーに組み込みながら適応を図っている。教師にとって学校行事は教育効果を高める有効な道具として捉えられており、その機会を利用して生徒の人間関係を編みなおしたり、社会的地位を自覚させたり、学級の団結力を高めたり、個々の生徒が果たす役割を認めたりしながら成長を促そうとしている。共通の物語に接近できる生徒たちは、そのような場の中で教師からの働きかけや期待を感じとり、行事を通して成長したり自信を得たり視野が広がっていったりする。本書では中学校でのフィールドワークによって明らかにしたが、これは小学校においても同じであろう。

一方、この共通の物語に接近できない場合、学校不適応に近づくことになる。あるいは成長促進力の反作用が形成されやすくなる。学校不適応的生徒であったとしても、教師の働きかけはそのつどの場の力を利用したものになり、とくにそれが強まっているとき、変容の圧力を加えようと試みる。そして、その働きかけに応じることができない場合、教師との間に齟齬が生じ、それがエスカレートすると悪循環が形成されかねない。つまり、学校の動きには敏感でなければならず、そのような動きに乗じてどのような支援ができるかを考えることが学校臨床には求められるだろう。

それぞれの学校には大切にされてきた行事があり、場の力が比較的弱い学校もあれば強い学校もある。そしてこの場の力は、教師が学校不適応的児童・生徒たちをどう理解し、どのように働きかけるのかにも影響している。したがって、学校での支援を考えるうえでは、その学校の歴史や行事が教師や児童にどのように受け止められ、それをどのように支援に生かせるか（山崎 二〇一〇）、地域の中の学校という点から問題を捉え、その地域で用いられる解決方法が子どもたちに与える影響を理解すること（倉光 二〇〇四）も重要な支援となるだろう。そのため、スクールカウンセラーなど心理的援助をおこなう人は、マイクロシステムでの支援のみならず、そこに影響するメゾシステムやエクソシステムの動向とともに、そのつど援助システムの捉えなおしを図っておく必要がある。

個人的な居場所への接近と対応

本書では、人によってかかわる環境の次元は異なっており、環境の多次元性を理解しなければならないと考えてきた。この多次元性は、マイクロ、メゾ、エクソ、マクロというシステムの階層性やシステム同士の関係性だけを指すのではなく、同じ環境の中にあっても、人によってかかわっている環境は異なり、経験している世界も異なっているという意味である。そのため、学校不適応的児童・生徒への支援を考えるならば、その児童・生徒がどのような環境とかかわり、どのような経験世界を生きているかを理解することが求められる。

生態学的心理療法（ecological psychotherapy）を提唱している精神科医のユルク・ヴィリィは、環境と人との相互作用が最適化されている場所で起こっている効果を、相互応答効果（interactive effectiveness）と

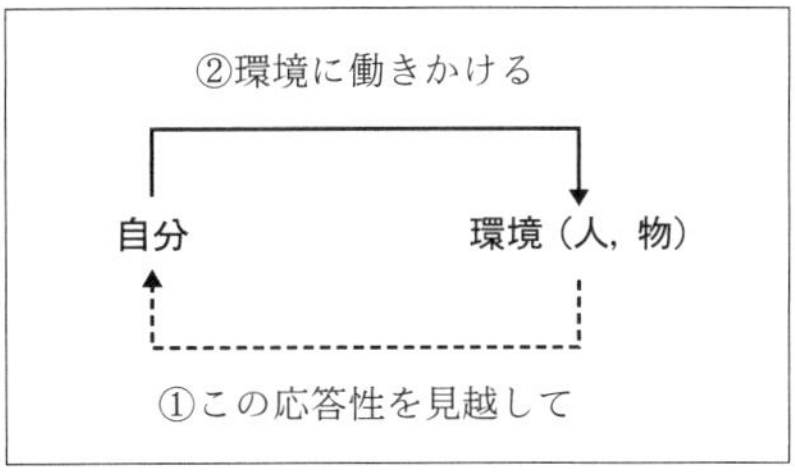

人は①の応答性を見越して，環境に働きかけ（②），その応答性（①）が得られることによって，働きかけの有効性が確認され相互応答効果が得られる。この応答性を利用して自分を活気づけ，行動が動機づけられ，精神的健康を維持している。

図 11－1　相互応答効果を得る働きかけ

名づけ、生態学的心理療法の中心概念に据えている。相互応答効果は、自分を刺激し成長させてくれるような応答性（effectiveness）を環境から引き出したときに得られる効果であり、したがって人は、そのような相互応答効果が得られるような仕方で環境に働きかけなければならない。人によって相互応答効果が得られる環境はそれぞれ異なるが、相互応答効果が得られるような環境を求め、相互応答効果を引き出せるように環境に働きかけている（以上、Willi 1999=2006, pp.41-46）。

人は環境（人、物）が自分にどのように反応し、どのように関心を寄せ、どのように期待し、どのように評価してくれるかをある程度予測し、予測どおりになることを目指して環境に働きかけている。そして、その応答性を確かめることによってその働きかけの有効性を確認している（図11－1）。そこで得られる応答性に手応えを感じ、事態が思ったとおり進展することによって、みずからが利用できる環境の幅を知ることとなり、その環境との相互作用の中に個人的な居場所（personal niche）を形成していく。個人的な居場所の中で頻繁に相互応答効果が得られている人は、その効果が得られるよう、みずからを調整しつつ環境に働きかけているのである。

もちろん、かかわる相手の関心はつねに変化しており、相手に対する自分の関心もつねに変化している。働きかけが相互応答効果を達成すると、その関心は他に移りもする。そのため、「自分の働きかけを成功させることができるのは、周囲の状況をうまく使い、周囲の状況が自分に提供してくれるものを感じ取り、適切な方法でそれを引き出し、自分のために役立てることができる場合」である。反対にうまく働きかけられないのは、「その人が自分を取り巻く世界と適切な関係が持てない、あるいは、関係を持つ勇気がなかったり、辛抱強く働きかけなかったり、自分を取り巻く世界がどのような構造をしており、どのような法則で成り立っているのかを十分に見ていない場合」である（以上、Willi 1999=2006, p.43）。相互応答効果は同じ状況では二度と起きないと考えられ、つねに新たな状況や場面の中で獲得しなければならない。人はたえず自分の働きかけが有効性を失ってしまわないように、また、自分の働きかけが有効であり続けることを求めるため、相互応答効果を得ようとつねにみずからの働きかけを調整している。こうして相互に影響を与え合うことによって、人は相手との関係の中で共発達（coevolution）していくものである（Willi 1999=2006, pp.135–138）。

人は環境が変わるに応じてみずからを変えており、みずからが変わることによってかかわる環境も変わっている。対人の場は、人も環境もともに発達する共発達の場と言えるだろう。第Ⅱ部と第Ⅲ部で見てきたように、学校不適応的児童・生徒の学校生活は、他者と共発達しながら変化する機会にとぼしく、孤立することが多い。不適応が形成される場に居合わせ観察を続けていくと、彼ら彼女らは、みずからが引き出した反応、とくに否定的なそれから学ぶことがあまりなく、そのため、みずからの働きかけを修正しようとしないことが多い。そのことが関係を硬直させたり、さらなる否定的反応を増幅させ、悪循環を生み出すことに気づかない場合もしばしばである。ここに、対応の分岐点があると思われる。一方の道は、児童・生徒が否定的反応に気づかないのならそれに気づかせればよいというもの、他方の道は、児童・生徒が否定的反応に気づいていないように見えても、それはあくまでも観察者から見た見方であり、当の本人はその相互作用の中からまったく異なった意味を引き出していることがある、というものである。前者にもとづく理解であれば、たとえば否定的反応を得たその場でソーシャルスキルを教えるといった発達論的療育論にもとづく対応、後者であれば、本人が引き出している意味内容を検討し理解しながらの対応が選択されることと思われる。いずれにせよ、学校不適応的児童・生徒をその場で支援するためには、援助者（教師や保護者）にとって彼ら彼女らは環境であると捉え、援助者が子どもとの間に相互応答効果を得ようとすること、そうすることによって、援助者が子どもにとって重要な他者になり、共発達できるような関係を築くことが求められるだろう。

心理の専門家は、児童・生徒と環境との相互作用の中で生起する出来事から、どのような意味が見いだせるかを解釈して、子どもの状態を見立て続けること（たとえば、百田・藪添 二〇一二）、そしてそれを周囲システムに伝え、理解の輪を広めることが求められる。本書では、日常に生起する出来事の中から行動の意味を見立て、その子どもの経験世界を読み取り、その中に発達の痕跡を見いだしたり、これからの発達の方向を予測したりする作業が、小学校においても中学校においてもあまりなされていないことが明らかとなった。したがって学校臨床は、日常に生起する出来事の意味を積極的に見立て、それを伝えていくことによって学校に貢献できるだろう。

本書で見いだした、学校不適応的児童・生徒に対する生態学的アプローチのモデルは図11－2に示した。心理的援助の必要な児童・生徒は、不適応感があり、不合理な信念があり、スキル不足があるなど、さまざまな状態を観察することができる。そのような児童・生徒が学校環境と相互作用することによって、ある出来事が生じる。そして、その出来事から児童・生徒も環境もともに影響を受ける。その結果を受けて、双方は次への適合を目指して新たなかかわりを模索するであろう。環境の働きかけがこれまで以上に強くなった場合、不適合がエスカレートし悪循環が形成されるかもしれず、環境調整がなされた場合は、不適合が弱められるかもしれない。そのような児童・生徒のかかわるシステムにジョイニングした心理職は、出来事の意味を仮説として提出し、それが環境側から認められたり修正されたりしながら、新たな仮説を立てていく。そのようなプロセスに入ることができれば、人的・物理的・社会的環境調整を促進し、それが本人に適合していれば、生起する出来事（問題行動）は次第に小さくなり、行動場面の支配力の中に収まるだろうし、適合していなければさらなる修正を加える必要があるだろう。

2　学校システムとコラボレーション

学校における二種類のコラボレーション

岸本寛史は、コラボレーションには二つのモデルがあるとしている（岸本 二〇〇八）。その一つは、指示命令系統が明確に規定され、それぞれの専門家がそれぞれの役割を担って目標を追求する「統一モデル」である。従来、アメリカの学校で求められてきたチーム援助は統一モデルと考えられる。もう一つのモデルは、専門家がそれぞれの目標を追求する中で自己組織的に新しい流れをつくっていく

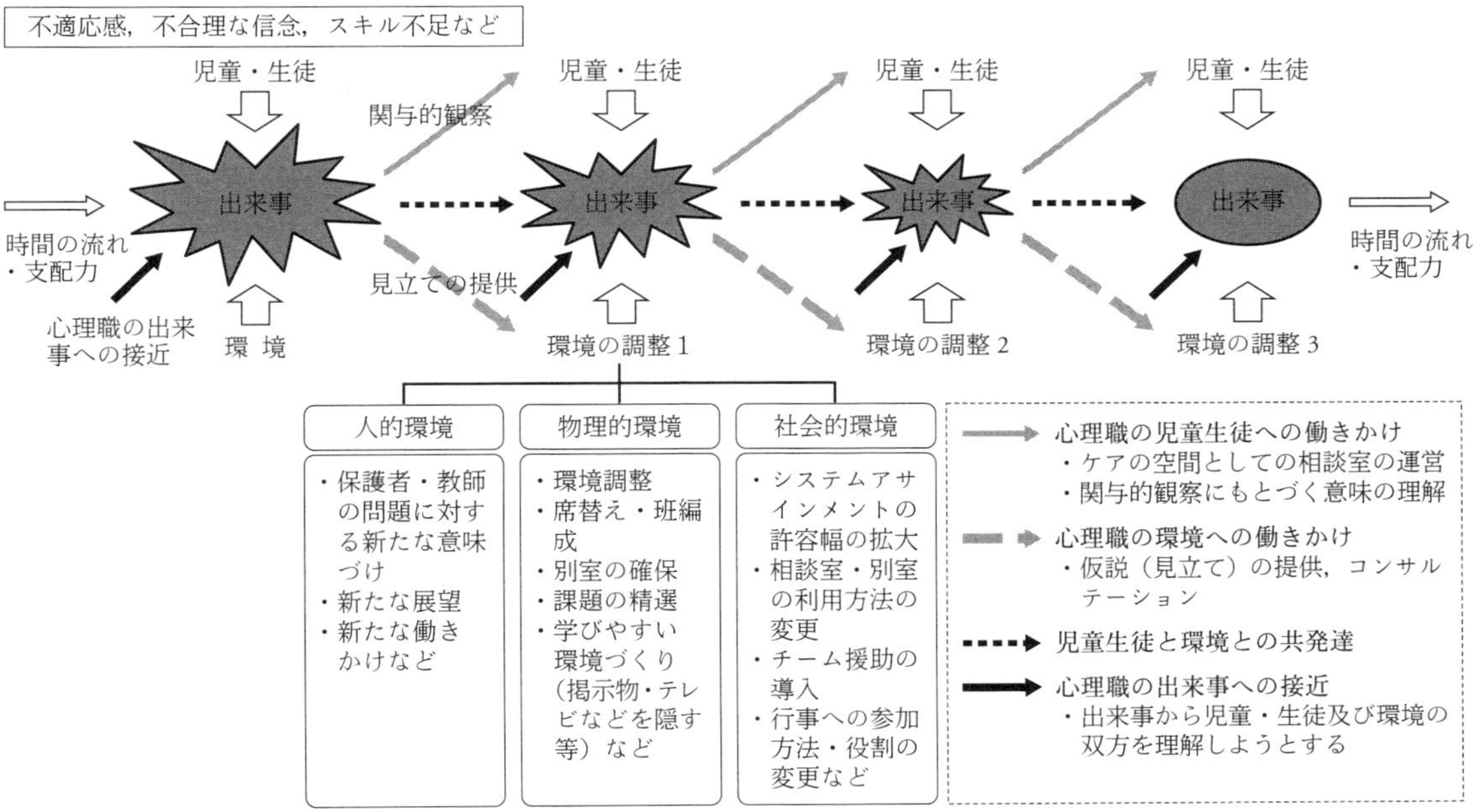

児童・生徒と環境との相互作用によって生じた出来事から双方は影響を受け，双方は次への適合を目指して共発達する。環境の働きかけがこれまで以上に強くなった場合，不適合がエスカレートし悪循環が形成される。児童・生徒のかかわるシステムにジョイニングした心理職は，出来事の意味を仮説として提出。それが環境側のニーズに合っていれば人的・物理的・社会的環境調整を促進し次の出来事が生じる。生起する出来事が次第に小さくなり，行動場面の支配力の中に収まり適合していくことを目指す。

図 11－2　学校不適応的児童・生徒に対する生態学的アプローチのモデル

「ネットワークモデル」である。日本においてもチーム援助といった場合、想定されるのは統一モデルが多いと思われるが、実践の中で作用している援助的機能を発見し、つなげ広げていくといったネットワークモデルによる介入戦略もあり、これは従来、日本の学校でおこなわれてきた実践の中心と考えられる。したがって、ネットワークモデルによる協働のあり方を探ることも必要となるだろう。

疎結合システムにおけるコラボレーション

学校は以前から「疎結合システム（loose coupled system）」であると指摘され（Weick 1979, 村田 一九八五、佐古 一九八六）、現在でも学校組織を論じる際の一つの視点となっている（たとえば、淵上 二〇〇五）。これは、指示命令系統がタイトにつながっている官僚制モデルとは異なり、学校組織のそれぞれの要素（学年や学級や教師）がゆるやかにつながっていると捉えるものであり、学校組織の機能性を理解するうえで参考になる。

佐古秀一は、疎結合システムの主要な機能として、外部環境の変動に対するすぐれた適応能力があると指摘し、その機能を次の七つにまとめている（佐古 一九八六、一四一頁）。

①ルース・カップリングによって、環境内に生じる微細な変動に対して組織全体が対応しなければならない確率（probability）を下げることができる。
②組織の中に鋭敏な感覚メカニズムをもたらすことになる。
③局所的な適応に適したシステムである。

④システム内に、多数の変異（mutation）や問題に対する新規な解を保持しておくことが可能である。
⑤システムにおける一部の損傷がその部分のみに限定され、他の部位に影響を与えない。
⑥行為者にとって自己決定（self-determination）の余地が大きい。
⑦行為者を共働させるためには時間や費用がかかるが、これらのコストを節約できる。

学校がこれらの機能を有すると考えるならば、学校で生じる問題はどのように対応されていると考えられるだろうか。おそらく、ある場所で問題が生じた場合、その問題に対して組織全体で対応するというよりもむしろ、異変が生じた部分を中心にした、局所的な対応システムが自然発生していると考えられる。問題を認知したところからつながりができて、問題に対応するシステムが起動し、その問題がなくなるとまた元の疎結合に戻っているのではないだろうか。学校を指示命令系統によるシステムと捉える場合、問題が起こるとその問題を上位システムに伝え、上位で対応を協議し練り上げ、それを下位システムに伝達する経路をたどることになるだろう。しかし、学校ではさまざまな問題が生じるため、一つ一つの問題をいちいち上位の中枢システム（管理職）に伝え、そこでの判断を仰ぐのでは対応が遅くなってしまう。たとえすばやい対応が伝達されてきても、決定された案は問題の発生現場から離れているため、最前線の問題状況とフィットしないこともあるだろう。疎結合システムは、指示命令系統によって対応するのではなく、それぞれゆるやかにつながっている人々が、問題の発生に伴って自己組織的なチームをつくり、最適化された機能を機敏に果たしていると考えられる。学校は教師の自律性が高く、問題はまず局所で対応されていると理解できる。そのように柔軟な機能が発揮されるため、さまざまな問題がある中でも学校組織全体が崩壊することは少ない。学年や学級、あるいは教師同士は必ずしも綿密に相互依存しているわけではなく、ゆるやかにつながっているので、問題が発生した場合、その問題に影響を受けないよう相互関係を弱めることによって、問題を問題として含みつつ、組織体としての存続を可能にしている。

一方、疎結合システムでは、必ずしも指示命令系統によって情報が伝達されるわけではないので、上位システム（管理職）が組織を管理できないという負の側面を有する（佐古 一九八六）。また、問題を問題として含みこみつつも組織体としての存続が可能であるため、問題を切り離しそのまま放置してしまうことも起こりえる。その場合、問題にかかわっている人（たとえば担任）を孤立させてしまうおそれも十分にあるだろう。学校での心理的援助について藤岡孝志は、学校がシステムとして機能していることを前提とするのは錯覚であり、学校をシステムとしてどう作用させるかのほうに苦慮すると指摘しているが（藤岡 一九九九）、これは、疎結合システムの負の側面が表面化しはじめたときの学校の状態について述べているのだろう。疎結合であることの負の側面に対しては、上位システムが積極的にチームを立ち上げ、問題の共有や役割分担を確認して対応を継続する統一モデルで対応することを考えたほうがよいであろう。統一モデルとネットワークモデルの両方の対応があることを理解せず、ただやみくもに統一モデルだけを導入してしまうと、問題が生起している最前線では問題に対応するネットワークが起動しているにもかかわらず、そのネットワークを分断してしまい、かえって対応を混乱させるだけということにもなりかねない。問題に対応するリーダーは、どのようなコラボレーションのあり方が求められるかを判断しなければならないだろう。

ネットワークへの参加

アメリカと異なり日本の学校では、職種が細分化され、おのおのがばらばらに援助しているわけではなく、融通無碍に編成を変えて援助している面もある（鵜養 二〇〇二）。ネットワークモデルは、すでに自発的・自律的に実践されている対応の中にすべりこんで、その組織内で生起する出来事に作用することになるだろう。これは新たに組織を立ち上げ運営するよりコストもリスクも小さいという意味で、効果的な援助となりうる。コラボレーションは、既存の組織に依存せずに、その活動自体によってお手製の「コミュニティ」を確保することを目指す活動でもあり（亀口 二〇〇二）、チームになれる人、あるいはそうとは言語化せずともチームとして動いている人の活動を見つけ参入するといった側面もある。そのような無意識の動きを捉えて言語化することが、学校への援助につながると指摘されている（伊藤 二〇〇二、鵜養 二〇〇四）。

学生相談の領域でコラボレーションモデルを作成し、みずからの実践を通して検証している藤川麗は、コラボレーションによる援助を有効にするためには次の二つの条件が考慮されねばならないと指摘している。一つはコラボレーションを運用する際にクリアされるべき条件、もう一つは、援助者に求められる条件である。コラボレーションを有効に運営するための条件としては、①見立てや方針を異職種間で十分に吟味することができること、②各職種が柔軟にリーダーシップをとることができること、③クライアントの意思を援助方針の決定に取り入れられること、である（藤川 二〇〇七、一六八―一七一頁）。本書では、①と③の部分、つまりクライアントの見立てや意思を把握し、それを仮説として吟味する作業は、心理職の重要な機能であることを見いだしてきた。②は融通無碍に対応している教師たちの得意とすることであるため、心理職はそこに参入しながら①と②の部分に貢献することによってリーダーシップの一端を担うことができるだろう。

援助者に求められる条件としては、④クライアントの利益を中心に考えるという価値観をもっていること、⑤相手の専門性について、ある程度の知識があること、⑥相手を尊重する態度があること、⑦コミュニケーションの技能を身につけていること、が挙げられる（藤川 二〇〇七、一六九－一七四頁）。④は当然のことであるが、何をクライアントの利益と考えるかは職種によって異なることも多い。授業に出たくない生徒に対して、友人関係が疎遠になることや入試に失敗するリスクを考えて、授業に参加させることが利益になるとするか、気持ちの安定化を優先することが利益と考えるかでは働きかけは別のものとなる。本書は、⑤の相手の専門性についての知識を得ることを目指しておこなってきたとも言える。異職種同士のコラボレーションには、紆余曲折や対立は当然生じることであるため、⑦のコミュニケーションを維持し続けることが、ネットワークへの参加のためには重要と考えられる。

異質者としての強み

教師は学校の場の力を有効に作用させつつ、多様な児童・生徒との関係を構築しており、場の力との関係で問題を枠づけることが多い。そのとき、子どもの心理はお構いなしになることもある。それに対してたとえばスクールカウンセラーなどは、子どもの行動の意味や背景から子どもを捉えようとするが、場の力にうとくなることもある。筆者は、子どもに対する教師の働きかけが、筆者（スクールカウンセラー）にとって乱暴に思われるものであっても、当の子どもにはうまく作用することを何度も観察してきた。だからといって筆者が教師のように振る舞うことはないが、そこから学ぶことは多く、それらは活かされるべき資源と考えている。

フィールド研究を長く実践してきたやまだようこは、フィールドで得たものの見方を「「両行」する眼」と名づけている。両行とは荘子の言葉で、矛盾を同時に存在させておくこと、矛盾することが二つながらおこなわれてゆくこととされている。これは、矛盾したものを闘争させ、葛藤させ、止揚することを目指すのではなく、矛盾したものを矛盾と明確に自覚したうえで共存させ、複眼で両者を見ることであるとされる（やまだ 二〇〇五、六七頁）。この見方でおこなわれる実践は、スクールカウンセラーが教師になることはなく、教師がスクールカウンセラーになることもないが、相手の見方を否定することなく共存することによって、複眼的視点から児童・生徒とのかかわりをつくるものとなる。それは、児童・生徒が多様なものの見方に接する機会を与えることにもつながる。児童・生徒にとっては複眼的視点に接する機会を与え、教師にとっては心理職との違いを知ることによってみずからの専門性をより明確にするという意味で、コラボレーションにおいて心理職の異質性は活用されるべきものである。

心理職としての学校での居方

生態学的視座から心理職をどう活用するのかについては、平木典子が次のように三点にまとめている（平木 二〇一〇、二五頁）。まず一つ目は、システムの相互作用の中では、そこにかかわる誰もが問題解決や変化にかかわるスペシャリストであり、目標設定を含めて、目標達成のために協働して個人・家族の能力を引き出すこと（システムの潜在的能力と協働の実行）である。第7章や第10章で見てきたように、児童・生徒のかかわるシステムは、心理職が子ども理解の叩き台を提出したり、子ども同士の交流を見守ったりしていると、比較的早い時期から変化が生じはじめる。これは、援助の対象として設定した人たちが、第二次予防的介入レベルの児童・生徒であったためと思われるが、このような段階の人々に対しては、環境にかかわる積極的な能力（コンピテンス）を引き出す環境づくりを目指すことが必要になる。

二つ目は、専門家に避けがたく授けられた権威や力を意識しつつ、必要に応じてクライアントに新しい知識の伝達やスキル訓練をおこなうこと、独自の個人的立場を活用することである。心理職は、それを意識するしないにかかわらず、不適応問題に対応しようとするとき権威や力が付与されることとなる。そのため、従来の学校コンサルテーションでは（たとえば、山本 一九八六）、教師に影響を与えすぎないような設定と心構えをもって学校で仕事をしてきた。しかし、コラボレーションにおいては、心理職と教師それぞれが力を出し合って協力することになるため、心理職は与えられた力を活用もできなければならない。授けられた権威や力を意識しつつねに点検しつつ、子どもの見立ての部分では積極的に自己を活用して力を発揮することが求められよう。

三つ目は、複数の参加者がかかわってくるので、プライバシーや秘密保持（confidentiality）に関して、個人療法とは異なる視点をもつことである。生態学的視座から援助しようとするならば、さまざまなシステムのさまざまな人々とかかわることになるため、得られた秘密をどのように守っていくかは重要なこととなる。平木は、秘密保持について、秘密を保持することよりも、秘密を打ち明けられた信頼に応えることが秘密保持という考え方の要諦であると指摘している。やみくもに秘密を保持するのではなく、クライアントのためになると判断するならば、それを共有することも考えなければならないということである。

学校システムとのコラボレーションを目指す心理職は、個人療法とは異なるこの三点を考慮しながら、統一モデルとネットワークモデルを活かすこと、両行する眼をもってみずからに与えられている力を自覚し活用することによって、児童・生徒のかかわるシステムを援助できるだろう。

3　手持ちのやり方を最大限に活かすこと

生態学的アプローチには特別な心理療法の技法があるわけではなく、それは心理職の態度とも言われ（McDaniel et al. 2001, p.3）、幅広い技術を用いて、その場の中で、使えそうな選択肢を用いて介入することである（Fine 1985, Conyne & Cook 2004）。新しい介入技術や対処方法を導入するのではなく、今そこにある技術を生態学的な枠組みを通して実施することと言える（Conoley & Haynes 1992）。つまり、その場の状況の中でもっとも効果的な適合を生み出せそうだと考えられる対応を試み、その適合ぐあいを調整していくということになろう。そのような意味では、生態学的アプローチというのは、その場の中でもっとも解決に近く、また使えそうな資源を用いて解法を見つけだす「発見的（heuristic）」なものであり、そのときには使えるものは何でも使うといった「折衷的（eclectic）」な特徴をもつ介入である（Shafel & Fine 1997, p.100）。

河合隼雄は、教育問題に対して、「現象に自らかかわる」ことによってそこに「自分を入れこんで」考え、学問の境界を破って学際的な方法で問題を考究する学問として、臨床教育学を提唱し、その特徴の一つを「発見的（heuristic）な性格」としている（河合 一九九五、一三、一五、二三頁）。そして、この発見的という言葉について、登山を例に次のように述べている。「山へ登るためには装備もいるし、気候や山についての知識もいる。そしてもちろんある程度の見とおしがなければ話にならない。しかし、実際にとりかかると思いがけないことが起こる。気候が変化したり、実際に行ってみてはじめてわかる山の状態があったり、またその代わり、思いがけないよい方法が見つかったり、幸運にめぐりあったりする。そこには常に「発見」がある」（河合 一九九五、二三頁）。このように発見的であるということは、明確な予想や計画を立てて、その通りに事を運んでいって効果を上げるというものではなく、自分を現象の中に入れ込んで現場で解法を発見していくものである。

現場の中で解法を発見し、今もっている手持ちの技術、たとえば、席替えをする、班分けをする、課題の精選、スモールステップの導入、ペースを落とす、友だち同士のチューター制を導入する、家庭と学校のコミュニケーションを密にする、物事の優先順位を変える、スケジュールを変える、期待値を下げる、通級指導を開始する、チームで対応する、他機関との連携の取り方を考える、相談室登校を認めるなどのことを駆使して解決にあたるのが生態学的アプローチと言える。そして、そのようなシステムを変えることによって個や環境がどのように動くかということに焦点を当てて関与的に観察しつつ対応するということになるだろう。

生態学的アプローチには特定の技法がないというと、そのアプローチには意義がないように思われるかもしれない。しかし、その意味することは、特定の技法を用いて自動的に問題を見立てるということではなく、まずは子どもと、子どもをそのように機能させている環境の両方をよく観察したうえで、もっとも適していると考えられる技術や理論を用いて対応するということである（Fine 1985）。学校環境はつねに変化しており、人々も変化しているが、毎日そこで生活している人たちはそれを暗黙知として生きており、いちいち意識化しているわけではない。月に数回学校に行く異質性を帯びた人々（たとえば、スクールカウンセラーや参与観察者、特別支援教育支援員や介助員）が、ふつう場に参入して初めにすることは、前回学校に来たときと今回との違いを評価することである。援助者は、前回の学校の状況と今回との連続性が切れており、その時々の学校状況はわからないまま場に参入することになるため、つねに場の雰囲気の捉えなおしが迫られている人々である。その異質性があるため、そしてつねに場を新鮮に捉える距離感を保てるため、環境と人の両方を捉えやすい位置にいることになる。その立場性を活かした支援が学校臨床と言える。

4　今後の展望

最後に、本書で検討できなかったことについて三点挙げ、今後の展望を述べておきたい。

一つ目は、学校の特殊性という問題である。本書は学校不適応問題に対して、一つの学校で生起することを、一年以上のフィールドワークによって詳細に分析し考察することを志向してきたため、観察対象の学校数が少ないという限界がある。また、参入を認めてくれた学校は、外の目（参与観察者）が入ることに対する抵抗の小さいオープンな学校であったという特殊性もある。そのことから、本書で明らかになった支援が必ずしも一般化できるとは限らない。今後、生態学的アプローチによる問題の解法がどのようになされているかを、より多くの学校において探求することが求められるだろう。

二つ目は、個別性という問題である。本書は一人の学校臨床を専攻する臨床心理士が教室の中で生起することや、学校をフィールドワークすることによって見いだせたことにもとづき論を展開している。支援に資するためのフィールドワークを目指していたこともあり、臨床心理の目から現象を発見的に捉えていこうという構えで観察をおこなった。事例はできるかぎり生起した現象をそのまま記述することに努めたが、現象の中にみずからを投入すればするほど、筆者の目からの事例ということになるため、データの信頼性をどう担保するかを検討しなければならないだろう。

三つ目は、学校環境と人との相互作用に焦点を絞っていたため、より広いシステムから子どもを理解するということに至らなかったことである。これは地域が特定されたりプライバシーにかかわったりする領域であり、あえて慎重に構えたためでもある。しかし、生態学的にアプローチするには少なくとも家族の状況と学校の状況を同時に捉える方法論や理論も必要となる。学校と家族、それを取り巻く地域的特性といったところも含めた問題の捉え方は今後の課題となる。

さて、場の力を活かした学校臨床は、今後、どのような方向が求められるのだろうか。筆者は二つあると思う。その一つ目は、児童・生徒の生きる場を考慮した援助である。いじめや不登校、発達障害や精神障害など、子どもをめぐる問題に対応していると、子どもの問題だけでなく、家庭内の不和や親の離婚、保護者の精神障害や経済的理由といったさまざまな背景要因が見えてくる。貧困率の高まりなどからわかるように、子どもの生活をめぐる状況は以前と比べて厳しさを増している（阿部 二〇〇八）。シングルマザーになりながら子育てをせねばならず、昼も夜も働き通しになるために、結果として子どもを放置してしまうネグレクト、あるいは離婚の痛手から立ち直れない親や、リストラによるうつ病の発症といった問題が子どもたちに影響し、安定した日常生活を送れない子どもが増えている。宿題一つとっても、帰宅後、親とほとんど顔を合わせられずきょうだいだけで過ごす家庭の子どもと、家に帰ったら母親が出迎えてくれて、学校の話を聞いてくれ、宿題にまで目をかけてくれる家庭の子どもとでは、生きている現実が違う。学校教育は、家庭が安定したものだという暗々裏の前提を置いてきたが、もはやその前提は成り立たない。

スクールカウンセラーとして豊富な経験をもつ鵜養啓子は、「学校は行政の最先端にあり、すべての役所の最も身近な窓口として機能しているのではないか」と指摘している（鵜養 二〇〇三、七二頁）。子どもが公立学校に在籍している限り、学校は子どもにとってのセーフティネットとして機能する面をもつ。場合によっては、保護者を支援し、行政サービスにつなげることもできるだろう。そのような学校のもつ福祉的機能を活かした個別的な心理的援助を考えなければならない。そのため、スクールソーシャルワーカーなどとの連携を強化し、家庭状況もふまえた個別的な対応をどのように組み立てるのかということが、学校臨床には求められるだろう。これが一つ目の方向性である。

もう一つは、こころを使って考えるということを共有するような援助である。近年、精神分析的な考えを基礎に置いたコンサルテーションでは、組織の有り様とその組織で働く人々、そしてクライアントを包括的に捉えて現象を理解し、コンサルタントがみずからを介して解決の糸口を探る試みがなされている（Obholzer & Roberts 2006, Rustin & Bradley 2008, 鈴木 二〇一六）。これはコンサルタント（心理職）が組織に入って感じたことを、専門的に訓練された主観でもって捉え、その感覚の中に組織で働くスタッフの混乱やストレスが入り込んでいるという可能性を探るものである。一般のコンサルテーションは、コンサルティの相談内容を聞くことから開始されるが、この新しいコンサルテーションの考えでは、それ以前からのコンサルタントの感覚をも重要なデータとする。

ある小学校で児童の事例検討会をするという理由で呼ばれたときのこと。筆者が小学校に到着すると案内役の教師が迎えに来てくれた。その案内役は、よそよそしい挨拶のあと、すぐに不案内な筆者を置いてすたすたと先を歩いていってしまった。案内役に慌ててついていき、通された大きな部屋で一人しばらく待たされたときには、自分の来校があまり歓迎されてないことを感じ、不安と怒りを感じたことがある。そして、自分が悪いわけではない、この学校とはかかわりたくないと考えていた。のちにわかったことだが、この学校では、発達障害の子どもが多く、生徒指導主事や特別支援教育コーディネーターはいるのだがうまく機能しておらず、管理職はその状態をそのまま放置し、誰が対応をリードするのかの案内役がいない混乱状態にあった。筆者が感じた案内役に対する不満と不安は、じつは、この小学校の教師の多くが感じている案内役に対する不満と不安の表れであり、そのような組織の問題が、コンサルテーションを開始する前から現れていたのではないかと感じられた。

このような理解は、関係のない偶然をあとづけ的につなげて、勝手気ままに意味づけたものと捉えられるかもしれない。一般には、単に案内役の性格の問題と考えるだけだろう。しかし、この新しいコンサルテーションでは、案内役の教師が図らずもみずからの振る舞いを通して案内役が機能してない不満や不安を筆者に投影し、筆者はそれに同一化することで、この組織で働く人々のストレスを受け取ったという考え方も可能とする。そして、そのとき筆者が感じた、自分は悪くない、かかわりたくない、早く離れたいというこころの動きを、この組織で働く人々のこころの動きとして吟味し、これが教師の心を分断し、この組織を分断している可能性を探ることも仕事の一つとする。これが真実であるかどうかというよりも、このようにコンサルタントがみずからのこころを使って考え、そこにとどまり、コンサルティにも同じようにやってみることを勧めることによって、コンサルティはこころを使って考えるとはどういうことなのかを知りはじめる。

みずからのこころを使って考えることは、児童・生徒および保護者のこころを理解することにつながるだけでなく、結果的にみずからのこころを知ることにもなり、教師のメンタルヘルスの向上にもつながるだろう。教師がカウンセラーになることは難しいが、教師もこころを使って考えることはできるはずである。生態学的アプローチで対応しながら、こころをつかって考えることは、教師と心理職の両方の専門性の向上につながるコラボレーションになると思われる。

以上のように、場の力を活かした学校臨床は、「学校の福祉的機能を活かした支援」と「こころを使った援助の共有」という二つの方向性が求められていくと考えられ、それは筆者の今後の課題でもある。

引用・参考文献

秋田喜代美（二〇〇〇）『知をそだてる保育――遊びでそだつ子どものかしこさ』ひかりのくに
秋田喜代美（二〇〇一）「解説　ショーンの歩み――専門家の知の認識論的展開」ドナルド・ショーン『専門家の知恵――反省的実践家は行為しながら考える』佐藤学・秋田喜代美訳、ゆみる出版、二一一―二二七頁
秋田喜代美・市川伸一（二〇〇一）「教育・発達における実践研究」南風原朝和・市川伸一・下山晴彦編『心理学研究法入門――調査・実験から実践まで』東京大学出版会、一五三―一九〇頁
飽田典子（一九九一）「スクールカウンセラーの教育」乾吉佑・飯長喜一郎・篠木満編『心理臨床プラクティス2　教育心理臨床』星和書店、二五七―二六五頁
安達知郎（二〇一二）「関係者とのコラボレーションによって不登校の女子中学生を支援した学校臨床事例――コラボレーション、システム論、多方向への肩入れ」『家族心理学研究』二六、四〇―五二頁
阿部彩（二〇〇八）『子どもの貧困――日本の不公平を考える』岩波書店
新井郁男（二〇〇六）「生徒指導の理念と歴史」新井郁男・住田正樹・岡崎友典編著『生徒指導』放送大学教育振興会、九―一六頁
蘭千壽・高橋知己・中元昭広（一九九八）「教育場面における非平衡型認知理論の検討」『防衛大学校紀要（人文科学分冊）』七六、一九―五三頁
蘭千尋（一九九九）『変わる自己　変わらない自己』金子書房
蘭千壽・高橋知己（二〇〇三）「学級集団論におけるシステムズアプローチのパースペクティブ」『防衛大学校紀要（人文科学分冊）』八六、一九九―二一七頁
蘭千壽・高橋知己（二〇〇八）『自己組織化する学級』誠信書房
家近早苗・石隈利紀（二〇〇三）「中学校における援助サービスのコーディネーション委員会に関する研究――A中学

校の実践をとおして」『教育心理学研究』五一、二三〇－二三八頁
五十嵐一枝（二〇〇五）『軽度発達障害児のためのSST事例集』北大路書房
石川秀樹（二〇〇五）「自閉症児の《反復》の意味――日常生活の儀式化のための《反復》に関する考察を中心に」『心理臨床学研究』二三、四四五－四五六頁
石隈利紀（一九九九）『学校心理学――教師・スクールカウンセラー・保護者のチームによる心理教育的援助サービス』誠信書房
石隈利紀・田村節子（二〇〇三）『石隈・田村式援助シートによるチーム援助入門――学校心理学・実践編』図書文化社
石野秀明（二〇〇三）「関与観察者の多様な存在のありよう――保育の場での子どもの「育ち」を捉える可能性を探り当てる試み」『発達心理学研究』一四、五一－六三頁
伊藤美奈子（二〇〇〇）「スクールカウンセラー実践活動に対する派遣校教師の評価」『心理臨床学研究』一八、九三－九九頁
伊藤美奈子（二〇〇二）『スクールカウンセラーの仕事』岩波書店
井上とも子（一九九九）「注意欠陥・多動性障害への教育的アプローチ――情緒障害通級指導教室での指導を中心に」『発達障害研究』二一、一九二－二〇一頁
岩崎徹也・相田信男・乾吉佑・狩野力八郎・北山修・橋本雅雄・馬場禮子・深津千賀子・皆川邦直編（一九九〇）『治療構造論』岩崎学術出版社
植村勝彦（二〇〇八）「今日のコミュニティ心理学の理念――研究および実践への指針のための一試論」『コミュニティ心理学研究』一一、一二九－一四三頁
鵜養啓子（二〇〇三）「学校臨床と法律」佐藤進監修、津川律子・元永拓郎編『心の専門家が出会う法律――臨床実践のために』誠信書房、六五－七二頁
鵜養美昭（二〇〇二）「学校教育におけるコラボレーション――教職員の関係とコラボレーション」亀口憲治編『現代のエスプリ419　コラボレーション――協働する臨床の知を求めて』至文堂、八四－九二頁
鵜養美昭（二〇〇四）「学校臨床心理学の課題と展望」倉光修編『学校臨床心理学』誠信書房、三五－一〇九頁
氏原寛（二〇一一）「今、カウンセリングマインドを問う」『児童心理』八月号臨時増刊、金剛出版、六二－七〇頁

内山登紀夫（二〇〇六）『本当のTEACCH――自分が自分であるために』学習研究社
遠藤愛（二〇〇八）「特殊学級教師の指導行動の変容を促す介入――教師の抵抗感を回避するためのフィードバックの工夫」『教育心理学研究』五六、一一六‐一二六頁
大泉溥編（二〇〇九）『日本の子ども研究――明治・大正・昭和　別巻Ⅰ　近代日本の児童相談』クレス出版
大熊保彦（二〇一一）『現代のエスプリ523　リフレーミング：その理論と実際――〝つらい〟とき見方を変えてみたら』ぎょうせい
大野精一（一九九七）『学校教育相談――理論化の試み』ほんの森出版
大野精一（一九九八）「学校教育相談の定義について」『教育心理学年報』三七、一五三‐一五九頁
小此木啓吾（一九九〇）「治療構造論」小此木啓吾・成瀬悟策・福島章編『臨床心理学大系7　心理療法1』金子書房、三七‐六三頁
小沢牧子（二〇〇〇）「カウンセリングの歴史と原理」日本社会臨床学会編『カウンセリング・幻想と現実　上巻　理論と社会』現代書館、一六‐六七頁
海津亜希子・佐藤克敏（二〇〇四）「LD児の個別の指導計画作成に対する教師支援プログラムの有効性――通常の学級の教師の変容を通じて」『教育心理学研究』五二、四五八‐四七一頁
上武正二（一九五九）『教育相談の技術』東洋館出版社
亀口憲治（二〇〇〇）『家族臨床心理学――子どもの問題を家族で解決する』東京大学出版会
亀口憲治（二〇〇二）「コラボレーション――協働する臨床の知を求めて」前掲『現代のエスプリ419　コラボレーション』、五‐一九頁
亀口憲治編（二〇〇二）『現代のエスプリ407　学校心理臨床と家族支援』至文堂
河合隼雄（一九九二）『子どもと学校』岩波書店
河合隼雄（一九九五）『臨床教育学入門』岩波書店
河合康（二〇〇四）「特別支援教育コーディネーターのあり方」『教育と医学』六一八、三三一‐三九頁
河本英夫（一九九八）「代理するような気遣い、手本を示すような気遣い」河本英夫・L.チオンピ・花村誠一・W.ブランケンブルク『精神医学』青土社、一二頁
菊池知美（二〇〇八）「幼稚園から小学校への移行に関する子どもと生態環境の相互調節過程の分析――移行期に問題

行動が生じやすい子どもの追跡調査」『発達心理学研究』一九、二五‐三五頁
岸本寛史（二〇〇八）「コラボレーションという物語」『臨床心理学』八、一七三‐一七八頁
北山修（一九九〇）「構造と設定」前掲『治療構造論』、二一七‐二三二頁
金珍熙・園山繁樹（二〇一〇）「統合保育場面における「埋め込まれた学習機会の活用」を用いた外部支援者による支援の検討」『特殊教育学研究』四八、二八五‐二九七頁
木村敏（一九八八）『あいだ』弘文堂
久木田純（一九九八）「エンパワーメントとは何か」久木田純・渡辺文夫編『現代のエスプリ376　エンパワーメント——人間尊重社会の新しいパラダイム』至文堂、一〇‐三四頁
窪田由紀（二〇〇九）『臨床実践としてのコミュニティ・アプローチ』金剛出版
熊倉伸宏（二〇〇二）『面接法』新興医学出版社
倉光修（二〇〇四）『学校臨床心理学』誠信書房
栗原慎二（二〇〇六）「学校カウンセリングにおける教員を中心としたチーム支援のあり方——不登校状態にある摂食障害生徒の事例を通じて」『教育心理学研究』五四、二四三‐二五三頁
小泉英二（一九八七）「学校におけるカウンセリングの実際——その具体的手法と実施上の問題点」『児童心理』四一、金子書房、一七‐二三頁
小泉令三（一九九五）「中学校入学時の子どもの期待・不安と適応」『教育心理学研究』四三、五八‐六七頁
小泉令三（二〇〇二）「学校・家庭・地域社会連携のために教育心理学的アプローチ——アンカーポイントとしての学校の位置づけ」『教育心理学研究』五〇、二三七‐二四五頁
小泉令三・若杉大輔（二〇〇六）「多動傾向のある児童の社会的スキル教育——個別指導と学級集団指導の組み合わせを用いて」『教育心理学研究』五四、五四六‐五五七頁
國分康孝（一九八一）『カウンセリング・マインド』誠信書房
國分康孝（一九八四）「いま、教師に求められているもの——「カウンセリング・マインド」を中心に」『児童心理』三八、金子書房、四六‐五四頁
國分康孝（一九八七）「カウンセリング・マインドとは何か」『児童心理』四一、金子書房、三‐一〇頁
國分康孝（一九九七ａ）『教師の使えるカウンセリング』金子書房

國分康孝（一九九七b）「日本におけるスクールカウンセリングの課題」『教育心理学年報』三六、二六－二九頁
國分康孝監修、片野智治編集（一九九六）『エンカウンターで学級が変わる 中学校編――グループ体験を生かしたふれあいの学級づくり』図書文化
小林重雄監修、山本淳一・加藤哲文編著（一九九七）『応用行動分析学入門――障害児・者のコミュニケーション行動の実現を目指す』学苑社
小林利宣編著（一九八四）『教育相談の心理学』有信堂高文社
小林幹子・藤原忠雄（二〇一四）「わが国の学校教育相談の展開史と今後の課題――学校における全ての子どもへの包括的な支援活動に関する実践の縦断的検討から」『学校心理学研究』一四、七一－八五頁
近藤邦夫（一九九四）『教師と子どもの関係づくり――学校の臨床心理学』東京大学出版会
近藤邦夫（一九九七）「クライエント中心療法と教育臨床」『こころの科学』七四、六四－六八頁
近藤邦夫（二〇一〇）『学校臨床心理学への歩み――子どもたちとの出会い、教師たちとの出会い』福村出版
齋藤純一（二〇〇〇）『公共性』岩波書店
酒木保（二〇〇〇）「遊戯療法と相互承認的空間論」日本遊戯療法研究会編『遊戯療法の研究』誠信書房
榊原久直（二〇一一）「自閉症児と特定の他者とのあいだにおける関係障碍の発達的変容――相互主体的な関係の発達とその様相」『発達心理学研究』二二、七五－八六頁
坂本昇一（一九八〇）「わが国における生徒指導の歴史」飯田芳郎編著『新生徒指導事典』第一法規出版、一五－二〇頁
坂本龍生・花熊暁編著（一九九七）『入門 新・感覚統合法の理論と実践』学習研究社
佐古秀一（一九八六）「学校組織に関するルース・カップリング論についての一考察」『大阪大学人間科学部紀要』一二、一三五－一五四頁
佐々木正美（二〇〇八）『自閉症児のためのTEACCHハンドブック――改訂新版 自閉症療育ハンドブック』学習研究社
佐藤郁哉（二〇〇六）『増訂版 フィールドワーク――書を持って街へ出よう』新曜社
沢崎俊之・中釜洋子・齋藤憲司・高田治編著（二〇〇二）『学校臨床そして生きる場への援助』日本評論社
志水宏吉（二〇〇二）「学校を「臨床」する――その対象と方法についての覚書」近藤邦夫・志水宏吉編『学校臨床学

への招待――教育現場への臨床的アプローチ』嵯峨野書院、一五-四七頁
下山晴彦（二〇〇二）「社会臨床学の発想」下山晴彦・丹野義彦編『講座床心理学6　社会臨床心理学』東京大学出版会
下山晴彦（二〇一〇）『臨床心理学をまなぶ1　これからの臨床心理学』東京大学出版会
白波瀬丈一郎（二〇一一）「関与しながらの観察」加藤敏・神庭重信・中谷陽二・武田雅俊・鹿島晴雄・狩野力八郎・市川宏伸編『現代精神医学事典』弘文堂、一八六頁
末松渉（二〇〇一）「いのちの電話――組織と運営」山本和郎編『臨床心理学的地域援助の展開――コミュニティ心理学の実際と今日的課題』培風館、五四-六六頁
杉山登志郎（二〇〇〇）『発達障害の豊かな世界』日本評論社
鈴木誠（二〇一六）「教職員チームへの支援――ワークディスカッションという方法」平井正三・上田順一編『学校臨床に役立つ精神分析』誠信書房、一八八-二〇六頁
瀬戸瑠夏（二〇〇五）「オープンルームにおけるスクールカウンセリングルームの場の機能――グラウンデッド・セオリー・アプローチによる生徒の視点の分析」『心理臨床学研究』二三、四八〇-四九一頁
瀬戸瑠夏（二〇〇六）「オープンルームにおけるスクールカウンセリングルームという場の構造――フィールドワークによる機能モデルの生成」『教育心理学研究』五四、一七四-一八七頁
園田雅代・中釜洋子・沢崎俊之編著（二〇〇二）『教師のためのアサーション』金子書房
多賀幹子（二〇〇一）「高齢者の生活を支えるネットワーク」前掲『臨床心理学的地域援助の展開』、一四八-一六三頁
高岡文子（二〇〇二）「思春期の子供たちへの接近――「日常開放的空間モデル」のスクールカウンセリング活動の展開」近藤邦夫・志水宏吉編著『学校臨床学への招待――教育現場への臨床的アプローチ』嵯峨野書院
髙橋あつ子編著（二〇〇四）『LD、ADHDなどの子どもへの場面別サポートガイド――通常の学級の先生のための特別支援教育』ほんの森出版
高畠克子（二〇一一）『臨床心理学をまなぶ5　コミュニティ・アプローチ』東京大学出版会
竹中菜苗（二〇〇七）「自閉症児への心理療法における〈私〉の生成」『心理臨床学研究』二五、五八二-五九二頁
田嶌誠一（一九九八a）「強迫症状との「つきあい方」」『心理臨床学研究』一五、五七三-五八四頁
田嶌誠一（一九九八b）「暴力を伴う重篤例との「つきあい方」」『心理臨床学研究』一六、四一七-四二八頁

田嶌誠一（二〇〇九）『現実に介入しつつ心に関わる――多面的援助アプローチと臨床の知恵』金剛出版
田中教育研究所（一九六四）「教育ジャーナル――着々と進む文部省の生徒指導構想」『教育心理』一二、三〇－三一頁
谷口明子（二〇〇四）「病院内学級における教育実践に関するエスノグラフィック・リサーチ――実践の〝つなぎ〟機能の発見」『発達心理学研究』一五、一七二－一八二頁
樽木靖夫（二〇一三）『学校行事の学校心理学』ナカニシヤ出版
土居健郎（一九九二）『新訂 方法としての面接――臨床家のために』医学書院
十一元三（二〇〇六）「広汎性発達障害の発達論的療育モデル――基本障害の捉え方の進展と「サーツ・モデル」」『精神療法』三二、二一八－三二四頁
十一元三（二〇〇七）「広汎性発達障害と発達論的療育論」『現代思想』三五、青土社、一九〇－一九五頁
中井久夫（一九九七）『アリアドネからの糸』みすず書房
中釜洋子（二〇〇八）「家族のネットワークを活かすという仕事」中釜洋子・高田治・齋藤憲司『心理援助のネットワークづくり――〈関係系〉の心理臨床』東京大学出版会、一－七四頁
中釜洋子（二〇一〇）『個人療法と家族療法をつなぐ――関係系志向の実践的統合』東京大学出版会
中原美惠（一九九九）「小学校での事例」河合隼雄・山中康裕・小川捷之総監修『学校の心理臨床』金子書房、三五－四四頁
楢林理一郎・三輪健一・上ノ山一寛・吉川悟・湯沢茂子（一九九四）「学校現場におけるシステムズ・コンサルテーションの可能性――滋賀県での「さざなみ教育相談」の経験から」『家族療法研究』一一、九九－一〇七頁
西平直（二〇〇五）『教育人間学のために』東京大学出版会
日本臨床心理士資格認定協会二〇周年記念事業委員会編（二〇〇八）『臨床心理士の歩みと展望』誠信書房、二一八－二二一頁
野口和也・大橋智・大石幸二（二〇一二）「私立幼稚園における発達障害児への「柔軟な指導」を実現するための行動コンサルテーション」『コミュニティ心理学研究』一五、一一七－一三五頁
野末武義（一九九九）「ジョイニング」日本家族心理学会監修『家族心理学事典』金子書房、一六六頁
野々村説子（二〇〇一）「学校教師へのコンサルテーション」『心理臨床学研究』一九、四〇〇－四〇九頁
野村総一郎・樋口輝彦監修（二〇〇三）『こころの医学事典』講談社

野村寿子（一九九九）『遊びを育てる――出会いと動きがひらく子どもの世界』協同医書出版社
橋本朋広（一九九九）「不登校生の母親に対する一回面接」小川捷之・村山正治編『心理臨床の実際2　学校の心理臨床』金子書房、二七二―二七八頁
秦政春（二〇〇一）「小学生の「荒れ」に関する調査研究」『大阪大学大学院人間科学研究科紀要』二七、一五七―一五八頁
浜谷直人（二〇〇八）「巡回相談」下山晴彦・松澤広和編『実践心理アセスメント――職域別・発達段階別・問題別でわかる援助につながるアセスメント』日本評論社、三八―四五頁
原野広太郎（一九八〇）「学校カウンセリングの発達とカウンセラー養成」前掲『新生徒指導事典』、三〇八―三一一頁
半田一郎（二〇〇〇）「学校における開かれたグループによる援助――自由来室活動による子どもへの直接的援助」『カウンセリング研究』三三、二六五―二七五頁
東豊（二〇一三）『リフレーミングの秘訣――東ゼミで学ぶ家族面接のエッセンス』日本評論社
久田満（二〇〇七）「精神保健における予防」日本コミュニティ心理学会編『コミュニティ心理学ハンドブック』東京大学出版会、五五―六九頁
平木典子（二〇一〇）『臨床心理学をまなぶ4　統合的介入法』東京大学出版会
平木典子・野末武義（二〇〇〇）「家族臨床における心理療法の工夫――個人心理療法と家族療法の統合」『精神療法』二六、三三四―三四三頁
深津千賀子（一九九〇）「ウィニコットにおける治療構造論――抱えることと解釈を通して」前掲『治療構造論』、二六〇―二七六頁
藤居学（そらパパ）・神谷栄治（二〇〇七）『自閉症――「からだ」と「せかい」をつなぐ新しい理解と療育』新曜社
藤江康彦（二〇〇七）「教育・学習研究における質的研究の留意点」秋田喜代美・藤江康彦編『事例から学ぶ　はじめての質的研究法［教育・学習編］』東京図書、二一―四五頁
藤岡孝志（一九九九）「小学校での事例」前掲『学校の心理臨床』、一八四―一九四頁
藤川麗（二〇〇七）『臨床心理のコラボレーション――統合的サービス構成の方法』東京大学出版会
藤村宣之（二〇〇七）「学習における方略の変化――マイクロジェネティックアプローチ」前掲『事例から学ぶ　はじめての質的研究法』、七五―九二頁

藤原幸男（一九九九）「小学生の「荒れ」と「学級崩壊」に関する考察」『琉球大学教育学部紀要』五四、三三三－三四五頁
淵上克義（二〇〇五）『学校組織の心理学』日本文化科学社
古屋健治（一九八七）「学校カウンセリング普及運動の三十年間の軌跡」『児童心理』四一、四五－四七頁
松浦宏（二〇〇二）「学校心理学の研究とその動向――学校心理士としての「研究」と「実践」」『教育心理学年報』四一、一三二－一三八頁
松浦善満・中川崇（一九九八）「子どもの新しい変化（「荒れ」）と教職に関する研究――小中学校の担任教師調査結果から」『和歌山大学教育学部教育実践研究指導センター紀要』八、一－一〇頁
三沢直子（二〇〇一）「地域における子育て支援活動」前掲『臨床心理学的地域援助の展開』、六七－八七頁
三島一郎（一九九七）「コミュニティ心理学におけるエンパワーメント研究の動向――エンパワーメントの理論面から」『コミュニティ心理学研究』一、一四一－一五一頁
三嶋博之（二〇〇〇）『エコロジカル・マインド――知性と環境をつなぐ心理学』日本放送出版協会
三井菜摘・熊谷恵子（二〇〇七）「自閉症児に対するエコロジカルなアセスメントを用いたコミュニケーション指導」『特殊教育学研究』四五、二一七－二二七頁
光岡征夫（一九九五）「学校教師とコンサルテーション」村山正治・山本和郎編『スクールカウンセラー――その理論と展望』ミネルヴァ書房、一一九－一二九頁
箕浦康子編著（一九九九）『フィールドワークの技法と実際――マイクロ・エスノグラフィー入門』ミネルヴァ書房
箕浦康子編著（二〇〇九）『フィールドワークの技法と実際Ⅱ――分析・解釈編』ミネルヴァ書房
宮崎清孝（一九九八）「心理学は実践知をいかにして越えるか――研究が実践の場に入るとき」佐伯胖・宮崎清孝・佐藤学・石黒広昭『心理学と教育実践の間で』東京大学出版会、五七－一〇一頁
村上英治（一九六八）「わが国における臨床心理学の発展」玉井収介・小嶋謙四郎・片口安史編『臨床心理学講座4 臨床心理学の現状と活動』誠信書房
村上靖彦（二〇〇八）『自閉症の現象学』勁草書房
村瀬嘉代子（一九九五）『子どもと大人の心の架け橋――心理療法の原則と過程』金剛出版
村瀬嘉代子（二〇〇三）『統合的心理療法の考え方――心理療法の基礎となるもの』金剛出版

村瀬嘉代子・青木省三（二〇一四）『心理療法の基本［完全版］――日常臨床のための提言』金剛出版
村田俊明（一九八五）「学校経営のためのルース・カップリング論について」大塚学校経営研究会編『学校経営研究』一〇、二一－三二頁
村山正治・滝口俊子編（二〇〇八）『河合隼雄のスクールカウンセリング講演録』創元社
村山正治・森岡正芳・梶谷健二・嘉嶋領子（二〇一一）「スクールカウンセリングの現在」村山正治・森岡正芳編『スクールカウンセリング――経験知・実践知とローカリティ』（『臨床心理学』増刊第三号）、金剛出版、一－一九頁
最上貴子（一九九五）「学校という場におけるカウンセリング」村山正治・山本和郎編『スクールカウンセラー――その理論と展望』ミネルヴァ書房
百田潤子・藪添隆一（二〇一二）「一緒に心を取り戻しにいったA君」『児童心理』一二月号臨時増刊、一二八－一三五頁
諸富祥彦（一九九九a）『学校現場で使えるカウンセリング・テクニック（上）――育てるカウンセリング編・11の法則』誠信書房
諸富祥彦（一九九九b）『学校現場で使えるカウンセリング・テクニック（下）――問題解決編・10の法則』誠信書房
文部省（一九六五）『生徒指導の手びき』
文部省（一九九二）『学校不適応対策調査研究協力者会議報告』
文部科学省（二〇一二）『平成二三年度特別支援教育に関する調査の結果について』
文部科学省（二〇一三）『教職員のメンタルヘルス対策について（最終まとめ）』
保田直美（二〇〇一）「戦後日本における学校への臨床心理学的知の導入過程」『大阪大学教育学年報』六、一三－二四頁
藪添隆一（一九九九）「学校での心理臨床活動理解の深化拡大」前掲『学校の心理臨床』、一九－二六頁
山上敏子（一九九七）『行動療法2』岩崎学術出版社
山崎直（二〇一〇）「学校行事とカウンセラー」『子どもの心と学校臨床』二、一一八－一二二頁
やまだようこ（二〇〇〇）「人生を物語ることの意味――なぜライフストーリー研究か?」『教育心理学年報』三九、一四六－一六一頁
やまだようこ（二〇〇五）「フィールド精神でフロンティアをひらく」秋田喜代美・恒吉僚子・佐藤学編『教育研究の

メソドロジー――学校参加型マインドへのいざない』東京大学出版会
山中康裕（一九七八）『少年期の心――精神療法を通してみた影』中央公論社
山本和郎（一九八六）『コミュニティ心理学――地域臨床の理論と実践』東京大学出版会
遊佐安一郎（一九八四）『家族療法入門――システムズ・アプローチの理論と実際』星和書店
横浜市学校GWT研究会（一九九四）『協力すれば何かが変わる――続・学校グループワーク・トレーニング』遊戯社
横湯園子（二〇〇二）『教育臨床心理学――愛・いやし・人権そして恢復』東京大学出版会
吉川悟（一九九八）「協同的学校システムのあり方――教育相談への効果的な学校システムの形成に向けて」宮田敬一編『学校におけるブリーフセラピー』金剛出版、一〇五－一二四頁
吉川悟編（一九九九）『システム論からみた学校臨床』金剛出版
吉川悟・東豊（二〇〇一）『システムズアプローチによる家族療法のすすめ方』ミネルヴァ書房
吉田克彦（二〇〇八）「小学校でスクールカウンセリングを行うにあたって」吉田克彦・若島孔文編著『小学校スクールカウンセリング入門』金子書房
吉田幸恵（二〇〇七）「大正期の児童相談事業に関する研究」『人間文化研究』七、七九－九二頁
吉利宗久・吉海真澄（二〇〇六）「小学校校長における特別支援教育の理解と学校経営に関する調査研究」『京都教育大学教育実践研究紀要』六、一〇一－一〇九頁
和井田節子（二〇一一）「「カウンセリングマインド」を学べる研修のあり方」『児童心理』八月号臨時増刊、金剛出版、九二－九八頁
渡部匡隆・江口真美（二〇〇九）「通常の学級における広汎性発達障害のある児童と級友との社会的相互作用の支援」『行動科学』四八、一一一－一二二頁
Allison, K. W., Crawford, I., Leone, P. E. et al.（1999）“Adolescent Substance Use: Preliminary Examination of School and Neighbourhood Context”, *American Journal of Community Psychology*, 27, pp.114–141
Anderson, C.（1983）“An ecological developmental model for a family orientation in school psychology”, *Journal of School Psychology*, 21, pp.179–189

Apter, S. J.（1982）*Troubled children/Troubled systems*, New York: Pergamon press Inc.

Attwood, A., Frith, U. and Hermelin, B.（1988）“The understanding and use of interpersonal gesture by Autistic and Down’s syndrome children”, *Journal of Autism and Developmental Disorders*, 18, pp.241–258

Barker, R. G. and Gump, P. V.（1964）*Big school, small school: high school size and student behavior*, Stanford: Stanford University Press〔安藤延男監訳（一九八二）『大きな学校、小さな学校――学校規模の生態学的心理学』新曜社〕

Barker, R. G. and Wright, H. F.（1955）*Midwest and its children: The psychological ecology of an American town*, New York: Harper & Row

Blankenburg, W. hg.（1991）*Wahn und Perspektivität: Störungen im Realitätsbezug des Menschen und ihre Therapie*, Stuttgart: Ferdinand Enke Verlag〔山岸洋・野間俊一・和田信訳（二〇〇三）『妄想とパースペクティヴ性――認識の監獄』学樹書房〕

Bronfenbrenner, U.（1979）*The ecology of human development: Experiments by nature and design*, Massachusetts: Harverd University Press〔磯貝芳郎・福富護訳（一九九六）『人間発達の生態学――発達心理学の挑戦』川島書店〕

Bronfenbrenner, U.（1989）“Ecological systems theory”, Vasta, R. *Six theories of child development: Revised formulations and current issues*, London: Jessica Kingsley publishers

Bruner, J.（1987）“Life as Narrative”, *Social Research*, 54, pp.11–32

Burns, M. K.（2011）“School psychology research: Combining ecological theory and prevention science”, *School psychology review*, 40, pp.132–139

Burr, V.（1995）*An Introduction to Social Constructionism*, London: Routledge〔田中一彦訳（一九九七）『社会的構築主義への招待――言説分析とは何か』川島書店〕

Caplan, G.（1964）*Principles of preventive psychology*, New York: Basic books〔新福尚武訳（一九七〇）『予防精神医学』朝倉書店〕

Cohen, M. B.（1953）“Introduction”, Sullivan, H. S. *Interpersonal Theory of Psychiatry*, New York: W. W. Norton, pp.xi-xviii〔中井久夫・宮崎隆吉・高木敬三・鑪幹八郎訳（一九九〇）『精神医学は対人関係論である』みすず書房、vii－xv頁〕

Commings, E. M., Davies, P. T. and Campbel, S. B.（2000）*Developmental Psychopathology and Family Process: Theory, Research, and Clinical Implications*, New York: The Guilford Press

Conoley, C. W., Conoley, J. C. and Gumm II, W. B.（1992）“Effects of Consultee Problem Presentation and Consultant Training on

Consultant Problem Definition", *Journal of Counseling & Development*, 71, pp.60–62

Conoley, J. C. and Haynes, G.（1992）"An Ecological Approach to Intervention", D' Amato, R. C. and Rothlisberg, B. A., *Psychological Perspectives on Intervention: A Case Study Approach to Prescriptions for Change*, Illinois: Waveland Press Inc.

Conoley, J. C. and Rotto, P. C.（1997）"Ecological Interventions with Students", Swartz, J. L. and Martin Jr., W. E. eds., *Applied Ecological Psychology for Schools within Community: Assessment and Intervention*, New York: Routledge

Conyne, R. K. and Cook, E. P.（2004）*Ecological Counseling: an innovative approach to conceptualizing person-environment interaction*, Virginia: American Counseling Association

Cowie, H. and Sharp, S. ed.（1996）*Peer Counseling in School*, London: David Fulton Publishers〔高橋通子訳（一九九七）『学校でのピア・カウンセリング——いじめ問題の解決にむけて』川島書店〕

Dougherty, A. M.（2009）*Psychological Consultation and Collaboration in School and Community Settings 5th edition*, Belmont, CA: Brooks/Cole

Dryden, W. and Rentoul, R.（1991）*Adult Clinical Problems A cognitive-behavioral approach*, Routledge〔丹野義彦監訳（一九九六）『認知臨床心理学入門——認知行動アプローチの実践的理解のために』東京大学出版会〕

Erikson, E. H.（1950）*Childhood and Society*, New York: W. W. Norton〔仁科弥生訳（一九七七）『幼児期と社会Ⅰ』みすず書房〕

Erikson, E. H.（1964）*Insight and Responsibility*, New York: W. W. Norton〔鑪幹八郎訳（一九七一）『洞察と責任——精神分析の臨床と倫理』誠信書房〕

Fine, M. J.（1985）"Intervention from system-ecological perspective", *Professional psychology: Research and practice*, 16, pp.262–270

Gelcer, E., McCabe, A. and Smith-Resnick, C.（1990）*Milan Family Therapy: Variant and Invariant Methods*, Northvale, New Jersey: Jason Anderson〔亀口憲治監訳（一九九五）『初歩からの家族療法——ミラノ派家族療法の実践ガイド』誠信書房〕

Gergen, K. J.（1999）*An Invitation to Social Construction*, London: Sage Publications〔東村知子訳（二〇〇四）『あなたへの社会構成主義』ナカニシヤ出版〕

Gifford, R.（2002）*Environmental psychology: principles and practice 3rd edition*, California: Optimal books〔羽生和紀・槙究・村松陸雄監訳（二〇〇五）『環境心理学——原理と実践（上）』北大路書房〕

Greenspan, S. and Wieder, S.（2006）*Engaging Autism: Using the Floortime Approach to Help Children Relate 'Communication' and*

Think, Massachusetts: Da Capo Press〔広瀬宏之訳（二〇〇九）『自閉症のＤＩＲ治療プログラム――フロアタイムによる発達の促し』創元社〕
Gutkin, T. B.（2009）"Ecological school psychology: a personal opinion and a plea for change", Gutkin, T. B., Reynolds, C. R., *The Handbook of School Psychology 4th edition*, New Jersey: Wiley, pp.463–496
Holmbeck, G. N., Greenley, R. N. and Franks, E. A.（2003）"Developmental issues and considerations in research and practice", Weisz, J. R. and Kazdin A. E. eds., *Evidence-based psychotherapies for children and adolescents*, New York: The Guilford press, pp.21–41
Kearney, C. A. and Albano, A. M.（2007）*When children refuse school: A cognitive behavioral therapy approach, therapist guide, second edition*, Oxford: Oxford University Press〔佐藤容子・佐藤寛 監訳（二〇一四）『不登校の認知行動療法――セラピストマニュアル』岩崎学術出版社〕
Kelly, J. G.（2006）*Becoming ecological: An expedition into community psychology*, New York: Oxford University Press
Lewin, K.（1936）*Principles of Topological Psychology*, New York: Mcgraw－Hill book〔外林大作・松村康平訳（一九四二）『トポロギー心理学の原理』生活社〕
Lewin, K.（1951）*Field Theory in Social Science*, New York: Harper & Brother〔猪股佐登留訳（一九七九）『社会科学における場の理論〔増補版〕』誠信書房、五二一－五三三頁〕
Mayerroff, M.（1971）*On caring*, New York: Harper & Row〔田村真・向野宣之訳（二〇〇一）『ケアの本質――生きることの意味』ゆみる出版〕
McAdams, D. P.（1993）*The stories we live by: Personal Myths and the Making of the Self*, New York: The Guilford Press
McDaniel, S. H., Lusterman, D. D. and Philpot, C. L.（2001）*Casebook for Famiy Therapy*, Washington DC: American Psychological Association
McNamee, S. and Gergen, K. J.（1992）*Therapy as Social Construction*, Newcastle: Sage Publication Ltd.〔野口裕二・野村直樹訳（一九九七）『ナラティヴ・セラピー――社会構成主義の実践』金剛出版〕
Mead, G. H.（1967）*Mind, Self and Society*, Chicago: University of Chicago Press〔川村望訳（一九九五）『デューイ＝ミード著作集6　精神・自我・社会』人間の科学社〕
Merleau-Ponty, M.（1960）*Signes*, Paris: Librairie Gallimard〔竹内芳郎監訳（一九七〇）『シーニュ2』みすず書房〕
Miltenberger, R. G.（2001）*Behavior Modification: Principles and Procedures, 2nd Edition*, California: Wadsworth〔園山繁樹・野呂

文行・渡部匡隆・大石幸二訳（二〇〇六）『行動変容法入門』二瓶社〕
Montgomery, C. L.（1993）*Healing through Communication: The Practice of Caring*, Newcastle: Sage Publications Inc.〔神部博・濱畑章子訳（一九九五）『ケアリングの理論と実践──コミュニケーションによる癒し』医学書院〕
Murrell, S. A.（1973）*Community Psychology and Social Systems*, New York: Human Science Press〔安藤延男監訳（一九七七）『コミュニティ心理学──社会システムへの介入と変革』新曜社〕
Obholzer. A. and Roberts, V. Z.（2006）*The Unconscious at Work: Individual and Organizational Stress in the Human Services*, Routledge.〔武井麻子監訳（二〇一四）『組織のストレスとコンサルテーション──対人援助サービスと職場の無意識』金剛出版〕
Orford, J.（1992）*Community Psychology: theory and practice*, Jhon Wiley & Sons Ltd.〔山本和郎監訳（一九九七）『コミュニティ心理学──理論と実践』ミネルヴァ書房〕
Perry, H. S.（1982）*Psychiatrist of America: The Life of Harry Stack Sullivan*, Massachusetts: Belknap press of Harvard University Press〔中井久夫・今川正樹訳（一九八八）『サリヴァンの生涯２』みすず書房〕
Pfiffner, L. J.（1996）*All About ADHD*, New York: Scholastic Inc.〔上林靖子・中田洋二郎・山崎透・水野薫監訳（二〇〇〇）『こうすればうまくいく　ＡＤＨＤをもつ子の学校生活』中央法規〕
Prizant, B. M., Wetherby, A. M., Rubin, E., Laurent, A. C. and Rydell, P.（2006a）*The SCERTS Model: A Comprehensive Educational Ap.p.roach for Children with Autism Spectrum Disorders*（*Volume I: Assessment*）, Maryland: Paul H. Brookes Publishing Co., Inc.〔長崎勤・吉田仰希・仲野真史訳（二〇一〇）『ＳＣＥＲＴＳモデル──自閉症スペクトラム障害の子どもたちのための包括的教育アプローチ　１巻　アセスメント』日本文化科学社〕
Prizant, B. M., Wetherby, A. M., Rubin, E., Laurent, A. C. and Rydell, P.（2006b）*The SCERTS Model: A Comprehensive Educational Ap.p.roach for Children with Autism Spectrum Disorders*（*Volume II: Program Planning and Intervention*）, Maryland: Paul H. Brookes Publishing Co., Inc.〔長崎勤・吉田仰希・仲野真史訳（二〇一二）『ＳＣＥＲＴＳモデル──自閉症スペクトラム障害の子どもたちのための包括的教育アプローチ　２巻　プログラムの計画と介入』日本文化科学社〕
Rappaport, J.（1995）“Empowerment Meets Narrative: Listening to Stories and Creating Settings”, *American Journal of Community Psychology*, 23, pp.795–807
Rappaport, J.（2000）“Community Narratives: Tales of Terror and Joy”, *American Journal of Community Psychology*, 28, pp.1–24

Rosenwald, G. C. and Ochberg, R. L.（1992）*Sroried Lives: The Cultrural Politics of Self-Understanding*, Connecticut: Yale University Press

Rustin, M. and Bradley, J.（2008）*Work Discussion: Learning from Reflective Practice in Work with Children and Families*, London: Karnac Books Ltd.〔鈴木誠・鵜飼奈津子監訳（二〇一五）『ワーク・ディスカッション――心理療法の届かぬ過酷な現場で生き残る方法とその実践』岩崎学術出版社〕

Schön, D. A.（1983）*The Reflective Practitioner: How Professionals think in Action*, Massachusetts: Basic Book〔柳沢昌一・三輪建二監訳（二〇〇七）『省察的実践とは何か――プロフェッショナルの行為と思考』鳳書房〕

Schutz, A.（1970）*On Phenomenology and Social Relations*, Illinois: The University of Chicago Press〔森川眞規雄・浜日出夫訳（一九八〇）『現象学的社会学』紀伊國屋書店〕

Shaftel, J. S. and Fine, M. J.（1997）“Ecosystemic intervention with teachers: A collaborative approach”, Swartz, J. L. and Martin Jr., W. E. eds., *Applied Ecological Psychology for Schools within Community: Assessment and Intervention*, New York: Routledge

Sheridan, S. M. and Gutkin, T. B.（2000）“The ecology of school psychology: examining and changing our paradigm for the 21th century”, *School psychology review*, 29, pp.485–502

Sullivan, H. S.（1940）*Conceptions of Modern Psychiatry*, New York: W. W. Norton〔中井久夫・山口隆訳（一九七六）『現代精神医学の概念』みすず書房〕

Talmon, M.（1990）*Single Session Therapy: Maximizing the Effect of the First（and Often Only）Therapeutic Encounter*, San Francisco: Jossey-Bass Publishers

Weick, K. E.（1979）*The Social Psychology of Organizing, 2nd ed.*, Addison-Wesley〔遠田雄志訳（一九九七）『組織化の社会心理学［第２版］』文眞堂〕

White, M. and Epston, D.（1990）*Narrative Means to Therapeutic Ends*, New York: W. W. Norton〔小森康永訳（一九九二）『物語としての家族』金剛出版〕

Wicker, A. W.（1984）*An introduction of ecological psychology*, California: Brooks/Cole〔安藤延男監訳（一九九四）『生態学的心理学入門』九州大学出版会〕

Willi, J.（1999）*Ecological psychotherapy: Developing by shaping the personal niche*, Seattle: Hogfrefe & Huber Publishers〔奥村満佐子訳（二〇〇六）『エコ心理療法――関係生態学的治療』法政大学出版局〕

Williams, D.（1992）*Nobody Nowhere*, London: Jessica Kingsley Publishers Ltd.〔河野万里子訳（二〇〇〇）『自閉症だったわたしへ』新潮文庫〕

Williams, D.（1998）*Autism and Sensing: The unlost instinct*, London: Jessica Kingsley Publishers Ltd.〔川手鷹彦訳（二〇〇九）『自閉症という体験——失われた感覚を持つ人びと』誠信書房〕

Winnicott, D. W.（1971）*Playing and Reality*, London: Tavistock Publications〔橋本雅雄訳（一九七九）『遊ぶことと現実』岩崎学術出版社〕

Winslade, J. and Monk, G.（1999）*Narrative Counseling in School*, California: Corwin Press Inc., A Sage Publications Company〔小森康永訳（二〇〇一）『新しいスクール・カウンセリング——学校におけるナラティヴ・アプローチ』金剛出版〕

Wolpe, J.（1982）*The Practice of Behavior Therapy, 3rd ed.*, Oxford: Pergamon Press〔内山喜久雄監訳（二〇〇五）『神経症の行動療法新版 行動療法の実際』黎明書房〕

初出一覧

序章～第4章
書き下ろし

第5章
丸山広人（二〇一一）「教室の多動児に対する生態学的視座からの理解――多動児たちは教師や他の生徒との相互作用の中でどのように学級に適応したのか」『コミュニティ心理学研究』一四、一五一―一六五頁

第6章
丸山広人（二〇一三）「子どもの経験世界に即した支援ついて――通常学級における高機能自閉症児の変容をとおして」『人間性心理学研究』三〇、二七―三八頁

第7章
丸山広人（二〇一二）「巡回相談としてのスクールカウンセリングの試み――小学校におけるシステムズ・コンサルテーションによって効果を高めるために」『心理臨床学研究』三〇、二九八―三〇八頁

第8章
丸山広人（二〇〇二）「A中学校における生徒の有力化／無力化について――学校に埋め込まれた誘発力との関係から」『コミュニティ心理学研究』五、一〇〇―一一〇頁

第9章

丸山広人（一九九九）「暴力を繰り返す生徒への中学校での対応――枠を設定する意味について」『東京大学大学院教育学研究科紀要』三九、四二三―四三一頁

第10章

丸山広人（二〇〇二）「不登校傾向を有する生徒の学校生活とその支援――生徒がかかわる〝あいだ〟に注目して」近藤邦夫・志水宏吉編著『学校臨床学への招待――教育現場への臨床的アプローチ』嵯峨野書院、一四九―一六五頁

終章

書き下ろし

＊第5章～第10章については、本書収録にあたって、いずれも内容に修正を加えた。

あとがき

本書は、二〇一三年六月、東京大学大学院教育学研究科に提出した博士論文『学校不適応的児童生徒の学校生活とその支援に関する研究』に修正を加えたものです。やっと終わった、長かったなあというのが正直な感想です。修士一年のときに初めてフィールドワークをおこない、それからすでに一九年が経過しようとしています。大学院生のときに結婚して、すぐに子どもに恵まれ、妻が仕事をして自分は子育てを担当することになりました。研究を進め就職を決めていく仲間を横目に見ながら、おむつを替え添い寝をして、腕の中の息子とともに流れゆく雲をぼんやりと見つめていた日々を思い出します。指導教官の近藤邦夫先生からは折に触れて「子育てほど勉強になることはないんだから、子育てを一生懸命やればいいんだよ」と言っていただき、そのたびにすーっと力が抜けたことを思い出します。そして力は抜けっぱなしで時が過ぎてしまいました。

茨城大学に採用され、授業や学生指導に精を出しながらも、どこかで博士論文に取りかからない理由を忙しさのせいにして避けてきました。下の娘が小学校に入学するという年に、ふと「この時期を逃すと今度は親の介護が始まってしまうのではないか」という危機感がつのり、やっと手をつけたのが二〇一〇年でした。そして博論を書こうとする多くの人が苦しめられるホントかウソかわからない言葉、「博論って、これまで書いてきた論文をホッチキスで綴じればいいんだよ」だけが指針であった中、手をさしのべてくださったのが中釜洋子先生でした。いつも軽やかな雰囲気で研究室に迎えてくださり、心が洗われるほど丁寧にご指導くださる姿勢にほっとしながら、これは論文指導というよりカウンセリングを受けているようだ、カウンセリングっていうのはこういうふうに利くんだなあ、なとど感心してばかりだったせいか、論文のほうは一向に進みませんでした。

二〇一一年三月一一日の午後、めずらしく論文に向き合っていたとき、あの巨大地震に見舞われました。最初はのんきに「あ、地震だ、震度いくつだ？」と思ってネットに接続した瞬間、バチッと画面が消え、経験したことのない揺れに恐怖を感じとっさに立ち上がって後ろを振り向くと、棚から本がばらばらと飛び出してきました。「これはまずい、机の下に隠れよう」と思ったところ、どういうわけか、ついさっきまで目の前にあったパソコンがすでに机の下にあり、「持ち主より先に隠れるなんて仕方のないやつだなあ」とパソコンに悪態をつきながらも、なすすべなく立ち尽くしました。揺れが収まりUSBメモリを見たところ完全に折れ曲がり、書きかけの文章はなくなってしまいましたが、それどころではありませんでした。何度も押し寄せる余震の中、どうしようもない時間ばかりが過ぎていき、論文を書けるというのはとても幸せな時間であることを痛感しました。「丸山くんの持ち前であるゆっくり着実に進めていきましょう」という中釜先生の言葉でまたトボトボと歩み出すことができました。

二〇一二年九月二九日、子どもの運動会が終わった小学校の校庭で、やれやれと思いながらメールを確認すると、めずらしく堀田香織先生からメールがあり、中釜先生ご逝去の報を受けました。何のことかさっぱりわからず、地面がゆらゆらと揺れるような感覚になって、その場にへたり込んでしまいました。不謹慎にも「中釜先生のお父さんが亡くなったの？　それともお母さん？」と考えますが、何度読んでもそうではなく、それでもなかなか信じられずメールを開いては閉じて確認しましたが、内容が変わるわけではありません。あのときの衝撃は今でも言葉にできません。何も手につかずまた時間だけが過ぎていきました。

そのようなとき、相澤直子先生から「大丈夫？」とお声をかけていただき、多くの人がショックを受けながらも前を向いて歩んでいる姿に励まされながら、しだいに論文を仕上げて恩返しせねばならないという使命感にも似たような気持ちが生まれました。そして近藤先生にご相談したところ、秋田喜代美先生につないでいただきました。

突然の申し出にもかかわらず、秋田先生からは励ましのお言葉とともに、主査もお引き受けいただけることになりました。すぐに論文の構成から筋立てなどテキパキとお示しいただき、また、私としても人生何があるかわからない、できるときにできることをしなければならないという思いに突き動かされ、とにかく完成だけを目指しました。質的研究がご専門の能智正博先生やフィールドワークをご専門とされている藤江康彦先生を紹介していただき、また両先生からは副査も引き受けていただけることになりテンションが上がりました。のちに田中智志先生と勝野正章先生にも副査をお願いできることになり、自分の研究を多角的に捉える機会に恵まれました。副査の先生が加わるたびに力を得られる気持ちが高まり、ぐうたらな自分でもなんとか論文を仕上げることができました。先生方には本当に感謝申し上げます。

このような論文に価値を見いだし、熱意をもって見守ってくださった大月書店の西浩孝さんにはたいへんお世話になりました。

本書はフィールドワークが中心にあり、たくさんの先生方、保護者のみなさま、そして子どもたちとの出会いがありました。すでに亡くなってしまった子どももいます。みなさんからは、学校で研究することの醍醐味と厳しさを教えていただきました。フィールドワークのような泥臭い時間のかかる研究法ではなく、もう少しスマートな方法で業績を積み上げていけばいいのにと思うことはありますが、私にとって学校臨床という営みは、教育の場の中に入り込み、奮闘している人たちとわからなさやもどかしさ、無力感をともにしながら見えてくる希望を待ち、広げていく営みのように思われます。もうしばらくこのような姿勢で研究を進めていければいいなと思っております。

二〇一六年四月八日

丸山広人

事項索引

A－Z

ア　行

カ　行

サ 行

タ　行

ナ　行

ハ　行

マ　行

ヤ　行

ラ　行

ワ　行

人名索引

ア　行

カ　行

サ　行

タ　行

ナ　行

ハ　行

マ　行

ヤ　行

ラ　行

ワ　行

著　者
丸山広人（まるやま　ひろと）
1972年，石川県生まれ。茨城大学大学院教育学研究科准教授，博士（教育学）。専門は学校臨床心理学。東京大学大学院教育学研究科にて，不登校の子ども，発達障害の子ども，精神障害の子どもへのカウンセリングを学び，このころから公立小学校・中学校でのフィールドワークおよびスクールカウンセリングを開始。子どもだけではなく教師や保護者の相談に応じ，現在もこれらの活動を継続している。著書に，『学校臨床学への招待――教育現場への臨床的アプローチ』（共著，嵯峨野書院，2002年），『「子どものことがよくわからない」と悩む先生へのアドバイス』（共著，明治図書出版，2009年），『学校で役立つ臨床心理学――小説で考える子どものこころ』（編著，角川学芸出版，2010年）など。

装丁　桂川 潤

教育現場のケアと支援
――場の力を活かした学校臨床

2016年6月20日　第1刷発行

定価はカバーに
表示してあります

著　者　丸 山 広 人

発行者　中 川　　進

〒113-0033　東京都文京区本郷2-11-9

発行所　株式会社　大　月　書　店

印刷　理 想 社
製本　ブロケード

電話（代表）03-3813-4651　FAX 03-3813-4656　振替00130-7-16387
http://www.otsukishoten.co.jp/

ISBN978-4-272-41227-3　C0037　Printed in Japan